W0073455

Marco Sigg
Der Zweite Weltkrieg

Marco Sigg

Der Zweite Weltkrieg

1937–1945

marixverlag

FSC
www.fsc.org
MIX
Papier aus ver-
antwortungsvollen
Quellen
FSC® C006701

Bibliografische Information der Deutschen Nationalbibliothek
Die Deutsche Nationalbibliothek verzeichnet diese Publikation in der
Deutschen Nationalbibliografie; detaillierte bibliografische Daten sind
im Internet über
http://dnb.d-nb.de abrufbar.

© by marixverlag in der Verlagshaus Römerweg GmbH, Wiesbaden 2014
Korrektur: Sven Gütermann, Freiburg im Breisgau
Covergestaltung: Groothuis. Gesellschaft der Ideen und Passionen mbH
Hamburg Berlin
Bildnachweis: 2. Weltkrieg / Eroberung von Berlin durch die Rote Armee,
akg-images
Satz und Bearbeitung: SATZstudio Josef Pieper, Bedburg-Hau
Der Titel wurde in der Palatino Linotype gesetzt.
Gesamtherstellung: CPI books GmbH, Ulm
Printed in Germany

ISBN: 978-3-86539-994-6

www.verlagshaus-roemerweg.de/marixverlag

»Die Menschheit muss dem Krieg ein Ende setzen,
oder der Krieg setzt der Menschheit ein Ende.«

John F. Kennedy

Inhalt

1. Einleitung

Das »kurze 20. Jahrhundert« von 1914 bis 1989/91 ist ohne die Katastrophen der beiden Weltkriege nicht vollumfänglich zu verstehen. Es ist ein »Zeitalter der Extreme«, wie Eric Hobsbawm bemerkte, das gleichermaßen von immensem Fortschritt in Technologie und Forschung wie von ideologischen und religiösen Konfrontationen geprägt war. Während der Erste Weltkrieg als »Urkatastrophe des 20. Jahrhunderts« (George F. Kennan) dieses Zeitalter einläutete, stellte der Zweite Weltkrieg seine welthistorische Zäsur dar. In Anlehnung an den von den Zeitgenossen schon rasch als den »Großen Krieg« bezeichneten Ersten Weltkrieg markierte der Zweite Weltkrieg den »größten Krieg« der Menschheitsgeschichte. Stärker als je zuvor war die Welt in ihrer Gesamtheit durch diesen Krieg in Mitleidenschaft gezogen worden. Nahezu alle damaligen Länder nahmen mit ihren Kolonien oder Mandatsgebieten daran teil – nur neun Staaten waren 1945 noch neutral. Auf allen bewohnten Kontinenten und in allen Zeitzonen fanden Kampfhandlungen statt, schätzungsweise 110 Millionen Männer und Frauen kämpften als Soldaten und rund 60 Millionen Menschen – mehr als die Hälfte davon Zivilisten – starben an den direkten oder indirekten Folgen dieses Krieges. Sein Ausgang veränderte die soziopolitische Struktur der Welt radikal. Am Ende lagen weite Teile Europas und Asiens in Schutt und Asche. Die »alte Welt« europäischer Dominanz wich der »neuen Welt« der USA und der UdSSR. Das Ende des Zweiten Weltkrieges bildete so nicht nur das Ende, sondern auch den Beginn einer neuen Epoche: Technologisch und militärisch durch den Abwurf der ersten Atombombe und dem Einläuten des atomaren Zeitalters. Politisch und gesellschaftlich durch die Blockbildung des Kalten Krieges mit seinem Antagonismus zweier unüberbrückbarer Weltanschauungen sowie durch den bereits nach dem Ersten Weltkrieg begonnenen und nach 1945 beschleunigten Dekolonisationsprozess in Afrika und Asien.

Das Erbe des Zweiten Weltkrieges beschäftigt die Welt bis heute. Dies zeigen etwa die zahlreichen staatlichen und privaten Gedenkveranstaltungen sowie die unzähligen Denkmäler und Mahnmale. Die Nachwirkungen des Zweiten Weltkrieges sind auf verschiedenen Ebenen bis heute spürbar. Eine zentrale Rolle spielen in Europa der Holocaust und die Aufarbeitung der NS-Verbrechen. Im Rahmen eines neuen Opferdiskurses wird auch die Rolle der Alliierten im »Totalen Krieg« zunehmend kontrovers betrachtet, etwa hinsichtlich der Bombenopfer oder der Vertriebenen. In Russland führt die postsowjetische Phase gar zu einem Revival des »Großen Vaterländischen Krieges« und des Stalinkultes, mit Auswirkungen auf das Verhältnis zur EU, den Baltischen Staaten, der Ukraine oder Japan. In Asien selbst sorgen Altlasten aus der Zeit der japanischen Kolonialherrschaft und die fehlende Aufarbeitung japanischer Kriegsverbrechen immer wieder für Spannungen Japans mit China, Taiwan und der beiden koreanischen Staaten.

Auch die Geschichtswissenschaft beschäftigt sich eingehend mit dem Zweiten Weltkrieg. Die Bücher zum Thema sind Legion, ein Überblick zum aktuellen Forschungsstand ist selbst für den Experten kaum mehr zu schaffen. Am Ende des Buches findet sich eine Auswahl der jüngeren Forschungsliteratur, die dem Leser eine Vertiefung des Themas ermöglicht, die bei der vorliegenden Überblicksdarstellung nicht immer möglich gewesen ist. Hinzu kommt, dass die Forschung in weiten Teilen noch stark national geprägt ist, sodass sich eine britische Geschichte des Zweiten Weltkrieges nicht nur in ihrer Form von einer französischen, deutschen, russischen oder japanischen Geschichte unterscheidet, sondern auch inhaltlich unterschiedliche Schwerpunkte, Erklärungsansätze, Schuld- und Rechtfertigungszwänge hervorbringt. Der beschränkte Rahmen dieses Buches ließ es leider nicht zu, diesem Umstand oder den Forschungsdiskussionen genügend Rechnung zu tragen, geschweige denn alle Facetten des Zweiten Weltkrieges zu behandeln. Hingegen sollen die wichtigsten Aspekte, Akteure und Entwicklungen thematisiert werden. Die Ausrichtung auf den globalen Zusammenhang und die Komplexität des Zweiten Weltkrieges bildet dabei das Hauptanliegen dieses Buches.

An dieser Stelle sollen deshalb zunächst der Begriff des Weltkrieges sowie die Frage seiner zeitlichen Einordnung und Determinanten thematisiert werden. Noch viel ausgeprägter als der Erste war der Zweite Weltkrieg eine globale Angelegenheit. Dies deuten schon die erwähnten Größenordnungen an. Sie allein machen den Weltkrieg aber nicht aus. Die schon im Ersten Weltkrieg spürbaren Fortschritte im Transport- und Kommunikationswesen beschleunigten den angelaufenen Globalisierungsprozess zusätzlich. So ist der Zweite Weltkrieg auch von seiner inneren Kohärenz als Einheit zu verstehen, wobei sich verschiedene Faktoren überlagerten. Dabei waren nicht nur die Kämpfe zu Land, zur See und in der Luft miteinander vernetzt, vielmehr standen die Kriegsschauplätze auf den verschiedenen Kontinenten und Weltmeeren direkt oder indirekt in Wechselwirkung zueinander. Neben den Hauptauseinandersetzungen der Großmächte gab es zahlreiche Konflikte kleinerer und mittlerer Mächte. Letztere besaßen oftmals regionalen Charakter, wirkten sich durch die Bündniskonstellationen aber sofort global aus. So wurden in den europäischen Krieg auch außereuropäische Gebiete und Parteien einbezogen und umgekehrt. Die Aspekte des Kolonialismus und Imperialismus spielen ebenso hinein, weshalb auch die Dekolonisationsbestrebungen mit zu berücksichtigen sind, durch die der Westen direkt in Beziehung zu Mächten der »Dritten Welt« trat. Und schließlich hebt sich der Zweite Weltkrieg auch durch seine Intensität deutlich von allen vorherigen Kriegen ab. Unter Aufbringung ihrer gesamten Wehrpotenziale versuchten die kriegführenden Staaten machtpolitische, ideologische und wirtschaftliche Ziele zu verwirklichen. Im Endeffekt lief dies auf eine Entgrenzung der Gewalt und Radikalisierung der Kriegsführung hinaus. Vor dem Hintergrund der globalisierten Welt führten die technologischen Möglichkeiten und das industrielle Potenzial in Kombination mit der zerstörerischen Kraft von Ideologien zu einer Totalisierung des Krieges, dessen Führung häufig außerhalb völkerrechtlicher und moralischer Normen stattfand.

Bei all dem stellt sich die Frage nach dem Beginn des Zweiten Weltkrieges. Gerne wird der Erste Weltkrieg als Ursprung und Auftakt des Zweiten Weltkrieges betrachtet. In der Geschichtswissenschaft entstand der Begriff des »Zweiten Dreißigjährigen Krieges«, der freilich auf Charles de Gaulle sowie Winston Churchill zurückgeht und die Epoche von 1914 bis 1945 als chronologisch und inhaltlich zusammenhängende Einheit (»Zeitalter der Weltkriege«) charakterisieren soll. Inwiefern die Chronologie *Erster Weltkrieg – Zwischenkriegszeit – Zweiter Weltkrieg* tatsächlich eine Kontinuität darstellt oder nicht doch vielmehr Brüche kennzeichnend sind für diesen Zeitraum ist Gegenstand diverser Diskussionen. Mit Blick auf die Rolle des Deutschen Reiches und die Person Adolf Hitlers ist ein Zusammenhang zwischen dem tiefen Trauma der deutschen Niederlage 1918 und dem nationalsozialistischen Programm sicherlich inhärent. In Asien hingegen wirkte der Erste Weltkrieg keineswegs als Ausgangspunkt, sondern im besten Fall als Katalysator verschiedener anders gelagerter Prozesse und Ursachen (vgl. 2.2). Daraus folgen zwei Erkenntnisse: Zum einen muss mit der Vorstellung aufgeräumt werden, dass sich die Ereignisse in einem deterministischen Verlauf – zwangsläufig, unausweichlich – entwickelt hätten, und es deshalb nach 1914/18 auch zum Krieg 1939/45 kommen musste. Zum anderen erschließt sich die ganze Dimension des Zweiten Weltkrieges erst, wenn die Europa- und Deutschlandzentrik aufgegeben wird. Betrachtet man nämlich die Kriege der Westmächte mit außereuropäischen Staaten bzw. von diesen untereinander, wird die Sogwirkung solcher Konflikte an der »Peripherie« auf die Westmächte offenbar. Die globale Perspektive hilft, nationale Narrative zu überwinden und die vermeintlich vorgegebene Chronologie zu brechen. Entwicklungen in der »Dritten Welt« werden als Einflussfaktoren stärker gewichtet. Das Loslösen von der eurozentrischen Perspektive lässt etwa erkennen, dass außereuropäische Staaten nicht nur als Opfer der politisch-militärischen Dominanz der westlichen Mächte, sondern als eigenständige Akteure auftraten, die ihrerseits Entwicklungen beeinflussten und anstießen. Für den Zweiten Weltkrieg gilt dies besonders für China und Japan, wie der Blick auf deren politisch-militärischen Entwicklungen und Konflikte zeigen wird.

Bei der Datierung des Kriegsbeginns zeigt sich dies in aller Deutlichkeit. So reduziert das Standardnarrativ vom Zweiten Weltkrieg als »Hitlers Krieg« den globalen Krieg auf seine europäische Dimension und auf Adolf Hitler als seinen alleinigen Ursprung. Der Kriegsbeginn wird in diesem Zusammenhang auf den 1. September 1939 datiert, auf den Tag des deutschen Überfalls auf Polen. Die Verantwortung Hitlers und des NS-Regimes für den Krieg, wie er sich ab 1939 in Europa mit all seinen Aspekten eröffnete, soll damit keineswegs bagatellisiert werden. Ein Blick in den asiatischen Raum zeigt jedoch, dass dort mit dem Zweiten sino-japanischen Krieg spätestens ab Juli 1937 ein Krieg herrschte, der bis 1945 andauerte und weltweite Konsequenzen nach sich zog. Entscheidend sind die Überlagerungen und Wechselwirkungen. So kann z. B. die britische Beschwichtigungspolitik *(Appeasement)* in Europa ohne die japanische Expansionspolitik in Asien nicht verstanden werden, da diese die britischen Interessen zu dem Zeitpunkt viel stärker gefährdete. Hinzu kamen Probleme in Palästina, Indien und Burma, sodass Großbritanniens Aufmerksamkeit nicht primär Europa, sondern dem Erhalt seiner Kolonien galt. Weitere Akteure in Asien mit direkter oder indirekter Einflussnahme waren etwa die UdSSR, die USA, Frankreich, das Deutsche Reich oder die Niederlande. Vor diesem Hintergrund überzeugt auch das Jahr 1941 als Datum des Weltkriegsbeginns nicht. Unbestritten erhält der Weltkrieg 1941/42 eine neue Qualität. Die Interpretation, wonach beide Kriege bis 1941 als eigene Kriege zu verstehen seien, die bloß gleichzeitig stattgefunden hätten, und erst die Verschmelzung des europäischen und asiatischen Krieges den Weltkrieg ausmachte, blendet die politischen, wirtschaftlichen und sogar militärischen Aktivitäten der außereuropäischen Staaten vor 1941 aus. Insbesondere die UdSSR bildete eine Art Scharnierstück zwischen Europa und Asien, hegte sie doch auf beiden Kontinenten Interessen. Spätestens der japanisch-sowjetische Grenzkrieg von Mai bis September 1939, in den die UdSSR, Japan und die Mongolische Volksrepublik involviert waren, verdeutlicht dies.

Vom Aufbau her behandelt das vorliegende Buch zunächst die Ausgangslage vor dem Zweiten Weltkrieg und danach den Kriegsverlauf auf den verschiedenen Kriegsschauplätzen. Das vierte Kapitel behandelt die Frage, inwiefern der Zweite Weltkrieg als »Totaler Krieg« zu charakterisieren sei. In diesem Zusammenhang wird auch der Aspekt der Kriegsverbrechen vertieft. Kriegsende, Kriegsverbrecherprozesse und die Folgen des Krieges auf die Weltordnung werden im fünften Kapitel thematisiert. Die Komplexität des Zweiten Weltkrieges mit seiner Vermischung verschiedener, teils gleichzeitig stattfindender Entwicklungen und seine räumliche Ausdehnung als weltumfassender Konflikt kann mit einem rein chronologischen Ansatz nicht bewältigt werden. Das Buch versucht deshalb, den chronologischen Verlauf mit thematischen Schwerpunkten zu kombinieren, wo dies für das Verständnis sinnvoll ist. Wiederholungen wurden wenn immer möglich verhindert, waren für die Situierung in den Gesamtkontext manchmal aber unumgänglich.

2. Ausgangslage

Der Zweite Weltkrieg begann nicht wie der Erste Weltkrieg, der mit einem Schlag alle europäischen Großmächte und weitere Kleinstaaten miteinschloss. Er durchlief eine rollende Entwicklung. Ihm war in den 1930er Jahren eine zunehmende Eskalation der politischen Lage vorausgegangen, die in Europa und besonders in Asien bereits kriegsähnliche Zustände hervorgerufen hatte. Im Juli 1937 brach der Krieg zwischen China und Japan offen aus, in den einige Westmächte indirekt involviert waren. Von Mai bis September 1939 kamen militärische Zusammenstöße zwischen japanischen, sowjetischen und mongolischen Truppen in der Mandschurei hinzu. In Europa fing der Krieg im September 1939 mit dem deutschen Überfall auf Polen an, dem sich die UdSSR anschloss. Großbritannien und Frankreich reagierten mit der Kriegserklärung an das Deutsche Reich. Italien trat 1940 im Zuge der deutschen Erfolge in den Krieg ein und weitete den Konflikt auf den Balkan und Nordafrika aus. Mit dem deutschen Überfall auf die UdSSR im Juni 1941 erlangte der Krieg eine qualitativ neue Entwicklungsstufe. Darüber hinaus verstärkte sich die alliierte Allianz, der neu auch die UdSSR angehörte. Im Dezember 1941 eröffnete Japan den Krieg gegen die USA und Großbritannien, in den auch Frankreich, Australien, Neuseeland, Indien, die Niederlande und Thailand einbezogen wurden. Die letzte signifikante Neukonstellation erfuhr der Zweite Weltkrieg durch die sowjetische Kriegserklärung an Japan und den Einmarsch in die Mandschurei im August 1945.

Die Frage der Kriegsschuld ist anders als für 1914 eindeutig zu beantworten: Die Hauptschuldigen waren das nationalsozialistische Deutsche Reich und das Kaiserreich Japan, willfährig unterstützt durch verschiedene Staaten, allen voran Italien. Seinen Ursprung fand der Zweite Weltkrieg hingegen in vielfältigen Rahmenbedingungen und unterschiedlichen Entwicklungen. Diese werden offenbar, wenn man die internationale Situation sowie die Interessen und Haltungen der beteiligten

Hauptakteure betrachtet und die globale Dimension der Kriegshandlungen berücksichtigt.

2.1. Das Erbe des Ersten Weltkrieges

Der Blick auf die Phase zwischen 1918 und 1939 verdeutlicht, dass der Begriff der Zwischenkriegszeit irreführend ist, da es sich dabei nur bedingt um eine Zeit zwischen zwei Kriegen – um eine Friedenszeit – handelte. Das Ende des Ersten Weltkrieges markierte keineswegs wie in der breiten Öffentlichkeit erhofft den Aufbruch in ein friedlicheres Zeitalter, sondern leitete, teils direkt, in eine Zeit vielfältiger Konflikte und Kriege über. Gleichzeitig hinterließ er mit seinen unermesslichen Schäden und Opfern nicht nur in der breiten Bevölkerung Traumata, Kriegsmüdigkeit und den dezidierten Wunsch nach Frieden. Auch viele Regierungen waren durchdrungen vom Gedanken, einen neuerlichen Krieg um jeden Preis zu verhindern. Der amerikanische Isolationismus oder die britische und französische Appeasementpolitik sind nur vor diesem Hintergrund zu verstehen; Gleiches gilt für die fehlende Kriegsbegeisterung der deutschen Bevölkerung im September 1939. So etablierte sich in den 1920er Jahren eine starke, weite Teile der Bevölkerung erfassende Antikriegs- und Friedensbewegung. Auf staatlicher Ebene sind das System der Pariser Friedenskonferenzen und die Schaffung des Völkerbundes 1919, der Briand-Kellogg-Pakt von 1928, mit dem erstmals der Krieg als politisches Mittel geächtet wurde, oder die internationale Abrüstungskonferenz in Genf von 1932 bis 1934 Ausdruck dafür.

Der Zusammenbruch Russlands, des Deutschen Reiches, Österreich-Ungarns und des Osmanischen Reiches brachte neben inneren Unruhen auch neue Staaten hervor, deren Grenzziehungen erneut zu Konflikten Anlass gaben. Der größte dieser Nachkriegskonflikte war der Russische Bürgerkrieg von 1917 bis 1923, bei dem es an den Peripherien auch zu – letztlich erfolglosen – Interventionen verschiedener westlicher Mächte und Japans kam. Die neuen Staaten Finnland, Estland, Litauen

und Lettland waren ebenfalls in Kämpfe mit lokalen Bolschewiki involviert, konnten sich – im Gegensatz zur Ukraine – jedoch als eigenständige Staaten behaupten. Im Deutschen Reich
brach 1918 die Novemberrevolution aus, die nach heftigen
Kämpfen und Aufständen zur Weimarer Republik führte. Ös-
terreich-Ungarn zerfiel 1918/19 in die Staaten Österreich, Ungarn und die Tschechoslowakei, Gebiete gingen auch an Itali-
en, Rumänien, Jugoslawien und Polen. In Ungarn endete 1920
ein revolutionärer Bürgerkrieg mit der Invasion rumänischer,
tschechoslowakischer sowie serbischer Truppen und dem
Sturz der kommunistischen Regierung. Polen führte 1918/19
Kriege gegen Litauen, die Tschechoslowakei und die Ukraine
sowie 1920 gegen die sich noch in der Revolution befindende
UdSSR.

Die westlichen Großmächte sahen sich nicht nur vom auf-
kommenden Kommunismus, sondern auch von den Nationa-
lismen in ihren Kolonien herausgefordert. In Syrien war Frankreich mit arabischem Widerstand konfrontiert, der erst im Juli
1920 beendet wurde. In Transjordanien fand sich die Kolonialmacht Großbritannien unverhofft inmitten eines alten Stam-
meskonfliktes und musste wie zuvor das Osmanische Reich
bereits befriedete Gebiete gegen Überfälle der Nomadenstäm-
me verteidigen. Die 1920er Jahre brachten schließlich eine ganze Serie kolonialer Aufstände unterschiedlichster Ursachen mit
sich. Widerstand formierte sich in Ägypten, Persien (Iran) und
im Irak gegen die britische Herrschaft sowie in Syrien erneut
gegen die französische. In Libyen und Spanisch-Marokko kam
es zur Erneuerung früherer Aufstände, die sich auch auf
Französisch-Marokko ausweiteten (Rifkrieg). Die Kolonialmächte gingen rigoros und – für damalige Verhältnisse – mit
massiven militärischen Mitteln dagegen vor, gewillt, ihre Kolonien um jeden Preis zu halten. Französische Truppen beschossen und bombardierten Damaskus 1925/26. Britische Flieger
führten auf der Basis ihrer Weltkriegserfahrungen im Irak,
Südjemen, in Afghanistan und Britisch-Somaliland die Aufstandsbekämpfung mit teils massiven Bombenschlägen durch
(*Air Policing*) und ersparten sich damit die Entsendung großer

Bodenkontingente. Spanische Truppen verursachten im Rifkrieg 1921 bis 1926 durch Einsatz von Senfgas schwere Verluste unter Aufständischen und der Zivilbevölkerung; erst 1927 gelang es, den Widerstand mit französischer Hilfe brutal zu unterdrücken. Gleich erging es den Aufstandsbewegungen in Syrien, in Niederländisch-Indien, Libyen und Italienisch-Somaliland. Anderswo stellten sich auch Rückschläge ein. Nach dem Zerfall des ehemaligen Osmanischen Reiches waren weite Teile davon von Frankreich und Großbritannien besetzt worden. Im griechisch-türkischen Krieg 1919 bis 1923 kämpften die Jungtürken unter Führung von General Mustafa Kemal (Atatürk) gegen die Besatzermächte sowie gegen großgriechische Hegemonieabsichten und armenische Unabhängigkeitsbestrebungen. Türkische Truppen fügten den schlecht ausgerüsteten und versorgten Franzosen 1921 in der Südosttürkei eine schmerzliche Niederlage bei, nahmen im September 1922 Smyrna (İzmir) ein, vertrieben oder ermordeten die griechische und armenische Bevölkerung und besiegten bis Oktober 1922 britische Verbände bei Konstantinopel. Ab diesem Zeitpunkt änderten Großbritannien und Frankreich ihre Kolonialpolitik. Frankreich musste einer Verzettelung seiner Kräfte entgegenwirken und konzentrierte sich darauf, zusammen mit Spanien den Aufstand der Rifkabylen in Marokko niederzuschlagen. Großbritannien wiederum gab sein Engagement in Russland auf und billigte Ägypten 1922 den Status eines unabhängigen Königreichs zu. Bereits 1921 hatten verlustreiche Aufstände im britischen Mandat Mesopotamien (Irak) Großbritannien veranlasst, einen arabischen König einzusetzen. Gleichzeitig unterstützte es auch die politische Erneuerung Persiens (Iran) und den Aufstieg Reza Khans zum Schah. Zudem wurden Schritte in Richtung der Selbstverwaltung Indiens vorbereitet, wo die Unabhängigkeitsbewegung unter Mahatma Gandhi den gewaltlosen Widerstand betrieb, und bestätigte 1928 die Unabhängigkeit Saudi-Arabiens. Innenpolitisch befand sich Großbritannien zudem gegen die paramilitärische *Irish Republican Army* (IRA) in einem Guerillakrieg ohne kolonialen Hintergrund, der 1921 mit der irischen Unabhängigkeit endete.

Der Blick auf die koloniale Situation der Zwischenkriegszeit zeigt, dass die beiden großen Kolonialmächte Großbritannien und Frankreich nach 1918 schwächelten. Zudem bestimmten die Einsätze zur Sicherung ihrer kolonialen Herrschaft die militärischen Aufgaben und dadurch die zukünftigen militärischen Planungen. Die oft gehörte Kritik, die Westmächte hätten vor 1939 zu wenig gegen einen neuerlichen europäischen Großkrieg getan, verkennt dies. In den 1920er Jahren war dieser noch kaum vorhersehbar, während die Hauptgefahr für die britischen Interessen neben den erwähnten Kolonialunruhen zunächst von der UdSSR ausging. Der Aufstieg des Faschismus/Nationalsozialismus muss auch vor diesem Hintergrund gesehen werden, verfügte er als Gegenbewegung zum Kommunismus zeitweise doch zumindest partiell über Sympathien in Großbritannien, Frankreich und den USA. Die sozialistische Revolution weitete sich nämlich im Zuge des russischen Bürgerkrieges auf Armenien, Aserbaidschan, Transkaukasien, zwischenzeitlich sogar bis in den Iran aus und bedrohte über Afghanistan schließlich Britisch-Indien. In den 1930er Jahren war es dann Japan, das für Großbritannien als Hauptaggressor galt. Daneben forderten neuerliche Aufstände in Palästina, Nordindien oder Burma die ganze Aufmerksamkeit als Kolonialmacht. Die britische Armee spielte bei diesen Szenarien eine untergeordnete Rolle. Die Probleme auf dem indischen Subkontinent konnten mit Hilfe der *British Indian Army* gelöst werden, zur Wahrung der Handelswege aus Übersee und gegen Japan war Flottenstärke gefragt. Frankreich war unmittelbarer durch ein wiedererstarktes Deutsches Reich bedroht. Es reagierte mit dem Bau der Maginot-Linie deshalb früher auf die europäische Lageentwicklung, war zugleich aber auch über die koloniale Situation besorgt, insbesondere über die Bedrohung durch italienische Expansionsbestrebungen in Nordafrika. Wie sehr die Westmächte in ihren Handlungsweisen gelähmt waren, verdeutlicht letztlich der Spanische Bürgerkrieg 1936 bis 1939. Während darin erstmals die ideologischen Gegner des Faschismus/Nationalsozialismus und Kommunismus aufeinander trafen, beschränkten sich Großbritannien und Frankreich aufgrund kolonialer und innenpolitischer Probleme auf eine Politik der Nichteinmischung.

2.2. Die Hauptkriegsteilnehmer

Aus dem Ersten Weltkrieg gingen die USA, Großbritannien und Frankreich gestärkt hervor. Die beiden Letzteren mussten demographisch und wirtschaftlich zwar große Verluste verschmerzen, hatten aus den Friedensverhandlungen jedoch neben politischen und ökonomischen auch territoriale Zugeständnisse erhalten. Ihnen gegenüber standen die drei »Habenichtse«: Das Deutsche Reich, Italien und Japan. Ersteres war der große Verlierer des Krieges. Letztere gehörten zwar zu den Siegermächten, waren nach ihrem Verständnis im Friedensschluss aber zu kurz gekommen; ähnlich erging es China. Die UdSSR wiederum befand sich aus innenpolitischen Gründen in einer speziellen Situation. Die drei »Habenichtse« bezogen im Verlauf der Zwischenkriegszeit immer deutlichere Gegenpositionen zur etablierten Nachkriegsordnung. Aus unterschiedlichen Beweggründen strebten sie eine Revision der globalen Ordnung an. Die daraus folgenden Expansionsbestrebungen gerieten zunehmend in Konfrontation mit den britischen und französischen, längerfristig auch den amerikanischen Positionen.

Die **USA** gingen 1945 als dominante Macht aus dem Weltkrieg hervor, hatten aber bereits 1938 das weitaus höchste Bruttoinlandsprodukt. Einschneidend war die Große Depression seit 1929 gewesen. Spekulationen verursachten immense Vermögensverluste und eine Deflation, was zu massiven Absatzschwierigkeiten für die Wirtschaft und Massenarbeitslosigkeit sowie zum Abfall des Volkseinkommens und Steueraufkommens und des allgemeinen Lebensstandards führte. Alle Schritte der Regierung zur Krisenbekämpfung scheiterten. Erst mit dem von Franklin D. Roosevelt ab 1933 initiierten sozioökonomischen Programm des *New Deal* entspannte sich die Lage langsam, obwohl die Maßnahmen unterschiedlich erfolgreich

blieben. So reduzierten sich zwischenzeitlich zwar die Arbeitslosenzahlen, die 1938 aber nochmals auf 10 Millionen an-
stiegen. Letztlich konnten die Nachwirkungen der Weltwirtschaftskrise erst durch die Aufrüstung aufgefangen werden.
Außenpolitisch weiteten die USA in der Zwischenkriegszeit ihren Einfluss in Mittelamerika und der Karibik aus und interve-
nierten militärisch in der Dominikanischen Republik, Haiti
und Nicaragua. Wirtschaftlich verfolgten die USA mit der auf
freien Zugang zu den Weltmärkten abzielenden *open-door*-Poli-
tik einen indirekten Ansatz. Dies widerspiegelt sich in der 1933
gegenüber Lateinamerika verkündeten »Politik der guten
Nachbarschaft« oder in der 1934 gewährten begrenzten Auto-
nomie für die Philippinen. Die US-Kriegs- und Handelsflotten
waren damals bereits die zweitgrößten der Welt und sollten mit
neuen Konstruktionsprogrammen sowie dem Marineaufrüs-
tungsgesetz von 1938, das die Bildung einer »Zwei-Ozean-Flot-
te« vorsah, die britische Marine bald schon überflügeln. Die *US
Army* umfasste 1939 hingegen bloß 190.000 Berufssoldaten und
200.000 Nationalgardisten. Ab 1936 wurde das Rüstungsbudget
wieder erhöht, was den Ausbau und die Modernisierung der
Streitkräfte ermöglichte. Der Zustand der Streitkräfte sowie
fehlende Stützpunkte im Ostatlantik verhinderten, dass die
USA in der Zwischenkriegszeit militärischen Einfluss auf Europa ausübten. Politisch brachten sie sich hingegen ein, nicht zuletzt aus ökonomischen Interessen, wie der Dawes- oder Young-
plan zeigen. Auch engagierte sich das Land für die politische
Stabilisierung Europas. Auf amerikanische Initiative hin kam
es 1925 zur Unterzeichnung des Vertrags von Locarno und 1928
zum Abschluss des Briand-Kellogg-Paktes. Gleichwohl begünstigte die geographische Lage der USA mit dem Pazifik und Atlantik als natürlichen Hindernissen den Isolationismus als politische Alternative. Zwar reagierten die USA 1932 mit der
Hoover-Stimson-Doktrin auf die japanische Invasion in die
Mandschurei und erkannten die japanischen Verletzungen der
Souveränität und Integrität Chinas nicht an, konkrete Schritte
unterblieben jedoch. Ab 1935 verankerte der Kongress die iso-
lationistische Haltung institutionell mit vier Neutralitätsgeset-

zen und verbot darin unter anderem Waffenlieferungen, Anleihen sowie Kredite an Kriegführende. Auch erschwerte es die demokratische Tradition der USA, die Nation vorzeitig auf Krieg einzustellen. Faktisch bezogen die USA gleichwohl unter Roosevelt, der eine stärkere amerikanische internationale Beteiligung als notwendig erachtete, bereits ab Mitte der 1930er Jahre Position gegen die späteren Achsenmächte. Die Neutralitätsgesetze wurden 1937 durch eine *Cash-and-Carry*-Klausel ausgehebelt, was die materielle Unterstützung Chinas (später Großbritanniens und der UdSSR) im Krieg ermöglichte; nach der zwischenzeitlichen Sistierung wurde sie ab November 1939 auch auf Waffen und Munition ausgedehnt. Bis zum offiziellen Kriegseintritt der USA 1941 weitete sich diese Unterstützung stetig aus, was zur faktischen Aushöhlung der Neutralität führte. 1940 wurden die Rüstungsprogramme intensiviert und Produktionsüberschüsse an Großbritannien abgeliefert, das gegen Verpachtung britischer Militärstützpunkte ferner 50 veraltete US-Zerstörer erhielt. Mit dem Leih- und Pachtgesetz vom 11. März 1941 *(Lend-Lease Act)* erfolgte der letzte Schritt. Roosevelt wurde ermächtigt, Alliierte mit Kriegsmaterial und Versorgungsgüter zu beliefern. Bis Kriegsende erhielten 38 Staaten amerikanische Hilfsleistungen im Wert von fast 50 Milliarden US-Dollar; neben Großbritannien profitierte die UdSSR in starkem Ausmaß von diesen Hilfslieferungen. Zwischen April und Juli 1941 hatten die USA wegen des Balkan- und Nordafrikakrieges den nationalen Notstand ausgerufen, Grönland und Island besetzt und deutsche, italienische sowie – nach dem Einmarsch in Französisch-Indochina – japanische Guthaben in den USA einfrieren lassen. Letzteres kam de facto einem Handelsembargo gleich.

Großbritannien besaß nach dem Ersten Weltkrieg noch eine herausragende globale Rolle, wenngleich es seine dominante Stellung als Wirtschafts- und Militärmacht eingebüßt hatte. Das britische Weltreich umfasste mit dem *British Commonwealth of Nations* die Dominions Kanada, Australien, Neuseeland und Südafrika. Weiter gehörten die unterschiedlich verwalteten britischen Kolonien und Protektorate in Indien, Afrika, Südostasien, im Südpazifik und der Karibik dazu. Durch Übernahme deutscher und osmanischer Gebiete erlangte das britische Kolonialreich nach 1918 seine größte Ausdehnung überhaupt; überdies erhielten Australien, Neuseeland und Südafrika ehemalige deutsche Gebiete im Südpazifik und Afrika. Großbritannien gewann zudem strategisch wichtige Völkerbundmandate wie Palästina oder Transjordanien und übte die Kontrolle über nominell unabhängige Staaten wie Ägypten und den Irak aus. Mit Gibraltar, Malta oder Singapur hatte die britische Marine wichtige Stützpunkte, die ihre globale strategische Tragweite festigten. Das britische Heer profitierte personell ebenfalls vom Weltreich, wie die bis 1945 rekrutierten 2,5 Millionen Freiwilligen der *British Indian Army* belegen. Bis 1938 blieb das britische Heer jedoch traditionell bedingt klein, diente vor allem als koloniale Polizeitruppe und war zur kontinentalen Kriegsführung noch ungeeignet. Erst unter dem Eindruck unmittelbarer Kriegsgefahr wurde die allgemeine Wehrpflicht eingeführt, weitere Maßnahmen zur Aufrüstung des Heeres und der Luftabwehr folgten. Das *Commonwealth* war für Großbritanniens globale Bedeutung von entscheidender Relevanz, sein Gebilde aus staatsrechtlich autonomen Dominions mit divergierenden sicherheitspolitischen Prioritäten erschwerte jedoch eine gemeinsame, strategisch ausgerichtete Außen- und Verteidigungspolitik, zumal die in verschiedenen Gebieten einsetzenden Unabhängigkeitsbewegungen die britische Aufmerksamkeit auf die Peripherie lenkten. Wirtschaftlich war Großbritannien trotz hoher Auslandsverschuldung bei den USA und Modernisierungsdefiziten stark. Es verfügte nach den USA über das weltweit höchste Bruttoinlandsprodukt und besetzte auch im Finanzsektor eine wichtige Position. Das Weltreich garantierte der britischen Industrie Absatzmärkte sowie Rohstoffe und half ihr dadurch, die Wirtschaftskrisen weniger schadensreich zu überstehen als andere Länder. Trotzdem erlebte Großbritannien millionenfache Dauerarbeitslosigkeit und zahlreiche Arbeiterstreiks. Die Regierungen versuchten mit Modernisierungs- und Ausbaumaßnahmen für die Wirtschaft sowie mit sozialen Reformen der Krise zu entgegnen. Außenpolitisch setzte dies jedoch die Wahrung des Friedens voraus, da Großbritannien nicht zugleich reformieren und aufrüsten konnte. Gerade darin lag ein wichtiger Grund, weshalb britische Regierungen (etwa unter Neville Chamberlain) bis 1939 eine Appeasementpolitik verfolgten. Flankierende politische Maßnahmen zur Bildung eines antideutschen Balkanblocks scheiterten indes im Sommer 1939. Es blieb bei der britisch-französischen Garantieerklärung an Polen vom März 1939, deren Erweiterung auf Rumänien und Griechenland im April sowie bei der Beistandserklärung an die Türkei vom Mai 1939. Das britische Weltreich bildete bei all dem auch eine strategische Hypothek, ging es in der Zwischenkriegszeit und in den Zweiten Weltkrieg hinein doch in hohem Ausmaß um die britischen Besitzungen. Japan und Italien begehrten offen Teile davon, während die UdSSR im britischen Imperialismus bis 1933 den ideologischen Hauptgegner sah. China wiederum versuchte sich von der militärisch-wirtschaftlichen Dominanz Großbritanniens zu befreien, die sich in britischen Außenposten und Handelsniederlassungen zeigte. In ein wirtschaftliches Konkurrenzverhältnis geriet Großbritannien auch mit den USA, die Zugang zu den britisch kontrollierten Absatz- und Rohstoffmärkten verlangten.

Frankreich gehörte in der Zwischenkriegszeit ebenfalls noch zu den Weltmächten. Wie Großbritannien hatte es sein Kolonialreich nach 1918 durch die Mandate Libanon und Syrien sowie ehemalige deutsche Kolonien in Afrika ausweiten können. Letztere bildeten zugleich ein Reservoir zur personellen Verstärkung der französischen Armee, die nach 1918 den Nimbus der weltweit stärksten Armee besaß. Frankreich hatte im Ersten Weltkrieg hohe personelle und wirtschaftliche Verluste erlitten. Die Ausrichtung der französischen Politik war deshalb bis 1939 durch zwei Hauptanliegen bestimmt: Die durch den Weltkrieg verursachte massive Staatsverschuldung zu tilgen und die Frage der Deutschlandpolitik zu lösen. Die französischen Forderungen auf der Versailler Friedenskonferenz 1919 sind vor diesem Hintergrund zu sehen. Steuererhöhungen waren innenpolitisch gescheitert, weshalb die Kriegskosten durch deutsche

Reparationen beglichen werden sollten (»L'Allemagne paiera tout«). Außenpolitisch sollte die starke französische Position auf möglichst lange Zeit gefestigt werden. Dominierend für die französische und angloamerikanische Politik auf internationalen Konferenzen blieb bis zur Weltwirtschaftskrise 1929 die Frage der Reparationszahlungen. Während hingegen die USA und Großbritannien aus wirtschaftlichen und finanziellen Interessen eine zunehmend konziliantere Haltung einnahmen, setzte Frankreich auf eine Politik der harten Hand (Ruhrbesetzung). Diese Differenzen führten in Kombination mit kolonialen Rivalitäten in den 1920er Jahren zu französisch-britischen Spannungen. Im Dawes-Plan von 1924 regelten die Alliierten schließlich die Reparationszahlungen neu. Mit dem Vertrag von Locarno 1925 setzte zudem eine Phase der deutsch-französischen Annäherung ein, die jedoch die Animositäten der beiden Länder nicht grundsätzlich überwinden ließ. Komplementär hatten Frankreich und Polen ab 1920 eine aktive Bündnispolitik mit der Tschechoslowakei, Jugoslawien und Rumänien verfolgt (»kleine Entente«), die bis 1938 Bestand hatte und 1935 durch einen französisch-sowjetischen Beistandspakt ergänzt wurde. Innenpolitisch waren die 1920er Jahre geprägt von rasch wechselnden Regierungen und wirtschaftlichen Schwierigkeiten. Erst ab 1926 beruhigte sich die Situation dank einer Währungsstabilisierung und dem Ausgleich des Staatshaushalts. Frankreich spürte die Weltwirtschaftskrise erst ab 1931 und war als nicht vollindustrialisiertes Land weniger davon betroffen als andere Staaten. Gleichwohl kam es zu Banken- und Betriebsschließungen, zu hoher Arbeitslosigkeit, zu Kaufkraftverlust und Preisverfall. Trotz Agrarprotektionismus, Deflationspolitik und Sparmaßnahmen dauerte die Krise bis 1938 an. Dies stärkte die extremen Positionen und schwächte das System der Dritten Republik zusätzlich. Streiks, Demonstrationen und Straßenkämpfe nahmen in den 1930er Jahren zu. Der Wahlsieg des Volksfrontbündnisses der vereinigten linken Parteien (Front populaire) unter Léon Blum 1936 wurde in der breiten Bevölkerung mit Begeisterung aufgenommen. Die darauf eingeführte Sozialgesetzgebung und wirtschaftliche Reformen brachten wegen heftigen Widerstands der Unternehmer und der anhaltenden Streiks allerdings keinen Aufschwung, sondern eine Vergrößerung des Haushaltdefizits und eine Inflation. Die angesichts der zunehmenden deutschen Bedrohung forcierte militärische Aufrüstung verstärkte dies zusätzlich. Auch die Nichteinmischung in den Spanischen Bürgerkrieg belastete das Volksfrontkabinett und führte mit innen- und finanzpolitischen Problemen zum Scheitern der Volksfrontpolitik. Innenpolitisch wurde Frankreich 1938 durch Terroranschläge rechtsextremer Gruppen, Streikwellen der Arbeiter und Gewerkschaften sowie den drohenden Staatsbankrott erschüttert, sodass das Militär die Ordnung wiederherstellen mussten. Außenpolitisch gab die neue Regierung von Édouard Daladier im Münchner Abkommen vom September 1938 dem deutschen Druck nach und stimmte der Abtretung sudetendeutscher Gebiete durch die Tschechoslowakei zu. Danach verfolgte die Regierung Daladier eine Nichteinmischungs- und Appeasementpolitik gegenüber dem Deutschen Reich und hoffte bis zuletzt auf ein Einlenken Hitlers, beschleunigte gleichzeitig aber die eigene Aufrüstung.

China wird gemeinhin im Zeitalter der Weltkriege nicht als Großmacht verstanden, obwohl es bevölkerungsmäßig nach dem britischen Weltreich an zweiter Stelle stand und die Vorgänge in China einige Relevanz für die globale Entwicklung besaßen. In China herrschten seit dem Sturz der Qing-Dynastie 1911 instabile Verhältnisse, die einen politisch-militärischen Polyzentrismus entstehen und das Land in regionale Herrschaftsgebiete zerfallen ließen. Diese wurden von einer heterogenen Gruppe von Militärmachthabern *(Warlords)* kontrolliert, die sich in den sogenannten Generalskriegen (1916–1926) in wechselnden Allianzen bekämpften. Gegen die *Warlords* richtete sich die 1924 gebildete »Einheitsfront« aus der Kommunistischen Partei China (KPC) und der nationalistischen Bewegung der Guomindang (GMD). Diese »Nationale Revolution« sollte die politische Einigung des Landes bringen, bekämpfte aber auch ausländischen Imperialismus. Mit Hilfe sowjetischer Militärberater wurde eine Revolutionsarmee aufgestellt, die im

Nordfeldzug von 1926/27 unter Führung Jiang Kaisheks die
Warlords besiegte. 1927 brach Jiang das Bündnis mit den Kommunisten, um ein Einparteiensystem zu etablieren. Im April
1927 begannen in Shanghai und Nanjing die gewaltsamen Ver-
folgungen von Kommunisten und die rücksichtslose Säube-
rung der GMD. Dies markierte den Anfang der diktatorischen
Herrschaft Jiangs (»Jahrzehnt von Nanjing«) und gleichzeitig
den Auftakt zur zehnjährigen Bürgerkriegsphase, die mit mehreren Millionen Soldaten und Toten zu den weltweit größten
Konflikten der Zwischenkriegszeit gehörte. Bis 1930 gelang es
der GMD, ihre Kontrolle über fast ganz China auszuweiten. Ihrer Machtstellung fehlte allerdings die nötige Stabilität, auch
konnten die *Warlords* im Süden und Südwesten Chinas erst 1937
endgültig besiegt werden. Die KPC, die erst mit der Gründung
der chinesischen Roten Armee 1928 über eigene Streitkräfte
verfügen sollte, konnte der GMD und den mit ihr verbündeten
Banden und *Warlords* nichts entgegenhalten. Sie musste deshalb in den städtischen Untergrund oder ins gebirgige Hinterland ausweichen. Die auf Druck Stalins und der Kommunistischen Internationalen (Komintern) in den Städten erfolgten Ar-
beiteraufstände wurden ebenfalls blutig niedergeschlagen. Der
neuen Strategie Mao Zedongs folgend wichen die Kommunisten deshalb auf ländliche Basen aus und gründeten schließlich
im November 1931 in der Provinz Jiangxi die erste chinesische
Räterepublik. In den sogenannten Einkreisungsfeldzügen versuchte Jiang die KPC endgültig zu zerschlagen. Die chinesische
Rote Armee konnte die ersten vier Offensiven dank geschickter
Guerillakriegsführung erfolgreich abwehren, stand zwischenzeitlich aber kurz vor ihrer Vernichtung. Rebellionen in den eigenen Reihen und Kämpfe gegen die *Warlords* zwangen Jiang
jedoch zu einem Feldzugabbruch. Mit einer halben Million Soldaten begann er im Herbst 1933 den fünften Feldzug, verzichtete auf Empfehlung deutscher Militärberater aber auf die bisher verlustreichen Frontalangriffe und riegelte stattdessen das
kommunistische Gebiet konsequent ab. Die Kommunisten versuchten mit konventioneller Kriegsführung zu reagieren und
scheiterten. Im bis heute in der KPC verklärten »Langen

Marsch« zogen sie sich 1934/35 in die nordwestliche Provinz Shaanxi zurück und errichteten 1936 in Yan'an eine neue Räterepublik. Die lange Phase innenpolitischer Kämpfe wirkte sich negativ auf die Entwicklung von Wirtschaft und Gesellschaft aus. China verfügte Ende der 1930er Jahre zwar über ein hohes Bruttoinlandsprodukt, das Volkseinkommen blieb jedoch sehr gering. Hinzu kamen infrastrukturelle Defizite (Eisenbahn-/ Straßennetz). Die ununterbrochene Kriegsphase hatte zudem zur Verrohung der Gesellschaft beigetragen. Ferner schwächte die innere Zerrissenheit China außenpolitisch und öffnete die Tore für ausländischen Expansionismus. Ab 1920 versuchte die UdSSR, ab 1928 auch das Deutsche Reich mit Militärberatern, Kriegsmaterial und Devisen auf den Kriegsverlauf einzuwirken. Großbritannien griff nicht direkt in den Konflikt ein, verfolgte aber starke Wirtschaftsinteressen. Die USA hatten bis 1938 Truppen in Tianjin stationiert, hielten sich ansonsten aber zurück. Direkte Eingriffe erfolgten im Norden Chinas, wo im August 1929 sowjetische Truppen wegen eines Konfliktes um die Ostchinesische Eisenbahn in die Mandschurei einmarschierten. Als Hauptaggressor trat allerdings Japan auf, dessen Expansionismus dem innerchinesischen Konflikt dann auch zwischenzeitlich die Intensität nahm. Wegen Chinas militärischer Unterlegenheit und weil er dem Kampf gegen die KPC Priorität einräumte, verfolgte Jiang nach dem Mukden-Zwischenfall 1931 und der japanischen Annexion der Mandschurei Japan gegenüber eine Appeasementpolitik. Diese Politik des Nachgebens stieß in der chinesischen Bevölkerung und der GMD auf Unverständnis. Im Dezember 1936 wurde Jiang auf einer Inspektionsreise in Xi'an von zwei seiner Generale gefangengenommen und zur Bildung einer gemeinsamen antijapanischen Front mit der KPC gezwungen. Zugleich drängte auch die Komintern auf ein zweites Bündnis. So kam es zu einer innerchinesischen Entspannung und 1937 zur »Zweiten Einheitsfront«. Die kommunistischen Verbände wurden in die Armee Nationalchinas integriert und – zumindest nominell – Jiang unterstellt. Das aus der Not heraus entstandene und von Beginn an fragile Zweckbündnis wurde offiziell erst 1945 beendet, faktisch endete die militärische Zusammenarbeit aber bereits 1941 (vgl. 3.5).

Die **UdSSR** bildete einen der Dreh- und Angelpunkte des Zweiten Weltkrieges. Im Verlauf von Revolution, Bürgerkrieg und Nachfolgekonflikten stabilisierten die Bolschewiki unter Führung Lenins ihr Regime und gründeten die Union der Sozialistischen Sowjetrepubliken. Obwohl föderativ aufgebaut, war das Regierungssystem stark zentralistisch. Mit der »Neuen Ökonomischen Politik« 1921, die nach der Phase des Kriegskommunismus zu einer gewissen Liberalisierung der Wirtschaft führte, konnten Versorgungsengpässe und Hungersnöte überwunden werden. Innerhalb der Parteiführung kam es hingegen bereits ab 1922 zu Machtkämpfen um die Nachfolge Lenins, in deren Verlauf sich Stalin durchsetzte. Inhaltlich änderte sich damit auch die Ausrichtung der sowjetischen Politik, die vom Ziel der Weltrevolution abkam und dem Sozialismus im eigenen Land Vorrang einräumte, was für Stalin gleichbedeutend mit dem Ausbau der Staatsindustrie war. Ökonomisch befand sich die UdSSR in einer Ausnahmesituation und zeigte ab Ende der 1920er Jahre beispiellose Modernisierungsbestrebungen. Bereits 1925 legte der Parteitag Kontrollzahlen für die zukünftige Wirtschaftsentwicklung fest, 1927 beschloss er forcierte Industrialisierungsprogramme. Der erste Fünfjahresplan von 1929 setzte die Pläne der zentralistischen Planwirtschaft um und verfolgte als Ziel den Ausbau der Schwerindustrie, die Errichtung neuer Industriezweige wie Automobil- und Traktorenwerke oder Chemiefabriken, die Technisierung und Zwangskollektivierung der Landwirtschaft, den Ausbau des Verkehrswesens sowie die Erschließung von Rohstoffen. Dies diente auch dem Aufbau der Rüstungsindustrie, fokussierte die UdSSR bis dahin wirtschaftlich doch rein auf die Landwirtschaft. Die Industrialisierung gelang in rascher Geschwindigkeit und umfassend, bedingte allerdings gleichzeitig die rücksichtslose und radikale Umstrukturierung von Gesellschaft und Wirtschaft. Die Planziele konnten nur mit der Forderung nach Steigerung der individuellen Arbeitsleistung im »Sozialistischen Wettbewerb« (Stachanov-Bewegung), durch Propaganda und Zwang, nicht zuletzt dank Terrormethoden und auf Kosten der Bevölkerung – vor allem der Bauern – erreicht werden (vgl. 2.3). Außenpolitisch bestimmten anfangs historische Ansprüche aus Gebietsverlusten aus dem russisch-japanischen Krieg und vor allem aus dem Ersten Weltkrieg die sowjetische Agenda. Nachdem sich die außenpolitische Situation in den 1920er Jahren beruhigt hatte, führte die Konzentration auf den Aufbau des Sozialismus im Innern nach 1924 zu einer zunehmenden Isolation der UdSSR. Einzige Ausnahmen bildeten die Einflussnahme auf die Komintern sowie auf die militärische Zusammenarbeit mit der Reichswehr. Politisch endete die Abgrenzung erst mit der Aufnahme in den Völkerbund 1934 (aus dem sie 1939 wieder ausgeschlossen wurde). Danach intensivierten sich die außenpolitischen Beziehungen bis 1939. Es kam zum Abschluss von Beistandsverträgen mit Frankreich und der Tschechoslowakei (1935), mit China (1937) sowie zu Abkommen mit Japan und dem Deutschen Reich (1935). Die deutsch-sowjetischen Beziehungen erfuhren allerdings im Zuge des Spanischen Bürgerkriegs eine deutliche Verschlechterung, die erst mit dem deutsch-sowjetischen Nichtangriffspakt vom August 1939 überwunden wurde.

Das **Deutsche Reich** gehörte nicht nur zu den Hauptakteuren des Zweiten Weltkrieges, sondern bildete nach der Machtübernahme Hitlers 1933 gewissermaßen den Katalysator für die militärische Konfliktlösung und den Krieg in Europa. Noch stärker als bei anderen Staaten wirkte der Erste Weltkrieg wegen des als ungerecht empfundenen Versailler Vertrags nach. Dieser diktierte »Schandfrieden« wurde von allen Parteien abgelehnt, diente aber primär der extremen Rechten dazu, gegen die Weimarer Republik und das Ausland zu agitieren. Zunächst musste sich die junge Demokratie der Weimarer Republik gegen innen (Freikorps, Putschversuche) und außen (Memelabkommen, Ruhrbesetzung) behaupten. Mit der erwähnten französisch-deutschen Annäherung 1925, dem deutschen Beitritt zum Völkerbund 1926 und der schrittweisen Lösung der Reparationsfrage bis 1932 folgte eine Phase der Entspannung. Belastend blieben hingegen die sozioökonomischen Probleme

(Lebensmittelknappheit, soziales Elend, Hyperinflation). Der Dawes-Plan und eine Währungsreform ermöglichten ab 1924 die politisch-wirtschaftliche Stabilisierung. Die Weltwirtschaftskrise stoppte den Boom der »Goldenen Zwanziger« jäh und leitete mit einer wirtschaftlichen Rezession sowie über sechs Millionen Arbeitslosen 1932 den Zerfall der Weimarer Republik ein. Profiteure waren die extremen Positionen. Die Kommunisten und Nationalsozialisten gewannen bei den Reichstagswahlen 1930 dazu, die Nationalsozialistische Deutsche Arbeiterpartei (NSDAP) wurde 1932 stärkste Partei. Politisch verlagerte sich das Gewicht ab 1930 auf die Figur des Reichspräsidenten Paul von Hindenburg, der die Innenpolitik mit quasidiktatorischer Gewalt prägte (Präsidialkabinette, Notverordnungen). Eigentlicher Nutznießer war indes Hitler. Dieser konnte wegen der gescheiterten Spar- und Deflationspolitik der Regierung zahlreiche neue Wähler aus Bürgertum und unter den Arbeitslosen für sich gewinnen. Nach mehreren politischen Krisen wurde er am 30. Januar 1933 zum Reichskanzler ernannt. Einmal an der Macht, sicherte er diese mit einer ungeheuren Terrorwelle (Morden, Massenverhaftungen, erste Konzentrationslager) innerhalb kurzer Zeit ab. Mit dem »Gesetz zur Behebung der Not von Volk und Reich« (Ermächtigungsgesetz) vom 24. März 1933 usurpierte Hitler die Staatsgewalt und konnte ab diesem Zeitpunkt ohne verfassungsmäßige Instrumente regieren. Es folgten Gesetze, die andere Parteien verboten oder sich gegen Juden, Behinderte und sogenannte »Asoziale« richteten. Nach dem Tod Hindenburgs vereinte Hitler als »Führer und Reichskanzler« auch das Reichspräsidentenamt sowie den Oberbefehl über die Wehrmacht. Bis August 1934 war die Demokratie dem nationalsozialistischen Einparteienstaat, die pluralistische Gesellschaft der »Volksgemeinschaft« gewichen. Die Stabilisierung der NS-Herrschaft hing eng mit der expansiven, von Beginn an auf Krieg ausgerichteten Wirtschaftspolitik zusammen. Maßnahmen zur Arbeitsbeschaffung verbesserten die Wirtschaftslage rasch. Noch 1933 sanken die Arbeitslosenzahlen auf vier Millionen, 1939 war die Vollbeschäftigung erreicht. Ab 1934 fasste das Regime die gesamte Wirtschaft organisatorisch zusammen und verstärkte die staatliche Lenkung. Der 1936 initiierte Vierjahresplan sollte das Reich autark, seine Wirtschaft kriegs- und die Armee einsatzfähig machen, verlor aber rasch an Bedeutung. Komplementär sicherte das Handelsabkommen mit Rumänien vom März 1939 einen weiteren »Versorgungsraum«. Eigentlicher Motor des Aufschwungs war aber die Aufrüstung. Bereits 1936 hatte die Industrieproduktion den Ausfall der Weltwirtschaftskrise ausgeglichen. Ende der 1930er Jahre besaß das Deutsche Reich bereits wieder ein hohes Bruttoinlandsprodukt, jedoch nur limitierte Rohstoffressourcen. Ein anderes Problem stellte die Ankurbelung der Wirtschaft ohne nachhaltiges Wachstum dar. Die Maßnahmen zur Behebung der Arbeitslosigkeit, der Autobahnbau und die Aufrüstung bedingten eine Ausweitung der Ausgaben. Diese vervierfachten sich fast zwischen 1932/33 und 1938/39 und konnten nur durch eine ausufernde Staatsverschuldung aufgefangen werden, die zwischen 1933 und 1939 von 15 auf rund 50 Milliarden Reichsmark anstieg. Hinzu kam ein chronischer Devisenmangel. Angesichts des drohenden Staatsbankrotts blieb so nur der – freilich von Anfang an intendierte – Krieg als Ausweg. Ein wichtiger Schritt dahin bildeten der Anschluss Österreichs und die Einverleibung des Sudetengebietes 1938 sowie die »Zerschlagung« der Tschechoslowakei 1939, die dem Reich wertvolle Industriebetriebe, Rohstoffe, Facharbeiter, Nahrungsmittel und Devisen sowie der Wehrmacht Waffen und Ausrüstung in großer Menge brachten. Schienen die deutschen Absichten bis zum Münchner Abkommen vom 30. September 1938 vordergründig eine reine Revisionspolitik (»Siegerdiktat« von Versailles) zu verfolgen, so demaskierte die »Zerschlagung der Rest-Tschechei« im März 1939 die wahren Absichten, ließ sich dies doch nicht mehr mit dem Schlagwort auf Selbstbestimmung und als Revisionsbestrebung rechtfertigen. Trotz Zuspitzung der internationalen Situation wandte sich Hitler unmittelbar danach mit militärischen Planungen der »polnischen Frage« zu. Bis dahin hatte sich Hitler außenpolitisch nach dem Austritt aus dem Völkerbund 1933 mit bilateralen Abkommen abgesichert: 1934 mittels deutsch-polnischem Nichtangriffspakt, 1935 mit dem deutsch-britischen Flottenabkommen, 1936 durch Verträge mit Österreich, Italien (»Achse Berlin-Rom«) sowie dem Antikominternpakt[1] mit Japan. Zur Stärkung des deutsch-japanischen Bündnisses gab Hitler sogar den wirtschaftlich wichtigen Handel mit China auf und erkannte so Japans Hegemonialanspruch in Asien an. Im Spanischen Bürgerkrieg 1936 bis 1939 unterstützte Hitler zudem Francos Nationalisten *(Legion Condor),* um den Faschismus in Europa zu stärken, spanische Rohstofflieferungen zu sichern und letztlich militärische Erfahrungen zu sammeln. Ab März 1939 bereitete Hitler die politischen Rahmenbedingungen für den kommenden Krieg vor: Nach der polnischen Weigerung, mit dem Deutschen Reich gegen die UdSSR eine Militärkooperation einzugehen, und der britisch-französischen Garantieerklärungen an Polen kündigte Hitler den deutsch-polnischen Nichtangriffspakt und das Flottenabkommen mit Großbritannien, stärkte mit dem »Stahlpakt« das Bündnis mit Italien und sicherte sich durch diverse Nichtangriffspakte ab, vor allem – und unter Aufteilung Mittelosteuropas – mit der UdSSR.

Italien verfügte von den Hauptkriegsteilnehmern über die schwächsten Mittel und hatte das Problem, dass ihm die meisten Schlüsselgüter, insbesondere Kohle und Eisen, für eine Industriewirtschaft fehlten. Zudem herrschte ein eklatantes Nord-Süd-Gefälle mit einem wirtschaftlich relativ entwickelten Norden und einem rückständigen, sehr agrarisch geprägten Süden. Entsprechend tief fiel das Bruttoinlandsprodukt aus, das gerade einmal halb so hoch war wie das japanische. Gesellschaftlich war Italien gerade im Süden noch sehr stark von alten Strukturen und dem Großgrundbesitz geprägt. Die schwierige soziale Lage verursachte ab Mitte des 19. Jahrhunderts eine anhaltende Massenauswanderung, was der italienischen Wirtschaft wiederum dringend benötigte Arbeitskräfte entzog. Sehr belastend wirkte in Italien der Erste Weltkrieg nach. Das Land gehörte zwar zu den Siegermächten, hatte für die geringen

---

1 Dem Antikominternpakt traten 1937 Italien, 1939 Spanien, Ungarn, Manchukuo und 1941 Bulgarien, Kroatien, Finnland, Rumänien, die Slowakei, das besetzte Dänemark sowie Nationalchina bei.

Landgewinne aber mit hohem Blutzoll und wirtschaftlichem Bankrott bezahlt. Die Enttäuschung über den »verstümmelten Sieg« *(vittoria mutilata)* steigerte vor allem im Bürgertum Nationalismus und leistete revisionistischen Tendenzen Vorschub. Wirtschaftliche und soziale Probleme spitzten die Situation weiter zu. All dies stürzte das liberale Regierungssystem in eine Krise und führte von 1919 bis 1922 zu einem bürgerkriegsähnlichen Zustand. Politisch zwischen Rechts und Links blockiert, konnte die Regierung nur wenige Reformen durchführen, während radikale Bewegungen an Stärke gewannen. Zahlreiche Streiks, Demonstrationen sowie Besetzungen von Fabriken und Latifundien lähmten den wirtschaftlichen Aufschwung und schürten die Angst vor einer »roten Revolution« in Italien. Von der innenpolitischen Krisenlage und dem staatlichen Machtvakuum profitierte Benito Mussolinis Nationalfaschistische Partei, die den Industriellen und Großgrundbesitzern mit ihren Kampfverbänden *(fasci di combattimento)* Schutz und dem aufstrebenden Bürgertum in der zukünftigen faschistischen Staatsordnung volle politische Partizipation versprach. Nach der gewaltsamen Verdrängung der Linken gelangte Mussolini 1922 mit dem »Marsch auf Rom« – und unter Mithilfe von Monarchie, Liberalen und Großgrundbesitzern – an die Macht. Er versuchte das Land, das die Folgen der Wirtschaftskrise ebenfalls spürte, nicht nur politisch zu stabilisieren, sondern auch wirtschaftlich zu stärken und damit zu einer Normalisierung überzuleiten. Ab 1926 wurden bankrotte Banken und Unternehmen verstaatlicht, große Investitionen in die öffentliche Infrastruktur getätigt, Arbeitsbeschaffungsprogramme eingerichtet und protektionistische Maßnahmen (etwa Zollerhöhungen) ergriffen. Durch die staatlich gelenkte Produktionssteigerung und Subventionierung der italienischen Landwirtschaft sollte zudem die wirtschaftliche Landesversorgung Italiens sichergestellt werden (»Weizenanbauschlacht«). Die Arbeiterschaft wurde in die faschistische Hierarchie integriert, die Tarifautonomie beseitigt, Streiks verboten. In der Mehrheit blieb dies aber propagandistische Fassade. Tatsächlich blieb der wirtschaftliche Aufschwung aus. Vielmehr stand das Land in der zweiten Hälfte der 1930er Jahre vor dem Bankrott, wozu auch der aufgeblähte Staatsapparat, Misswirtschaft und Korruption beigetragen hatten. Nach außen verfolgte Mussolini zunächst eine Politik des »ausschlaggebenden Gewichts« zwischen den Westmächten und dem Deutschen Reich. Bereits ab den 1920er Jahren hatte Italien zudem versucht, im Mittelmeerraum und Afrika weiter zu expandieren und seinen Einfluss mit diversen Freundschaftsverträgen auszuweiten. Ein Defensivbündnis mit Albanien vom November 1927 machte aus diesem faktisch ein italienisches Protektorat, im April 1939 annektierte Italien das Land und ergriff Maßnahmen zur Italianisierung. Durch die kolonialen Ansprüche und die Frage der Mittelmeerherrschaft *(Mare Nostrum)* geriet Italien zunehmend mit Frankreich und Großbritannien in Konflikt. Zur Annäherung an das Deutsche Reich kam es ab 1935, als Folge des Abessinienkrieges und der darin erfolgten deutschen Wirtschaftshilfe sowie der gemeinsamen deutsch-italienischen Unterstützung Francos im Spanischen Bürgerkrieg gegen eine republikanische Allianz. Beide Kriege belasteten den italienischen Finanzhaushalt stark und führten zur Abwertung der Währung. Die deutsch-italienischen Beziehungen intensivierten sich nach Italiens Austritt aus dem Völkerbund im Dezember 1937. Im Krisenjahr 1938 bezog Mussolini klar Position für Hitlers Politik, etwa durch die ohne direkten deutschen Druck eingeführten Rassengesetze, suchte vorläufig allerdings ebenso den Ausgleich mit den Westmächten. Im Mai 1939 schloss Italien mit dem Deutschen Reich den erwähnten »Stahlpakt«, der allerdings wegen der mangelnden italienischen Kriegsbereitschaft nur deklarative Bedeutung erhielt.

Das Kaiserreich **Japan** hatte nach der Meiji-Restauration eine bemerkenswerte Entwicklung durchlaufen. Es hatte sich 1904/05 im Krieg gegen die Großmacht Russland durchgesetzt und war nach dem Ersten Weltkrieg endgültig zu einer internationalen Macht geworden. Japans Selbstverständnis als moderne Industrienation und erste außereuropäische Großmacht waren die treibende Kraft bei diesem Prozess. Wie für China war die Pariser Friedenskonferenz auch für Japan enttäuschend verlaufen, hatte es doch vor allem auf Druck der USA auf seine 1917 in Aussicht gestellten Sonderrechte in China verzichten müssen. Auf der internationalen Flottenabrüstungskonferenz 1921/22 in Washington musste Japan auch militärische Benachteiligungen hinnehmen. Auf kollektiven Druck hin musste es weitere Rechte und Gebiete in China abgeben, dessen Unabhängigkeit sowie die *open-door*-Politik der Großmächte vertraglich anerkennen. Damit war dem japanischen Hegemonialstreben von angloamerikanischer Seite ein deutlicher Riegel vorgeschoben worden. Gleichwohl war Japan zur drittgrößten Seemacht aufgestiegen und besaß in Ostasien de facto die militärische Dominanz zur See. Innenpolitisch herrschte in Japan nach 1918 eine Phase der Instabilität, die nun durch die Zugeständnisse an die Westmächte zusätzlich verschärft wurde. In den 1920er Jahren lösten Militärs, Großkonzerne und Vertreter der jüngeren Bürokratie die oligarchische Herrschaft ab. Das japanische Militär stellte einen der bedeutendsten Machtfaktoren dar und vergrößerte seinen politischen Einfluss, als General Tanaka Giichi 1927 Premierminister wurde und fortan eine nationalistische und expansionistische Politik verfolgte. Die Wirtschafts- und Finanzkrisen der 1920er Jahre brachten jedoch neue innenpolitische Spannungen hervor und sollten zum entscheidenden Wendepunkt auf dem Weg in den Zweiten Weltkrieg werden, da sie die japanische Industrie im Kern trafen. Diese war nach 1918 modernisiert worden, kämpfte in den 1930er Jahren aber mit Ressourcenproblemen. Japan fehlten weitgehend die von der Schwerindustrie benötigten Schlüsselressourcen wie Kohle, Öl oder Eisen, auch war der Agrarsektor noch sehr groß und arm. Hinzu kam eine rasch wachsende Bevölkerungszahl. Der Versuch, die Krise durch wirtschaftliche Expansion zu überwinden, scheiterte an Einfuhrbeschränkungen der Westmächte. So entstand der Plan eines Großwirtschaftsraums, der Japan Rohstoffe und Märkte erschließen und seine Autarkie sichern sollte. Anders als der europäische Imperialismus, der darauf ausgerichtet war, Märkte zu erschließen, strebte Japan direkte Annexionen und die Ausdehnung seiner Besitzungen an. Als Endziel wurde angestrebt, die europäische Hegemonie in Asien durch eine japanische zu ersetzen (vgl. 2.3). Dies brachte das Land auf direkten Konfrontationskurs mit den Westmächten. Das verschärfte amerikanische Einwanderungsgesetz von 1924 mit seiner deutlich antijapanischen und rassistischen Grundhaltung sowie das Abkommen der Londoner Flottenkonferenz von 1930 führten zu einer weiteren Radikalisierung der japanischen Politik. Nationalistische Proteste, eine Serie von Morden gegen Politiker und Wirtschaftsvertreter sowie scharfe Ressentiments gegen die etablierte angloamerikanische Weltordnung waren die Folge. Eigentliche Triebkraft der daraus folgenden aggressiven Expansionspolitik stellte die japanische Armee dar. Der Ji'nan-Zwischenfall von 1928 zeigte erstmals die für die Ausrichtung der japanischen Außenpolitik so bestimmende »Steuerung von unten« durch japanische Militärs vor Ort, die eigenmächtig Konflikte provozierten und dadurch vollendete Tatsachen schufen. Unter dem Eindruck der Erfolge Jiangs und der Errichtung einer nationalchinesischen Zentralregierung in Nanjing sah Premierminister Tanaka japanische Interessen in Nordchina bedroht und beendete die bisherige politische Zurückhaltung. Unter dem Vorwand, in China lebende Japaner zu schützen, wurden 5.000 Soldaten der Kwantung-Armee entsandt. Die von General Fukuda Hikosuke geführte Truppe marschierte jedoch ohne Absprache und Befehl direkt auf Ji'nan vor, von wo aus sich die heftigen Kämpfe mit GMD-Truppen auf andere Gebiete ausweiteten. Auch der Zwischenfall von Mukden (Shenyang) 1931, der den Beginn des bis dahin größten Expansionsschrittes in Ostasien markierte, stellte ein solches Fait accompli dar. Federführend waren Oberst Itagaki Seishirō und Oberstleutnant Ishiwara Kanji, beide Anhänger einer ultranationalistischen Gruppierung. Ihnen gelang es, eigenmächtig den Einmarsch der Kwantung-Armee in die Mandschurei einzuleiten. Das japanische Oberkommando in Korea schloss sich mit Truppen dieser Offensive an, sodass bis Ende 1931 weite Gebiete der Mandschurei erobert waren. Als Ergebnis wurde im Frühjahr 1932 der von Japan abhängige und international nicht anerkannte Scheinstaat Manchukuo mit Puyi als Kaiser geschaffen. Danach beschleunigte sich die durch innen-

und außenpolitische Faktoren gleichermaßen determinierte Gewaltspirale. Die militärischen Erfolge beflügelten nationalistische und chauvinistische Strömungen in Japan, isolierten es allerdings international. Eine neuerliche Radikalisierung der Politik mit Terroranschlägen gegen vermeintliche oder wirkliche Vertreter des Ausgleichs aus Politik, Militär, Wirtschaft und Hochfinanz war die Folge. Der politische Rechtsrutsch förderte das weitere militärische Ausgreifen in China: Im Januar 1932 weiteten sich die Kämpfe auf Shanghai aus, im Frühjahr 1933 wurde von der Mandschurei aus die Nachbarprovinz Jehol (Rehe) annektiert. Der Shanghai-Zwischenfall brachte die Westmächte auf den Plan, die ihre Wirtschaftsinteressen bedroht sahen und schließlich den japanischen Abzug aus der Stadt erzwangen. Japan quittierte den Eingriff in »japanische« Angelegenheiten 1933 mit dem Austritt aus dem Völkerbund. Innenpolitisch verschärfte das Einlenken der japanischen Regierung den Extremismus, eine Reihe von Anschlägen auf Organe des Parlamentarismus und der japanischen Wirtschaft waren die Folge. Putschversuche des Militärs 1932 und 1936 beendeten die Zeit der Parteienregierungen und förderten den Aufstieg von Vertretern eines harten, ultranationalistischen Kurses in der Regierung. Dies eröffnete der Armee weiteren politischen Spielraum, konnte sie doch auf breite Unterstützung aus Politik, Bürokratie, Agrargenossenschaften und Großindustrie zurückgreifen. Die Verfolgung oppositioneller Gruppen, insbesondere der Sozialisten, und die Einführung der Zensur sicherten die Militärherrschaft ab. Bis Ende der 1930er Jahre erfolgten eine schleichende Militarisierung und die Umstrukturierung Japans durch die Ausprägung staatssozialistischer Elemente.

2.3. Politische Ideologien

Der Zweite Weltkrieg war nicht bloß ein Krieg um Gebiete und Ressourcen, sondern gerade auch eine Auseinandersetzung unterschiedlicher politischer Systeme. Die verschiedenen Ideo-

logien prägten deshalb das Wesen des Krieges stark. Von alliierter Seite wurde der Krieg als Kampf für Freiheit und Demokratie gegen die Aggression der Achsenmächte bezeichnet. Die
UdSSR beteiligte sich erst ab 1941 an diesem Kampf – als Folge
des deutschen Angriffs. Erst dadurch entstand die seltsame ka-
pitalistisch-kommunistische Allianz, deren einzige Überein-
stimmung darin lag, im Nationalsozialismus den Hauptgegner
zu sehen, war der Kommunismus doch noch in der Zwischenkriegszeit als größte Bedrohung für Liberalismus und Demokratie aufgefasst worden.

LIBERALE DEMOKRATIE

Die ideologischen Eckpunkte der Westalliierten waren durch
den Wertekanon der liberalen Demokratie festgelegt, insbesondere durch Frieden und politische Freiheit, wie sie z. B. Roosevelt in seiner sogenannten Vier-Freiheiten-Rede vom 6. Januar
1941 formulierte. Die gleichfalls vertretene Forderung nach of-
fenem Welthandel und Wirtschaftszugang *(open door)* verdeutlicht, dass nicht nur uneigennützige Ziele verfolgt wurden.
Nach 1918 schienen sich das Regierungssystem der parlamenta-
rischen Demokratie sowie der von Woodrow Wilson im Rahmen seines 14-Punkte-Programms umrissene Anspruch auf ein
Selbstbestimmungsrecht der Völker triumphal als dominantes,
wenn auch realiter nicht immer konsequent angewandtes politisches Modell durchgesetzt zu haben. Politischer Revisionis-
mus, enttäuschte Großmachtsambitionen und die Weltwirtschaftskrise beflügelten indes ab den 1920er Jahren den Aufstieg radikaler politischer Gegenströmungen, und zwar nicht
nur in Italien oder im Deutschen Reich. Mit Ausnahme Finnlands und der Tschechoslowakei hatten sich in Europa Ende der
1930er Jahre alle nach 1918 demokratisch neu gebildeten Staaten
wieder in offene oder verdeckte Diktaturen gewandelt. Die Folge war eine »Krise der europäischen Demokratie« (Heinrich
August Winkler) in der Zwischenkriegszeit, die vor allem auch
durch den Gegensatz zur erstarkten revolutionären Linken ver-

stärkt wurde. Erst die Aufgabe des amerikanischen Isolationismus und – ironischerweise – die Bildung des Zweckbündnisses zwischen den Westmächten und der UdSSR ermöglichten, den faschistischen Hauptgegner zu besiegen. Allerdings bedeutete dieses Bündnis auch die Preisgabe wichtiger Punkte der liberalen Agenda, wie sie in der Atlantikcharta vom 14. August 1941 erklärt und in der Deklaration der Vereinten Nationen am 1. Januar 1942 anerkannt wurden. Dass Stalin nicht gewillt war, das Selbstbestimmungsrecht der Völker im sowjetisch besetzten Ost- und Südosteuropa zu akzeptieren, sollte allerdings erst bei Kriegsende offenbar werden.

KOMMUNISMUS

Tatsächlich besaß das sowjetische Regime weit größere Ähnlichkeiten mit dem italienischen und deutschen System als mit den westlichen Demokratien. Gemeinsam war dem Faschismus, Nationalsozialismus und dem Sowjetkommunismus z. B. die Konzentration aller Macht in einer einzigen Partei und damit die Aufhebung der Gewaltentrennung, Repression gegenüber jeglicher Opposition, Gewaltwillkür und Terror gegen die eigene Bevölkerung, Propagandamonopol, Massenmobilisierung und Führerkult. Inhaltlich standen sie freilich in einem unüberbrückbaren Gegensatz. Der Kommunismus verfolgte das Ziel, durch proletarische Revolution und Klassenkampf eine neue, klassenlose Gesellschaft herzustellen und das Privateigentum zu verstaatlichen. Eine solche Modernisierung der Gesellschaft und gleichzeitige Ausrottung der bestehenden Eliten kannten weder die italienischen Faschisten noch die deutschen Nationalsozialisten, welche die Eliten zu ihrem Zweck instrumentalisieren wollten. Die UdSSR durchlief in der Zwischenkriegszeit allerdings selbst eine beträchtliche innere Transformation. Nach Lenins Tod 1924 setzte sich Stalin in erbitterten Nachfolgekämpfen gegen Trotzki und dessen Anhänger durch, schaltete jegliche Opposition aus und festigte auf der Grundlage von Überwachung und Terror bis Ende der 1930er

Jahre seine Alleinherrschaft. Gleichzeitig revidierte Stalin nach dem Scheitern der angestrebten Weltrevolution die bisherige marxistisch-leninistische Theorie (Stalinismus), etwa mit dem Prinzip vom »Aufbau des Sozialismus in einem Land«. Damit einher ging die Implementierung eines russischen Patriotismus und der ideologischen Rechtfertigung des Nationalismus – unter Führung des russischen »Brudervolkes« wurde die UdSSR so zur »Völkerfamilie«. Beide Elemente sollten im Krieg ab 1941 verstärkt betont werden. Zunächst ging es aber um die Errichtung einer sozialistischen Wirtschaft aus eigener Kraft. Ab 1929 wurde die Wirtschaft wie gesehen verstaatlicht und der Planwirtschaft unterworfen. Diese Maßnahmen erhöhten das sowjetische Industriepotenzial, wirkten sich für die betroffene Bevölkerung jedoch desaströs aus. Die Zwangskollektivierung der Bauern wurde zur größten Agrarrevolution und betraf über 60 % aller Bauernhöfe sowie ca. elf Millionen Menschen, die in dörfliche Kollektivwirtschaften (Kolchosen) und staatliche Großbetriebe (Sowchosen) überführt wurden. Der gleichzeitigen »Entkulakisierung« fielen hunderttausende Großbauern zum Opfern. In der Folge kollabierte die Landwirtschaft, was Hungersnöte mit mehreren Millionen Hungertoten in der Ukraine forderte (Holodomor). Auch andere Schritte wie der Ausbau der Schwerindustrie oder Autarkiebestrebungen bei Kohle und Öl gelangen nur durch massive Ausbeutung der menschlichen Arbeitskraft. In den 1930er Jahren konsolidierte Stalin seine Machtposition und installierte ein autokratisch-totalitäres Regime. In politischen Schauprozessen entledigte er sich seiner alten Rivalen aus den 1920er Jahren. Im »Großen Terror« 1937/38 ließ Stalin hohe Parteifunktionäre, die Spitzen der Roten Arbeiter- und Bauernarmee (RKKA), religiöse und ethnische Minderheiten in Arbeitslager deportieren oder ermorden. Überwiegend traf es aber einfache Leute, die dem Regime Stalins meist bloß scheinbar im Weg standen. Nach heutigen Kenntnissen dürften etwa 1,5 Millionen Menschen inhaftiert und 700.000 Personen ermordet worden sein. Ende der 1930er Jahre hatten Terror, Säuberungen und Kollektivierung insgesamt wohl 30 Millionen Opfer gefordert. Ab diesem Zeitpunkt umhüllte sich Stalin mit einem immer größeren Personenkult und ließ sich durch die sowjetische Propagandamaschinerie als allwissenden und verherrlichten »Führer« darstellen.

Seit Beginn an gab es eine relativ enge Beziehung der UdSSR mit China, wobei nicht nur die KPC, sondern auch die GMD Unterstützung erhielt. Unter Mao etablierte sich in China eine Variante des Kommunismus, die sich deutlich vom sowjetischen Vorbild unterschied. Der Maoismus basiert nicht auf einer Theorie, sondern vielmehr auf Ideen Maos, die sich aus den praktischen Erfahrungen ableiteten. Das nationale Element ist deutlich stärker ausgeprägt und zeigt sich im Kampf gegen die Kolonialmächte und in der Ablehnung einer zentral geführten kommunistischen Weltbewegung. Träger des Maoismus sind nicht die Arbeiter, sondern die Landbevölkerung. Unter Führung der KPC sollte diese im Guerilla- und »Volkskrieg« die herrschende Klasse bekämpfen, um eine Diktatur des Proletariats zu errichten. Ziel war letztlich nicht die Befreiung der Arbeiter- und Bauernklasse, sondern der industrielle Fortschritt Chinas, um sich von den westlichen Kolonialmächten zu emanzipieren.

Die radikale Rechte – Faschismus und Nationalsozialismus

Als dritte politische Massenbewegung trat in der Zwischenkriegszeit die radikale Rechte in Erscheinung. Sie wird generell unter dem Oberbegriff des Faschismus typisiert und stand in klarer Gegenposition zur liberalen Demokratie und zum Kommunismus. Ihre stärksten Exponenten waren die italienischen Faschisten und die deutschen Nationalsozialisten. Nur diesen beiden gelang es, ohne fremde Hilfe eine eigenständige faschistische Herrschaft zu installieren. Bewegungen fanden sich zudem in Spanien, Kroatien, Rumänien oder Ungarn, die sich im Zweiten Weltkrieg unterschiedlich intensiv auf Seiten der Achsenmächte beteiligten. Auch in anderen europäischen Ländern gab es faschistische Parteien, die aber schwach waren oder erst nach der deutschen Besetzung im Krieg kollaborierten. Ein einheitliches, übernationales Auftreten ähnlich der Komintern fehlte der radikalen Rechten wegen der ausgeprägten Betonung eines exklusiven Nationalismus. Die Ursache für ihren Aufschwung findet sich in der Konfliktkumulation der Nachkriegsordnung und der daraus folgenden »Modernisierungskrise« (Wolfgang Schieder). Diese manifestierte sich im Zusammenbruch der Monarchien, in sozialen Unruhen, dem enttäuschenden Friedensschluss von Versailles sowie der Angst vor Kommunismus und sozialistischer Weltrevolution. Die Weltwirtschaftskrise verstärkte dies zusätzlich. Die rechten Bewegungen erreichten dabei eine neue Qualität, indem sie auf die inneren und äußeren Krisen mit verstärktem Nationalismus, Gewalt und Terror sowie mit zunehmendem Rassismus und Antisemitismus reagierten.

In Italien sicherte Mussolini seine Stellung durch neue Gesetze sowie die Gewalt seiner paramilitärischen Gruppen und profilierte sich so als Garant einer neuen, stabileren Ordnung. Faschistisches Ziel war der totalitäre Einparteienstaat, dem 1925/26 mit dem Verbot von Oppositionsparteien, der Zensur und der Bildung neuer autoritärer Institutionen die Bahn gebrochen wurde. Die faschistische Ideologie zeichnete sich durch einen starken Nationalismus, vulgärsozialdarwinistische und bellizistische Elemente, antiliberale, antidemokratische und antikommunistische Tendenzen sowie durch einen ausgeprägten Führer- und Jugendkult aus. Zum offenen Antisemitismus trat der italienische Faschismus zwar erst 1937/38, er war aber gleichwohl von einer starken rassistischen Grundhaltung geprägt. Im Innern suchte der Faschismus die Errichtung einer korporativen Wirtschafts- und ständischen Gesellschaftsordnung, nach außen trat er irredentistisch bzw. imperialistisch auf. Der Schwerpunkt lag auf der Erneuerung des antiken *Imperium Romanum* bzw. in der Weiterführung des *Risorgimento*, was sich in einer aggressiven Expansionspolitik und der Eroberung von Kolonien zeigte. Bis zuletzt blieb der italienische Faschismus jedoch von einem tiefen Widerspruch gekennzeichnet: Im Anspruch zwar revolutionär und teils sehr modern

(Medieneinsatz), blieb sein Fundament traditionell. Die alten Eliten behielten ihren Einfluss, Italien war weiterhin eine Monarchie und der König de jure Staatsoberhaupt, radikale Umgestaltung und totalitäre Durchdringung von Staat und Gesellschaft unterblieben. Der Gegensatz zum NS-Regime wird hier fassbar. Mussolinis Versuch, seine zunehmend bröckelnde Herrschaft durch einen Totalisierungsschub zu sichern, wirkte kontraproduktiv und entfremdete das Regime vom Volk. Anders als im Deutschen Reich gab es an der Führungsspitze zudem das Partei- und Staatsorgan des »Faschistischen Großrates«, dem Mussolini als Führer und Regierungschef vorstand. Angesichts der militärischen Lage stürzten die alten, königstreuen Honoratioren den *Duce* im Juli 1943 – etwas, das in Deutschland bis zuletzt nicht gelingen sollte.

Für das Verständnis des Zweiten Weltkrieges in Europa weit wichtiger ist die durch Hitler wesentlich geprägte NS-Weltanschauung. Wie gesehen gibt es Gemeinsamkeiten zwischen dem italienischen Faschismus und dem deutschen Nationalsozialismus. In einigen zentralen Punkten existierten hingegen bedeutende Unterschiede, weshalb der Nationalsozialismus nicht einfach nur eine deutsche Version des Faschismus darstellt. Ähnlich wie in Italien verhalfen 1933 die etablierten rechtskonservativen Parteien sowie Teile der Großindustrie der NSDAP zur Macht. Nach dem Ersten Weltkrieg gegründet, fristete die Partei zunächst ein Nischendasein. Ab Mitte der 1920er Jahre wurde sie durch Hitler reorganisiert und fand ihre Ausrichtung als Führerbewegung. In der politisch-wirtschaftlichen Krise zwischen 1929 und 1933 gelang es der Partei, sukzessive die Massen und schließlich die Macht zu gewinnen. Die geistigen Wurzeln des Nationalsozialismus reichen indes bis ins 19. Jahrhundert zurück. Ideologisch vereinte er radikalnationalistische, antisemitische und allgemein rassistische, antikommunistische, antiliberale, imperialistische und militaristische Züge in sich. Ihm eigen war zudem die mystische Verklärung von Rasse, Ariertum und Volk, die sich im Begriff der deutschen »Herrenrasse« oder in der Blut-und-Boden-Anschauung ausdrückte. In einer Art von Sozialismus zielte er wie alle totalitären Systeme darauf, die ganze Gesellschaft zu erfassen. Umgesetzt wurde dies mit den Mitteln der Propaganda und des Terrors. Insgesamt blieb der Nationalsozialismus als Ideologie jedoch heterogen. Vor allem aus emotionalen Kräften lebend und nicht aus einem klar durchdachten Programm bestehend, basierte die NS-Ideologie in erster Linie auf Hitlers irrationaler »Weltanschauung«, wie er sie bereits in seiner Schrift »Mein Kampf« von 1925/26 skizzierte.

Zum integralen Kern des Nationalsozialismus gehörten die Elemente Führerprinzip, Gewalt und Antisemitismus. Der Führergrundsatz war das bestimmende Organisationsprinzip der NS-Herrschaft und als zentrale Grundlage bedeutend stärker ausgeprägt als in Italien. Hitler war zentral für den NS-Staat. Er band jegliche Regierungs- und Entscheidungsgewalt an seine Person und förderte im polykratischen Chaos des NS-Staates nach dem Prinzip des *divide et impera* Rivalitäten innerhalb des Machtapparats. Dies verschaffte ihm ein fast absolutes Machtmonopol, das auch unter den Bedingungen des Krieges Bestand hatte. Die Partei spielte diesbezüglich nach 1934 nur noch eine legitimierende Rolle, blieb für die Strukturen des NS-Staates aber bestimmend. Die Verherrlichung der Gewalt bildete den zweiten Wesenskern, was eng mit Hitlers agonaler Geschichtsauffassung zusammenhing. Hitler verstand den Kampf als Naturgesetz und Krieg als weltgeschichtlich notwendig wiederkehrenden Zustand. Dominiert von Sozialdarwinismus und Bellizismus sah er im Krieg zwischen Völkern bzw. Rassen den Sinn der Geschichte und des individuellen Lebens. Erst im Kampf würden Individuum und Gesellschaft gereinigt (d. h. zum »rassischen Volk«) und erlangten dadurch eine höhere Entwicklungsstufe. Krieg wird in dieser Sichtweise zum Promotor des Fortschritts und sinnstiftenden Element. Vor diesem Hintergrund wird deutlich, dass der Kommunismus *der* Klassenfeind des Nationalsozialismus schlechthin war, da er eine klassenlose Gesellschaft anstrebte und Krieg überwinden wollte. In enger Korrelation zur Verherrlichung der Gewalt stand die Überhöhung der Virilität und soldatischer Tugenden, wie dies auch der Faschismus kannte (Futurismus), sowie die in den

1930er Jahren erfolgte umfassende Militarisierung der Gesellschaft. Der als Rassenkampf verstandene Krieg wurde jedoch nicht nur als Kampf zwischen Völkern, sondern auch als interner Reinigungskampf verstanden. Parallel zur Gewalt nach außen gab es auch eine nach innen, etwa im erwähnten Terror gegen Oppositionelle oder in der Gleichschaltung der Gesellschaft (»Volksgemeinschaft«). Am radikalsten zeigte sich dies in der »nationalsozialistischen Rassenhygiene«, die Eheverbote, Zwangssterilisation und Zwangsabtreibungen umfasste. Deren Kulminationspunkt bildeten die Euthanasieprogramme, in denen Jenische, Sinti und Roma, Homosexuelle, geistig und körperlich Behinderte, psychisch Kranke und andere sogenannte »Asoziale« ermordet wurden. Die Juden waren durch die Vermischung von Rassenhygiene, Rassismus und Antisemitismus ganz besonders von der NS-Vernichtungspolitik betroffen. Der Antisemitismus als dritter Kerninhalt folgt aus der nationalsozialistischen Sicht, wonach »Volk« und »arische Rasse« als höchste Werte galten und die eigene Rasse primär durch die Juden verunreinigt werde. Die so vom Nationalsozialismus strapazierte »jüdische Weltverschwörung« mündete im Vorwurf, dass die Juden nicht für ihre eigene Sache kämpften, sondern über die Welt verstreut lebten und sich wie »Parasiten« auf Kosten anderer bereicherten. Der nationalsozialistische Antisemitismus griff auf bestehende ältere rassistische und antisemitische Muster zurück, stellte aber eine deutliche Steigerung dar. Das Judentum wurde nicht nur als niedrige Rasse verstanden, sondern als eigentlicher »Rassenfeind« angesehen, dessen physische Vernichtung zur Conditio sine qua non für die Verwirklichung der eigenen rassischen Ziele wurde. Es war diese Logik, die den Kampf gegen das »Weltjudentum« schließlich zum Holocaust steigerte. Dieser wurde in enger Anlehnung an die Eroberungspolitik ab 1939 umgesetzt. Angelehnt an den Pangermanismus verfolgte Hitler die Errichtung eines »Großgermanischen Reiches« und betrieb eine spätkoloniale Politik, durch die Gebiete im Osten erobert und »germanisiert« bzw. rücksichtslos wirtschaftlich ausgebeutet werden sollten (Lebensraumidee). Dies erfolgte in enger Verbindung mit dem rassenideologischen Vernichtungskrieg und der »Endlösung der Judenfrage«, die ab 1942 systematisch umgesetzt wurde. Inwiefern es Hitler letztlich um den Kampf um die Weltherrschaft ging, wird in der Forschung kontrovers diskutiert.

JAPANISCHER ULTRANATIONALISMUS

Auch in Japan kam es in den 1930er Jahren zu einer Radikalisierung der Politik, in deren Verlauf radikale Gruppen und das Militär Front gegen Parlamentarismus, Kapitalismus, Liberalismus und Marxismus bezogen. Die Ursachen lagen vor allem in der innenpolitischen Instabilität, die ultranationalistischen und chauvinistischen Bewegungen Auftrieb gab und zu einem generellen Anwachsen des Nationalismus führte. Im Gegensatz zur UdSSR, zu Italien und dem Deutschen Reich war Japan kein totalitärer oder faschistischer Staat. Das politische System Japans der Zwischenkriegszeit wird am zutreffendsten als »theokratisch-patriarchalischer Konstitutionalismus« (Hozumi Nobushige) charakterisiert. Als Folge der halbfeudalen, oligarchischen Gesellschaftsordnung existierte eine starke institutionelle, administrative, militärische und wirtschaftliche Verflechtung. Nominell blieb Japan bis Kriegsende eine parlamentarische Monarchie, wobei die demokratische Grundlage zunehmend ausgehöhlt wurde. Ideologisch und verfassungsrechtlich besaß das mystisch überhöhte Kaisertum eine dominante Stellung, insbesondere für das Militär und ultranationalistische Bewegungen. Im Kriegsfall war der *Tennō* nomineller Oberbefehlshaber der Streitkräfte. Er war aber nicht Regierungschef, sondern stand vielmehr der japanischen Staatsgemeinschaft als Abkömmling der Götter vor und griff nur selten direkt in die Politik ein. In der Praxis ergab sich daraus ein Vakuum im politischen Willensbildungsprozess. Dieses konnte im gegebenen Moment dadurch gefüllt werden, dass – aufgrund rechtlicher Legitimation oder Usurpation – im Namen des Kaisers agiert wurde, wie dies die ultranationalistische Fraktion des Militärs in den 1930er Jahren machte. Prägend für die politische wie militärische Führung waren alter japanischer Tradition entstammende patriarchalische Tendenzen, das stark mythologisch geprägte *Kokutai* (»nationale Eigenart«) und der Staats-Shintoismus. Diese forderten von den Untertanen Loyalität gegenüber dem göttlichen Kaiser und beinhalteten auch ein (rassistisch unterlegtes) Sendungsbewusstsein, das die Japaner als Volk der Götter mit einer angeblich göttlichen Mission zur Beherrschung Asiens verstand (Yamato-Rasse). Das religiös-ideologische Element bildete das Fundament, auf dem sich Elitedenken, rassistisches Überlegenheitsgefühl mit Ultranationalismus und Wirtschaftsinteressen vermischen konnten. Aus diesem Verständnis heraus verfolgte Tanaka 1927 nach dem Schlagwort »Asien den Asiaten« die erwähnte Expansionspolitik. Offiziell erfuhr sie nach der Proklamation einer »Neuen Ordnung in Ostasien« durch die Regierung von Fürst Konoe Fumimaro am 3. November 1938 eine erste Ausweitung, in der Japan, China und Manchukuo eine gemeinsame Friedenszone und einen Wirtschaftsblock unter japanischer Führung bilden sollten. Durch die Propagierung der »Großostasiatischen Wohlstandssphäre« im Juli 1940 erhielt die Expansionspolitik dann ihre endgültige Form, mit dem Ziel, fast ganz Ost- und Südostasien zu vereinigen, die westlichen Kolonialherrschaften zu beenden und durch die japanische Vorherrschaft zu ersetzen.

2.4. Militärische Entwicklungen in der Zwischenkriegszeit

In den 1920er und 1930er Jahren entwickelte sich in den führenden Streitkräften in Europa und den USA eine Diskussion darüber, wie zukünftige Kriege zu führen seien. Der moderne, industrialisierte Krieg hatte sich 1914/18 als tendenziell »Totaler Krieg« gezeigt und sollte künftig mit Hilfe der neuen Technologien wieder begrenzt und effizient geführt werden können. Die ungleiche Einschätzung der technologischen Inventionen führte allerdings zu einer unterschiedlichen Gewichtung der neuen Waffentypen (und ihrer Möglichkeiten), deren Entwicklung immer auch wirtschaftlichen Zwängen unterlag und während des Krieges weiter fortschritt.

LANDKRIEGSFÜHRUNG

Der Kernpunkt der Landkriegsdiskussion betraf den Einsatz der Panzer bzw. die Mechanisierung von Streitkräften (die in der Realität aber vor allem eine Motorisierung war). Bei der Panzerfrage kristallisierten sich zwei Hauptansätze heraus: Der eine sprach dem Panzer tendenziell eine operative Rolle zu, als Hauptwaffe in einem selbständigen Großverband; der andere Ansatz sah den Panzer lediglich in einer taktischen Rolle, als Unterstützungswaffe der Infanterie.

Frankreich besaß nach 1918 die größte Armee Europas und wendete von allen europäischen Staaten in der Zwischenkriegszeit am meisten finanzielle Mittel für militärische Rüstung auf. Konzeptionell war die französische Armeeführung ausgeprägt konservativ und suchte Frankreichs Position durch die erwähnten Bündnisse abzusichern. Daneben führte das Militär in den 1920er Jahren auch eine Diskussion über die Form der Landesverteidigung. Dabei orientierte man sich an den Weltkriegserfahrungen. Strategisch richteten sich die militärischen Vorbereitungen auf einen langen Krieg mit massiver wirtschaftlicher und personeller Ressourcenausschöpfung aus. Taktisch-operativ war die französische Armee keineswegs rein defensiv ausgerichtet. Einem möglichen deutschen Angriff sollte offensiv begegnet werden, um den Krieg vom französischen Boden fernzuhalten und die Industriezentren in Ostfrankreich zu schützen. Die französische Doktrin der *bataille conduite* sah dabei eine möglichst enge Koordination aller Waffen auf dem modernen Gefechtsfeld vor. Der Schwerpunkt lag auf der Feuerwirkung. Ein gegnerischer Angriff sollte durch tief gestaffelte Sperrlinien und massives Artilleriefeuer abgefangen werden. Die daraufhin geführte Offensive verlief nach einem straff kontrollierten und schematischen Plan: Nach sorgfältiger Bereitstellung der Verbände rückte die Infanterie schrittweise und in enger Führung entlang von Phasenlinien und strikt einzuhaltenden Zeitplänen hinter dem Feuer der Artillerie bis zu einem definierten Angriffsziel vor. Dort erfolgten die systematische Sicherung des gewonnenen Geländes und die Vorbereitung des weiteren Angriffs nach demselben Schema. Nach der Kürzung der Wehrdienstzeit auf ein Jahr (1928) schwenkte die Armeeführung auf die Defensivausrichtung um, da sie eine Massenarmee aus kurz ausgebildeten Wehrpflichtigen und Reservisten nicht für angriffsfähig hielt. Ab 1930 begann der Bau der Maginot-Linie, die im Sinne einer Verstärkung der Feuerkraft und des Schutzes der eigenen Truppen in die Doktrin der *bataille conduite* integriert wurde. Die Maginot-Linie war allerdings nie als durchgehende Verteidigungslinie gedacht, sondern vereinte zahlreiche eigenständige und isolierte Artillerie- und Infanteriebefestigungswerke. Angelehnt an diese sollte die Infanterie in den Zwischenräumen die *bataille conduite* führen. Der Panzer wurde dabei als Begleitwaffe verstanden, der die Infanterie im Kampf unterstützte und entsprechend in Bataillonen zusammengefasst wurde. Erst Mitte der 1930er Jahre und nach langjähriger Debatte wurden drei leichte mechanisierte Divisionen gebildet. Französische Panzerkonzeptionisten wie de Gaulle scheiterten allerdings mit ihren Vorstellungen eines modernen Panzereinsatzes. Die Panzerverbände wurden im Rahmen der *bataille conduite* weiterhin nicht für selbständige operative Kampfaufgaben eingesetzt, sondern den Armeekorps zugewiesen und meist auf die Infanterie verteilt. So krankte die französische Militärdoktrin noch 1940 an einem anachronistischen Kriegsbild und an der vernachlässigten Manöverkriegsführung.

Großbritannien übernahm nach 1918 zunächst eine führende Rolle in der Panzerentwicklung. Namhafte Beiträge zur mechanisierten Kriegsführung leisteten dabei die britischen Militärtheoretiker J.F.C. Fuller und Basil Liddell Hart. Während Fuller Panzergroßverbände vorschwebten, plädierte Liddell Hart für die Konzentration aller beweglichen Mittel in mechanisierten Korps. Nach intensiven innermilitärischen Debatten um diese beiden Positionen wurde im August 1927 eine ge-

mischte *Experimental Mechanized (Armoured) Force* aufgestellt.
Der Verband wurde in den Übungen aber immer im Rahmen
größerer Heeresverbände und nie als selbständiges operatives
Mittel der Entscheidung eingesetzt. Diesbezüglich blieb man
im traditionellen Militärdenken verhaftet. Im Fokus des Inter-
esses standen nicht die Revolutionierung des Gefechtsfeldes
durch Panzeroperationen, sondern geopolitische Überlegungen und das Wirtschaftspotenzial Großbritanniens. Schließlich
wurde das Projekt im Februar 1929 wegen der immensen Be-
schaffungskosten und der grundsätzlichen Vorbehalte von Seiten konservativer Armeeoffiziere eingestellt. Erst ab 1935 stieg
das Militärbudget wieder, die Mittel wurden aber hauptsächlich für Marine und Luftwaffe verwendet. Das britische Heer
besaß bis kurz vor Kriegsausbruch keine festen mechanisierten
Verbände mehr. Dies änderte sich erst mit der Bildung der *Mobile Division* 1937 und des *Royal Armoured Corps* 1939, das aber
nur als lose Organisationsform verschiedener motorisierter Regimenter und des *Royal Tank Regiment* zu verstehen ist. Die Erkenntnisse der *Experimental Armoured Force* flossen hingegen
kaum in die Militärdoktrin ein. In den Anfangsjahren des
Zweiten Weltkrieges operierten die mechanisierten Brigaden
und die Panzerbrigaden in den wenigen britischen Panzerdivisionen mehr oder weniger unabhängig voneinander und unterstützten in erster Linie den infanteristischen Großkampf. Trotz
Pionierrolle hoffte die britische Führung einen Landkrieg wie
1914/18 zukünftig verhindern zu können und setzte deshalb
vor allem auf die Luft- und Seekriegsführung.

In den **USA** verlief die Entwicklung ähnlich wie in Großbritannien. Beeinflusst durch die britischen Versuche begann die
US Army ab 1928 ebenfalls, mit einer gemischten *Experimental
Mechanized Force* die Möglichkeiten mechanisierter Kriegsführung zu erproben. Gleichwohl fristeten der Panzer und mechanisierte Verbände in den US-Streitkräften bis zum Zweiten
Weltkrieg ein Nischendasein. Trotz des schon 1931 initiierten
Mechanisierungs- und Motorisierungsprogramms existierte
zu Kriegsbeginn nur eine mechanisierte Brigade. Erst im Juli
1940 wurden im Rahmen einer grundlegenden Heeresreform

die Panzerwaffe als eigene Waffengattung gebildet und die ersten zwei Panzerdivisionen aufgestellt.

Konträr verlief die Militärentwicklung im **Deutschen Reich**. Dieses galt nach 1918 noch als potenzielle Großmacht, war militärisch durch die Begrenzung der Streitkräfte und das Verbot schwerer Waffen durch den Versailler Vertrag aber stark zurückgebunden. Als besondere Problemfelder hatten sich im Ersten Weltkrieg zudem die geostrategische Binnenlage und die mangelnden Versorgungsressourcen herausgestellt. Das deutsche Militär versuchte, die Hauptsorge des Reiches, einen langen Abnutzungskrieg durchzustehen, durch eine aggressive Bewegungskriegsführung auszugleichen. Gerade darin stimmte die deutsche Militärdoktrin mit der nationalsozialistischen Kultivierung von Wille und Moral überein. So verband das deutsche Gefecht der verbundenen Waffen Offensivgeist, Schnelligkeit, Überraschung, Initiative und Flexibilität (Auftragstaktik). Dies brachte besonders in den anfänglichen Blitzfeldzügen große Erfolge, jedoch auch sehr hohe Offiziers- und Unteroffiziersverluste. Schon früh erkannten deutsche Offiziere die Bedeutung des Panzers für diese Art der Kriegsführung. Trotzdem gab es einen langen Richtungsstreit darüber, ob der Panzer als Hilfswaffe der Infanterie oder im operativ selbständigen Verband eingesetzt werden sollte. Mitte der 1930er Jahre erfolgte der Aufbau eines Angriffsheeres mit einer operativen Panzerwaffe als Nukleus, deren organisatorische Form zunächst noch offen blieb. Eine Gruppe progressiver Offiziere – unter ihnen die Generale Oswald Lutz und Heinz Guderian – setzten schließlich ihre Forderung durch, den Panzer als eigenständiges Mittel des taktisch-operativen Angriffs einzusetzen. Auf der Grundlage ausländischer und eigener Beobachtungen schufen sie ein neues Panzerkonzept, das den konzentrierten Panzerangriff als Speerspitze einer von Luftwaffe (Sturzkampfbomber), motorisierter Infanterie, Artillerie und Pionieren unterstützten Operation vorsah. Ziel war es, den Gegner durch Schwerpunktbildung, Überraschung und Schnelligkeit zu verwirren, nach erfolgtem Durchbruch mit weiträumigen Vorstößen zu umfassen und rasch zu besiegen. Entsprechend sollten die Panzerkräfte losgelöst von der Masse der langsamen Infanterie operieren. Dieses unter dem Begriff »Blitzkrieg« bekannt gewordene Verfahren hatte jedoch den Nachteil, dass es zu wenig ausformuliert war und die Mittel fehlten. Bei Kriegsbeginn waren von 102 Heeresdivisionen lediglich 13 gepanzert oder motorisiert. Das Gros aller Divisionen war zudem nicht vollständig ausgebildet und ausgerüstet. Vor allem aber blendete die deutsche Militärführung den strategischen Rahmen der augenfälligen deutschen Ressourcenunterlegenheit aus und glaubte, einen zukünftigen Großkrieg durch operative Erfolge gewinnen zu können. In diesem Sinne war die »Blitzkriegsdoktrin« von Anfang an zum Scheitern verurteilt.

Die fortschrittlichste Doktrin der Zwischenkriegszeit entwickelte die **UdSSR**, wo eine Gruppe progressiver Offiziere die Bedeutung der Technologie und der beweglichen Kampfführung für moderne Kriege früh erkannte. Vorherrschend war dabei der Gedanke, dass moderne Kriege nur in einer Abfolge weiträumiger Operationen siegreich beendet werden konnten. Durch diesen Ansatz unterschied sich die sowjetische Doktrin markant von der traditionellen Idee, einen Krieg durch Entscheidungsschlachten zu beenden. Inspiriert durch die britischen und deutschen Konzepte formulierten sowjetische Militärreformer um Vladimir Triandafillov, Georgij Isserson und Michail Tuchačevskij ab Mitte der 1920er Jahre die »Theorie der tiefen Operationen«, die im Gegensatz zur deutschen »Blitzkriegsidee« eine voll entwickelte Doktrin mobiler Kriegsführung mit (teil-)mechanisierten Kräften darstellte. Zentrale Aspekte des zweistufigen Vorgehens stellten der taktische Durchbruch und seine operative Ausnutzung dar: Eine erste Angriffsstaffel aus Infanterie, Panzern, Artillerie und Fliegern griff den Gegner in der ganzen Tiefe seiner Verteidigungszone an und erzwang mit den verstärkten Schützenkorps als Stoßelementen den Einbruch. Diesen taktischen Erfolg erweiterten mobile mechanisierte Korps, Kavallerie und Fliegerkräfte der zweiten Staffel zum Durchbruch, der nahtlos zum operativen Angriff in die Tiefe des gegnerischen Raumes überleitete. Entscheidend war das hohe Operationstempo, weshalb der Verwendung neuer Mittel wie Panzern, Schlachtflugzeugen, Luftlandetruppen oder Fernartillerie hohe Bedeutung zukam. In dieser Theorie zeigt sich zugleich eine Grundproblematik des sowjetischen Ansatzes: Der Schematismus. Die Offensiven sollten nach einem starren, exakt berechneten Ablauf abrollen und wurden so jeglicher Dynamik beraubt. Stalins Säuberungswelle 1937/38 verstärkte diese Tendenz, fielen ihr doch etwa 50 % des Offizierskorps und viele erfahrene Köpfe wie Tuchačevskij zum Opfer. Danach wurde die Doktrin der »tiefen Operationen« bis 1942/43 unterdrückt (vgl. 3.6).

Zeitgleich mit der Doktrinerneuerung begannen in den 1920er Jahren auch Modernisierungsbestrebungen. Bereits die ersten beiden Fünfjahrespläne ermöglichten die kontinuierliche Produktion von Panzern. Ab Mitte der 1930er Jahre konnten Heer und Luftwaffe massiv erweitert und neu ausgerüstet werden, sodass die RKKA im Juni 1941 bereits über 17.000 Panzer und Panzerwagen besaß. Im Mai 1930 wurde erstmals eine teilmechanisierte Versuchsbrigade aufgestellt. Gegen Widerstände von Traditionalisten entstanden bis Herbst 1932 die ersten zwei mechanisierten Korps, bis 1934 folgten zwei weitere. Diese 1938 in Panzerkorps umbenannten Großverbände bestanden bis zu ihrer zwischenzeitlichen Auflösung im November 1939 generell aus zwei Panzerbrigaden, einer motorisierten Schützenbrigade sowie weiteren Korpstruppen und waren zum Gefecht der verbundenen Waffen befähigt. Zusätzliche selbständige mechanisierte Brigaden, Regimenter und Panzerverbände unterstützten den Infanteriekampf.

Japan verfügte in der Zwischenkriegszeit über die stärksten militärischen Mittel in Asien, blieb im Vergleich mit den westlichen Gegnern jedoch deutlich unterlegen. Es fehlte die industrielle Kapazität für eine Massenproduktion von Panzern. Unter anderem deswegen setzte die japanische Doktrin nicht auf den Panzer, sondern auf die Luft- und Seestreitkräfte. Das japanische Heer blieb daher bis 1945 ein reines Infanterieheer: 1939 hatte es bloß zwei Panzerregimenter, die ersten Panzerdivisionen wurden erst 1942 aufgestellt. Wie das Deutsche Reich hatte Japan das Problem, einen langen Abnutzungskrieg nicht bestehen zu können. Unbedingter Offensivglaube und die Betonung immaterieller Werte wie Kampfwille oder Moral sollten die personelle und materielle Unterlegenheit ausgleichen. Ohne direkte Erfahrungen aus dem »Totalen Krieg« 1914/18 blieb das japanische Heer dabei traditionellen Vorstellungen verhaftet. Die japanische Doktrin basierte stark auf Elementen des *Bushidō* sowie des Shintoismus und akzentuierte Aspekte wie Gesichtswahrung und Härte, Erbarmungslosigkeit gegenüber dem Feind oder eine Sieg-oder-Niederlage-Mentalität, die sich im unbändigen Vorwärtsstürmen selbst bei zahlenmäßiger Unterlegenheit und im kompromisslosen Kämpfen bis zum Tod zeigte (*Banzai*-Angriffe). Der Glaube an die Überlegenheit des mystisch verklärten japanischen Kampfgeistes (*Samurai*) führte häufig dazu, militärische Grundsätze wie die Konzentration der Kräfte oder das Gefecht der verbundenen Waffen zu vernachlässigen. Diese Übergewichtung immaterieller Fähigkeiten als Basis der Kampfführung kam im modernen Krieg einem Anachronismus gleich und offenbarte, dass es die japanische Armee nicht schaffte, das Dilemma einer vernünftigen Balance aus traditionellen Werten und moderner Waffentechnik zu lösen.

Im Heer **Italiens** blieben Panzer ein reines Prestigeobjekt. Die Bedeutung der Panzerwaffe und der Motorisierung für den modernen Krieg wurde nicht erkannt, eine doktrinelle Grundlage unterblieb. Dies war allerdings auch auf die mangelnde Rüstungsbasis Italiens zurückzuführen. Das Land war bei den Ressourcen auf deutsche Importe angewiesen und es fehlte an den für den Panzerbau notwendigen Rüstungskapazitäten (Schwerindustrie).

LUFTKRIEGSFÜHRUNG

Der Erste Weltkrieg hatte das Potenzial von Fliegerstreitkräften für die Zukunft aufgezeigt. Luftkriegstheoretiker wie Giulio Douhet, Hugh Trenchard oder William Mitchell überdachten deshalb den Luftkrieg neu. Sie entwickelten offensive Bombardierungsstrategien, die es ermöglichen sollten, durch uneingeschränkte Bombenangriffe einen Krieg schnell und ohne schwere eigene Verluste entscheiden zu können – auch unter Verwendung von Giftgas. Luftstreitkräfte sollten die Kämpfe nicht mehr nur begleiten, sondern Kriege entscheiden. Zum Ziel wurden nicht nur die Streitmacht des Gegners, sondern auch seine Industrie, Kommunikationswege und die Zivilbevölkerung. Beeinflusst durch Douhets Theorie wurde der Bomber als Hauptelement des modernen Luftkrieges gesehen und deshalb zunächst vor allem die Entwicklung dieses Flugzeugtyps vorangetrieben. Ab Mitte der 1930er Jahre schritt dann auch die Entwicklung der Jagdflugzeuge voran.

In **Großbritannien** erhielt die seit der Gründung 1918 als eigenständige Teilstreitkraft organisierte *Royal Air Force* (RAF) unter dem *Chief of the Air Staff* Marschall Trenchard ihre strategische Ausrichtung. Trenchard sah in Anlehnung an Douhet im Bomber die ideale Offensivwaffe, um Moral und Widerstand der Bevölkerung zu brechen, die gegnerische Industrieproduktion zu zerstören und somit einen Krieg ohne hohe eigene personelle und finanzielle Kosten beenden zu können (Trenchard-Doktrin). Dieses Prinzip wurde erstmals 1919 bis 1932 im Irak bei der Aufstandsbekämpfung erprobt *(Air Policing)* und beeinflusste die Entwicklung zum strategischen Bombenkrieg des Zweiten Weltkrieges. Gleichzeitig führten die Betonung des strategischen Bombardements und Waffenrivalitäten dazu, dass die RAF die Luftnahunterstützung von Heer und Marine vernachlässigte. Auch dominierte die Ansicht, dass Bomber sich selbst schützen könnten und nicht auf Jäger-Begleitschutz angewiesen seien (*»the bomber will always get through«*). Mitte der 1930er Jahre begann Großbritannien unter dem Eindruck der drohenden Kriegsgefahr die Luftwaffe massiv aufzurüsten (Plan A). Vor allem die Jägerflotte wurde vergrößert und modernisiert *(Hurricane, Spitfire)*. Zudem wurden schwere Langstreckenbomber entwickelt und erste Modelle im September 1939 in Dienst gestellt. Daneben experimentierte die RAF ab 1935 mit Radartechnik, die weiterentwickelt wurde und zum systematischen Aufbau von Radaranlagen entlang der britischen Küste führte. Dies sollte in der »Luftschlacht um England« entscheidende Bedeutung erhalten (vgl. 3.3).

Auch in den **USA** wurde die Luftwaffe grundsätzlich als strategische Offensivwaffe betrachtet. Ihre Entwicklung wurde aber durch strukturelle Probleme und Ressortdenken erschwert, da die US-Luftstreitkräfte (*US Army Air Corps*, ab 1941 *US Army Air Force*) keine eigene Teilstreitkraft, sondern eine Waffengattung des Heeres war. Der vom USAAC formulierten Doktrin der strategischen Bombardierungen war deshalb nicht nur ein militärischer, sondern auch ein militärpolitischer Aspekt immanent, da sie eine unabhängige Teilstreitkraft voraussetzte. Während Heer und Marine die Luftstreitkräfte primär zur Unterstützung der Bodentruppen und zur Küstenverteidigung einsetzen wollten, entwickelte die *American Air Corps Tactical School* ab 1931 ein Verfahren, wonach Langstreckenbomber bei Tag Präzisionsbombardements aus großer Höhe auf Industrieziele flogen. Ähnlich wie in Großbritannien konzentrierten sich die US Luftstreitkräfte auf selbstbewaffnete, schwere Bomber (z. B. B-17 *Flying Fortress*). Sie hielten aber länger als die RAF am Prinzip des Selbstschutzes fest und bezahlten dafür 1943 im Luftkrieg über deutschem Gebiet einen hohen Preis. Auch stellte sich die Theorie der Präzisionsbombardements in der Praxis als schwer durchführbar heraus. Sie beeinflusste aber einschneidend die Entwicklung der US-Strategie im Zweiten Weltkrieg.

Im **Deutschen Reich** förderte Hitler den raschen Aufbau der Luftwaffe zwischen 1933 und 1936 mit bis zu 40 % Anteil am Militärbudget, der zugleich die Gefahr eines Präventivschlages bannen sollte (»Risiko-Luftwaffe«). Unter dem Luftwaffengeneralstabschef Generalleutnant Albert Kesselring und weiteren Exponenten wie Erhard Milch und Ernst Udet konzentrierte sich die Entwicklung und Produktion auf Jäger, leichte und mittlere Bomber sowie Sturzkampfbomber. Dies mag auch an den limitierten Möglichkeiten der deutschen Flugzeugindustrie (Motoren-, Triebwerkbau) gelegen haben. Vor allem aber wurde die Luftwaffe weniger als strategisches Instrument verstanden, sondern sollte primär als taktische Unterstützung für die Heeresoperationen (»fliegende Artillerie«) dienen. Bestimmend hierbei war wiederum die Vorstellung kurzer »Blitzkriege«, die strategische Bombardierungen unnötig machten. Die Erfahrungen des Spanischen Bürgerkrieges bestärkten dies, hatten die spektakulären Luftangriffe auf Madrid, Guernica oder Barcelona doch den Ausgang des Krieges nicht signifikant beeinflusst. Anders als in der japanischen Marineluftwaffe oder dem *US Air Corps*, die ebenfalls Sturzkampfbomber einsetzten, führten die Erfolge in den ersten Feldzügen im Reichsluftfahrtsministerium zu einer Art Sturzkampfbomber-Hysterie, die in der Forderung gipfelte, dass künftig selbst schwere Bomber sturzkampftauglich sein mussten.

Frankreich und die **UdSSR** verfolgten ebenfalls eine eher taktisch geprägte Doktrin. Im sowjetischen Fall war sie – basierend auf der »Theorie der tiefen Operationen« – auf ein enges Zusammenwirken von Luftstreitkräften und Bodentruppen angelegt. Dafür wurden Luftarmeen aus unterschiedlichen Flugzeugtypen gebildet, die den Oberbefehlshabern der Fronten unterstanden. Nach den Erfahrungen des Spanischen Bürgerkrieges wurde die Produktion neuer Flugzeugtypen angekurbelt. Die französische Doktrin konzentrierte sich auf die Luftverteidigung, die mit Abfangjägern erfolgen sollte. Das Hauptproblem der französischen Luftwaffe bestand jedoch darin, dass die dringend notwendige Erneuerung der Flotte vor dem Hintergrund der französischen Budgetproblematik lange hinausgeschoben und erst 1939 eingeleitet wurde, die Luftwaffe bei Kriegsbeginn deshalb weitgehend veraltet war.

Noch prekärer zeigte sich die Lage der Luftwaffe **Italiens** zu Kriegsbeginn. Zwar wurde dort die Luftkriegstheorie Douhets eingehend diskutiert, für deren Umsetzung fehlten jedoch die technischen Mittel und industriellen Kapazitäten (Motorenbau). Hinzu kam, dass die eigentlich für den Ausbau der Luftwaffe bestimmten Ressourcen durch die Kriegseinsätze in Libyen, Abessinien und Spanien mehr oder weniger aufgebraucht wurden und so die dringend nötige Modernisierung verhinderten.

In **Japan** begannen Konstrukteure in den 1930er Jahren moderne, auf die eigenen Bedürfnisse adaptierte Flugzeugtypen herzustellen. Dank Geheimhaltungsmaßnahmen blieb dies bis 1941 von den Westmächten unerkannt. Strukturell krankten die japanischen Luftstreitkräfte hingegen ebenso daran, dass sie nicht als eigenständige Luftwaffe bestanden und es so gut wie keine Kooperation zwischen Heer und Marine gab. Erste Ansätze einer gemeinsamen Luftverteidigungsstrategie lassen sich erst in den letzten Kriegsphasen erkennen. Die Kaiserliche Heeresluftwaffe wurde hauptsächlich für taktische Luftnahunterstützung von Bodentruppen und zur Aufklärung eingesetzt, konnte in begrenztem Rahmen aber auch den klassischen Luftverteidigungskampf führen. Obwohl sie keine schweren Bomber besaß, flog sie zu Beginn des Zweiten sino-japanischen Krieges begrenzte strategische Bombardements. Das Hauptgewicht an Aufgaben und Anlagen lag jedoch bis Kriegsende bei der Kaiserlichen Marineluftwaffe. Sie flog weitreichende Bombenangriffe und war für die Luftverteidigung vor allem des japanischen Festlandes verantwortlich. Gleichwohl hatte die Marineluftwaffe nur mittlere Bomber, die allerdings von Landstützpunkten aus über große Reichweiten verfügten.

Ein Entwicklungsschritt, der mit dem Fortschritt im Flugzeugbau zusammenhing, war ferner der Aspekt des Lufttransports sowie das Aufkommen von Luftlande- und Fallschirmtruppen. Auch hier waren die sowjetischen Streitkräfte bahnbrechend. Nach Versuchen stellte die RKKA 1930 eine erste Luftlandeeinheit auf, die bis 1932 zu einer Brigade vergrößert wurde. In Manövern 1935 kamen erstmals Fallschirmjäger und Luftlandetruppen in größerem Umfang zum Einsatz. Bis 1941 war die sowjetische Luftlandetruppe auf drei Korps angewachsen, die allerdings im Krieg nie so eingesetzt werden sollte. Beeinflusst durch die sowjetische Entwicklung stellte auch die Wehrmacht 1936 die erste Division aus Fallschirmjägern auf. Die Streitkräfte der übrigen Großmächte bauten erst später Fallschirmjägerverbände auf, die USA etwa ab 1940, in Japan gab es 1941 erste Versuchseinheiten.

Der Erste Weltkrieg hatte hinsichtlich der zukünftigen Seekriegsführung verschiedene Fragen aufgeworfen. Die Debatte
kreiste in der Zwischenkriegszeit um die Fragen nach der zukünftigen Rolle von Schlachtschiffen, Flugzeugträgern, U-Booten, der Seeluftfahrt und amphibischer Operationen. Beeinflusst durch den US-Seekriegstheoretiker Alfred T. Mahan, der
in der Vernichtung der gegnerischen Kriegsflotte den Haupt-
zweck der Seekriegsstrategie sah, galt das Schlachtschiff mit
seiner Feuerkraft noch in den 1930er Jahren als Schlüsselelement für Seestreitkräfte. Dies gründete auch auf den Erfahrungen des Ersten Weltkrieges, als Flugzeuge und U-Boote für
Kriegsschiffe keine Gefahr bildeten und keine kriegsentscheidende Rolle spielten, wenngleich Letztere im Handelskrieg beträchtliche Erfolge verbuchten. Auch regulierten die erwähnten
Flottenabrüstungskonferenzen von 1922/1930 Quantität und
Qualität der Seestreitkräfte. Neben Mahans »Vernichtungsstra-
tegie« beeinflussten auch die »Prinzipien der maritimen Strategie« des Briten Julian Corbett die Weiterentwicklung der See-
kriegstheorie. Dieser räumte der Seeschlacht weit weniger Gewicht ein, sondern betonte die Bedeutung der Nachschub- und
Verbindungswege. Die Hauptaufgabe einer Kriegsflotte sah er
nicht im Versenken der gegnerischen Kriegsschiffe, sondern im
Sichern der eigenen und Stören der gegnerischen Verbindungswege durch Versenkung, Kaperung oder Seeblockade. In seine
Überlegungen flossen auch politische, ökonomische, technologische und materielle Aspekte der Kriegsführung ein.

Obwohl der Erste Weltkrieg die Verwundbarkeit von Großkampfschiffen durch U-Boot- und Luftangriffen angedeutet
hatte, verfolgten noch Ende der 1930er Jahre alle Großmächte
ambitiöse Ausbaupläne ihrer Schlachtschiffflotten. Am weitesten gingen die japanischen Streitkräfte, die mit dem geheimen
Marusan-Programm 1937 den Bau der weltweit größten, über
72.000 t schweren Superschlachtschiffe *Yamato* und *Musashi* begannen. Die USA bauten ab Dezember 1938 vier Schlachtschiffe der über 46.000 t schweren *South-Dakota*-Klasse, ab Juni 1940

folgten die ersten über 57.000 t schweren Schlachtschiffe der *Io-wa*-Klasse. Die zu Beginn des Weltkrieges schlagkräftigste Marine war die britische, die auch die weltweit größte Handelsflotte besaß. Sie verfügte schon vom Ersten Weltkrieg her über eine beachtliche Flotte an Schlachtschiffen und Schlachtkreuzern, die in den 1930er Jahren mehrheitlich erneuert wurde. Zusätzlich baute die *Royal Navy* in den 1920er Jahren zwei neue Schlachtschiffe, ab 1937 folgten fünf moderne, knapp 37.000 t schwere Schlachtschiffe der *King-George-V*-Klasse. Entsprechend verfolgten die amerikanische, japanische und britische Marine schwergewichtig eine Doktrin, die auf der klassischen Schlachtflottentaktik basierte. Schlachtschiffe dominierten bis 1942 auch das deutsche Seekriegsdenken. Nachdem das deutsch-britische Flottenabkommen 1935 die Restriktionen des Versailler Vertrages de facto außer Kraft gesetzt hatte, liefen die Planungen für den bereits 1932 initiierten Ausbau der deutschen Kriegsmarine an. 1936 begann der Bau der 53.500 t schweren Schlachtschiffe *Bismarck* und *Tirpitz*, die aber erst 1941 in Dienst gestellt wurden. Der deutsche Flottenrüstungsplan *(Plan Z)* vom Januar 1939 war ebenfalls auf mehrere Jahre hinaus angelegt. Die Kriegsmarine besaß deshalb im September 1939 an größeren Einheiten bloß zwei fertiggestellte Schlachtschiffe der über 38.000 t schweren *Scharnhorst*-Klasse und die drei Schweren Kreuzer der *Deutschland*-Klasse. Frankreich baute seine Schlachtschifflotte nach Ablauf des Londoner Flottenabkommens ab 1937 ebenfalls aus. Zu diesem Zeitpunkt reagierte die französische Marine weniger auf deutsche, als auf italienische Ambitionen im Mittelmeer. Diese manifestierten sich ab 1934 im Bau von vier Schlachtschiffen der über 45.000 t schweren *Littorio*-Klasse, und war umgekehrt eine Reaktion Italiens auf den französischen Bau der *Dunkerque*-Klasse. Von den geplanten vier Schlachtschiffen der knapp 41.000 t schweren *Richelieu*-Klasse konnten bis zur französischen Niederlage 1940 nur zwei fertiggestellt werden. Die UdSSR gehörte in der Zwischenkriegszeit nicht zu den maritimen Großmächten. Ihre Flotte war derart veraltet und in schlechtem Zustand, dass sie nicht einmal zu den Flottenabrüstungskonferenzen eingeladen wurde. Im Rahmen des Fünfjahresplans eröffnete Stalin ein ausgedehntes Aufrüstungsprogramm, das den Kauf von Schlachtschiffen und Kreuzern im Ausland vorsah.

Eng angelehnt an die Schlachtschiffentwicklung war die Frage der Flugzeugträger. Im traditionellen Seekriegskonzept Mahans wird der Sieg durch eine mit Großkampfschiffen geführte kriegsentscheidende Seeschlacht gesucht. Andere Mittel des Seekrieges wie der Handels- oder U-Boot-Krieg blieben unter diesem Aspekt generell nachrangig; nur die *Royal Navy* kannte einen traditionell stärkeren Fokus auf dem Übersee-Handelskrieg und führte in den 1930er Jahren den Begriff der »ökonomischen« Kriegsführung ein. Auch der Flugzeugträger wurde zunächst nicht als Großkampfschiff bzw. vollwertiges Kampfinstrument, sondern vor allem als – allerdings unerlässliches – Aufklärungselement für die Flotte verstanden. Nach ersten Experimenten im Ersten Weltkrieg begannen Großbritannien, Japan und die USA in der Nachkriegszeit mit dem Aufbau von Flugzeugträgerflottillen. Marineinterne Widerstände von Traditionalisten und strukturelle Probleme erschwerten allerdings den Einsatz der Flugzeugträger. So besaßen die Seestreitkräfte der USA und Japans bereits in den 1930er Jahren eine eigene Marineluftwaffe, während britische Trägerflugzeuge erst im Mai 1939 ganz der Admiralität unterstellt wurden. Der Rückstand in Ausbildung, Organisation und Ausrüstung war bis Ende des Krieges nicht mehr wettzumachen. Die *US Navy* wiederum setzte, ganz im Gegensatz zur japanischen, keine weitreichenden, landgestützten Torpedobomber ein, da solche Flugzeuge dem *US Army Air Corps* vorbehalten waren. Technische Neuerungen wie Torpedos oder die Steigerung der Bombenlast förderten letztlich die Einsicht, durch Flugzeugträger der Luftstreitkraft auch zur See Geltung verschaffen zu können. Bereits in den 1920er Jahren hatte die *US Navy* begonnen, im Rahmen ihrer Luft-See-Doktrin eine sehr effektive Sturzkampfbombertaktik zu formulieren und solche Flugzeugtypen zu entwickeln. Die überlegene Feuerkraft der Schlachtschiffe wurde durch diese Innovationen zunehmend aufgewogen. Der Fanghaken ermöglichte es ab den 1930er Jahren, Flugzeuge auch wieder aufzunehmen, und machte den Flugzeugträger zu einer schwimmenden Basis. Dies ebnete den Weg für seine strategische Verwendung. Die Kaiserlich-japanische Marine hatte indes bereits 1922 den weltweit ersten, konzeptionell als solchen geplanten Flugzeugträger *(Hōshō)* gefertigt. In den 1930er Jahren produzierte die japanische Flugzeugindustrie sehr agile, auf die entsprechenden Verhältnisse konzipierte Flugzeuge für die Marineluftwaffe. Ähnlich verlief die Entwicklung in den USA, wo die Marine ebenfalls auf die Entwicklung von Schiffen und Flugzeugen einwirkte. Wie die japanische verfügte auch die *US Navy* 1940 über sechs Flugzeugträger, die allerdings bis auf die ersten zwei Schiffe der *Yorktown*-Klasse veraltet waren. Mit dem *Naval Expansion Act* von 1938 hatten sich die USA aber für den Ausbau der Trägerflotte entschieden und unter Einbezug gemachter Erfahrungen die neue *Essex*-Klasse entworfen. Bis Kriegsende bauten die USA 18 Schiffe dieser Klasse, die ab Mitte 1943 eingesetzt wurden. Großbritannien besaß 1939 sechs Flugzeugträger, weitere vier befanden sich im Bau. Frankreich hatte nur einen Flugzeugträger, die UdSSR, Italien und das Deutsche Reich gar keinen. Der einzige, 1935 begonnene Flugzeugträger blieb unvollendet und wurde zugunsten des Ausbaus der U-Boot-Waffe gestoppt.

Große Fortschritte erzielte die Entwicklung von U-Booten bis zum Zweiten Weltkrieg. Doppelt verschweißte Hüllen und bessere Antriebssysteme erhöhten ihre Größe, Geschwindigkeit und Reichweite, zugleich wurden immer leistungsfähigere Torpedos gebaut. Erstaunlicherweise zeigte die deutsche Marine in der Zwischenkriegszeit trotz deutscher Erfolge im Ersten Weltkrieg nur geringes Interesse an der U-Boot-Waffe. Dies hing mit dem erwähnten, vor allem vom damaligen Oberbefehlshaber Admiral Erich Raeder forcierten Ausbau der Überwasserflotte zusammen. Dieser ging zulasten der U-Boote, die primär als Aufklärungsmittel verstanden wurden. Der Strategiewechsel sollte erst im Verlauf des Krieges erfolgen (vgl. 3.8). In ähnlicher Weise unterschätzte auch die britische Marine die Möglichkeiten der U-Boote, teils aufgrund der traditionell global ausgerichteten Seekriegsstrategie, teils aus der Überschätzung neuer

Technologien wie z. B. dem Sonar. Zu Kriegsbeginn standen nur zwölf britische U-Boote im Dienst, die vor allem für den Einsatz in der Nordsee und dem Mittelmeer vorgesehen waren. Die *US Navy* modernisierte hingegen ihre U-Boot-Flotte in der Zwischenkriegszeit fortlaufend. Ab Ende 1941 konnten die Einheiten der modernen *Gato*-Klasse eingeführt werden, weitere 111 U-Boote waren in Auftrag gegeben worden. Die Kaiserlichjapanische Marine führte zu diesem Zeitpunkt 63 hochseefähige U-Boote unterschiedlichen Typs, denen hauptsächlich die Aufgabe zufiel, die Aktionen der Hauptflotte zu unterstützen. Die weltweit größten U-Boot-Flotten besaßen die UdSSR und Italien, die im Baltischen und Schwarzen Meer sowie im Mittelmeer stationiert waren. Diese sollten das Kriegsgeschehen jedoch wenig beeinflussen. Die italienischen Einheiten wurden weitgehend paralysiert, die sowjetischen 1941 größtenteils zerstört.

Ein Nischendasein fristete in der Zwischenkriegszeit das Thema der amphibischen Kriegsführung. Dies mag erstaunen, wenn man die spätere Bedeutung solcher Operationen für den Zweiten Weltkrieg bedenkt, hing aber vermutlich damit zusammen, dass alle amphibischen Landungen im Ersten Weltkrieg gescheitert waren. Die Ausarbeitung kombinierter, Teilstreitkräfte übergreifender Operationen besaß deshalb für keine Seestreitkraft zentrale Bedeutung. Vor 1940 gab es kaum Anzeichen dafür, dass solche Unternehmungen in einem europäischen Krieg überhaupt eine Rolle spielen könnten. Aufgrund der unterschiedlichen geographischen Rahmenbedingungen galt dies nicht für den pazifischen Raum. Die amerikanischen und japanischen Streitkräfte mussten sich im Rahmen ihrer Planungen zwingend mit der Einnahme von Inseln befassen und entwarfen deshalb entsprechende Landungstaktiken und geeignete logistische Infrastruktur. Eine führende Rolle besaß dabei das *US Marine Corps*, das sich ab den 1920er Jahren zur amphibischen Angriffsstreitkraft entwickelte und ab Mitte der 1930er Jahre amphibische Landungsoperationen erprobte. Die Vorbehalte der Heeresführung demgegenüber sollten jedoch erst 1942 angesichts der strategischen Realitäten schwinden.

3. Kriegsschauplätze

3.1. Der Krieg in Asien 1937 bis 1940

Am 7. Juli 1937 führte der »Zwischenfall« an der Marco-Polo-Brücke bei Beijing zum Zweiten sino-japanischen Krieg, als es zwischen chinesischen und japanischen Truppen zum Schusswechsel kam. Damit begann der Zweite Weltkrieg in Asien. Der Kriegsausbruch war das voraussehbare Resultat der immer aggressiver betriebenen japanischen Politik der vorangegangenen Jahrzehnte. Allerdings scheint der Krieg von keiner Seite bewusst provoziert worden zu sein. Auch gab es auf beiden Seiten Versuche, ihn zu lokalisieren. So vertrat der japanische Heeresgeneralstab in Tōkyō eine gemäßigte Haltung und bemühte sich um eine rasche Konfliktlösung, da er in der UdSSR den Hauptgegner sah. Hardliner in der Regierung und im Militär wie Heeresminister General Sugiyama Hajime oder der Generalstabschef der Kwantung-Armee General Tōjō Hideki drängten jedoch auf die Entsendung militärischer Verstärkungen. So eskalierte der Konflikt und weitete sich rasch aus. Am 12. Juli 1937 marschierten japanische Truppen in Nordchina ein und eröffneten Ende Juli eine Großoffensive nach Beijing und Tianjin. Mitte August hatten sich die Kampfhandlungen auf Shanghai ausgedehnt.

Die Streitkräfte Nationalchinas bildeten 1937 mit 1,7 Millionen Mann plus 500.000 Reservisten eine numerisch erstzunehmende Macht.[2] Qualitativ waren die Truppen Jiangs jedoch schwach und technologisch rückständig ausgerüstet. Nur gut ein Viertel dieser Truppen war zwischen 1928 und 1938 durch deutsche Militärberater ausgebildet und mit modernem Material ausgerüstet worden. Insbesondere mangelte es bedingt

---

2 Die hier genannten und noch folgenden Angaben über die zahlenmäßigen Stärken variieren in der Literatur. Zu berücksichtigen gilt auch, dass Armeen, Korps oder Divisionen, Waffentypen, Flugzeuge und Schiffe qualitativ kaum miteinander verglichen werden können. Die Zahlen verdeutlichen aber immerhin die Relationen.

durch die fehlende Kriegsindustrie an Artillerie, Panzern und motorisierten Einheiten wie der Krieg 1937/38 aufzeigen sollte, eine einsatzfähige Luftwaffe fehlte fast ganz. Zudem waren Nachschub- und Sanitätswesen unterentwickelt, was die chinesischen Verlustzahlen zusätzlich erhöhte. China war deshalb auf Unterstützung der Großmächte angewiesen. Jiang gelang auf politischer Ebene, die internationale Haltung für sich zu gewinnen. Obwohl aber der Völkerbund Anfang Oktober 1937 Japans Vorgehen verurteilte, blieben konkrete Schritte aus. Auch eine Konferenz der Großmächte in Brüssel im November verlief ergebnislos. Einzig die UdSSR, die am 21. August einen Nichtangriffspakt mit China abgeschlossen hatte, unterstützte Jiang mit Material und begrenzten Lufteinsätzen. Politisch und logistisch unterstützten auch Großbritannien, Kanada und die USA den »Stellvertreterkrieg« Chinas, bis 1941 auch militärische Mittel folgten.

Nach der japanischen Einnahme Tianjin und Beijings im Juli 1937 konzentrierten sich die chinesischen Verteidigungsbemühungen auf Shanghai und den Unterlauf des Yangzi. In der von August bis November 1937 dauernden Schlacht um Shanghai beteiligten sich ungefähr 600.000 chinesische und 250.000 japanische Soldaten. Vom harten chinesischen Widerstand überrascht, konnten die materiell überlegenen japanischen Truppen die Stadt erst im November 1937 nach intensiver Bombardierung und verlustreichem Ortskampf einnehmen. Bis zum 13. Dezember folgte die erstaunlich rasche Eroberung der nationalchinesischen Hauptstadt Nanjing. Nach der Einnahme der Stadt kam es zu einer mehrwöchigen Tötungs-, Vergewaltigungs- und Plünderungsorgie, die vom Kaiserlich-japanischen Oberkommando *(Daihon'ei)* nicht befohlen, aber stillschweigend geduldet wurde. Dem »Massaker von Nanjing« fielen nach heutigem Forschungsstand wohl mindestens 370.000 Menschen zum Opfer. Auch politisch verhärtete sich der japanische Kurs. Nachdem im Januar 1938 Verhandlungen – nicht zuletzt wegen übertriebener japanischer Forderungen – gescheitert waren, erklärte die japanische Regierung die »Ausrottung« der GMD zum Ziel. An ihre Stelle sollte eine chinesische Kollaborationsregierung nach dem Vorbild Manchukuos treten, die im März 1940 mit dem GMD-Dissidenten Wang Jingwei an der Spitze gebildet wurde. Ab 1941 gehörte auch der formell selbständige innermongolische Marionettenstaat Mengjiang dazu. Wangs Regierung blieb aber bis Kriegsende ohne Rückhalt in der Bevölkerung.

Nach dem Fall Nanjings hatte sich Jiang ins Landesinnere – nach Hankou, später Chongqing – zurückgezogen und versucht, durch großräumige Absetzbewegungen Zeit für die Neuformierung der GMD-Truppen zu gewinnen. Gleichzeitig führten kommunistische Kämpfer in Nord- und Ostchina einen hinhaltenden Guerillakrieg. Trotz einiger Teilerfolge und der Taktik der verbrannten Erde gelang es aber nicht, die japanische Offensive aufzuhalten. Auch forderte Jiangs kompromisslose Kriegsführung hohe Opfer in der Zivilbevölkerung, etwa als er im Juni 1938 die Dämme des Huanghe (Gelber Fluss) sprengen ließ, um den japanischen Vormarsch auf Wuhan durch Überflutung zu stoppen; Schätzungen zufolge starben dabei bis zu 900.000 Menschen, fast vier Millionen wurden obdachlos. Im Norden nahmen japanische Truppen bis Mai 1938 den wichtigen Verkehrsknotenpunkt Xuzhou ein, in Zentral- und Südchina fielen Hankou und Kanton im September/Oktober 1938. Damit endete die erste Phase der japanischen Invasion. Chongqing wurde zwar bombardiert, aber nicht eingenommen. 1939 konnten im Februar noch die Insel Hainan und im Mai der Eisenbahnknotenpunkt Nanchang erobert werden, weitere Vorstöße nach Süden misslangen jedoch. Erst 1944 sollte die japanische Armee wieder zu Großoffensiven übergehen (vgl. 3.7).

Das Ergebnis war aus chinesischer Sicht niederschmetternd. Bis Ende 1938 hatten die japanischen Truppen die wichtigsten Verkehrslinien, alle industriell bedeutenden Gebiete und Küstenstädte bis nach Indochina erobert und dabei auch westliche Enklaven wie Hongkong bedroht. Die chinesischen Streitkräfte hatten fast alle wichtigen Schlachten und bis November 1938 insgesamt etwa zwei Millionen Mann verloren, auf japanischer Seite waren ca. 500.000 Mann tot oder verwundet. Nur zwei größere Operationen gelangen auf chinesischer Seite. Am 1. November 1939 eröffneten die chinesischen Streitkräfte auf der gesamten Frontbreite eine Winteroffensive. Bis Ende März 1940 konnten japanische Kommunikations- und Verbindungslinien unterbrochen und isolierten japanischen Verbänden schmerzliche Verluste beigefügt werden. Insbesondere erlitt die Moral der japanischen Truppen einen Einbruch, die seit zwei Jahren im Feld standen und von der chinesischen Offensive völlig überrascht wurden. Das Hauptziel, die japanischen Verbände entscheidend zu schlagen, misslang zwar, die japanische Besatzungsmacht wurde aber deutlich geschwächt, ihr Vormarsch ins Landesinnere gestoppt. Politisch bedeutend war diese Offensive, weil die USA und Großbritannien danach ihre Finanzhilfe an die GMD verstärkten. In der »Hundert-Regimenter-Offensive« von August bis Dezember 1940 konnte« die chinesische Rote Armee in Nordchina ebenfalls Erfolge verbuchen. Sie führte empfindliche Schläge gegen japanische Verbindungslinien aus und traf damit die japanischen Rohstoffexporte empfindlich. Die japanische Armee reagierte mit einer brutalen Antiguerillakriegsführung, die durch Terror und Zerstörung die Grundlagen der Guerilla zu vernichten suchte (vgl. 4.2). Trotz der gespannten Lage kapitulierte China aber nicht. Tatsächlich befand sich Japan deshalb in einem Dilemma. Weite Teile des chinesischen Hinterlandes blieben unter der Herrschaft Nationalchinas, das bis 1942 notdürftig über die Burmastraße versorgt werden konnte. Zudem stockte der japanische Vormarsch aufgrund von Nachschubproblemen. Auch band die chinesische Guerillakriegsführung viele japanische Kräfte. Letztlich zeigte sich dadurch, dass die Größe Chinas es verhinderte, das Land zu besetzen. Obwohl das japanische Heer von etwa 400.000 Mann (1937) auf über zwei Millionen Mann (1941) vergrößert wurde und zeitweise über 1,5 Millionen Soldaten in China und der Mandschurei stationierte, gelang es nie, eine flächendeckende Kontrolle zu erlangen. Nun rächte sich, dass die japanischen Großoffensiven ohne konkrete Ziele durchgeführt worden waren und die japanische Führung geglaubt hatte, die strategischen und politischen Schwächen der Aktion durch Brutalität kompensieren zu können.

Das Ausbleiben des erwarteten raschen japanischen Sieges und der drohende lange Krieg zogen innenpolitische Konsequenzen nach sich. Im Frühjahr 1938 hatte Japan mit der vollständigen militärischen und wirtschaftlichen Mobilisierung begonnen und erste Schritte zu einer zentralisierten Wirtschaftsplanung eingeleitet (vgl. 4.3). Anfang Januar 1939 musste Konoe wegen der festgefahrenen Situation im Chinakrieg zurücktreten. Erschwerend kam hinzu, dass Japan auch außenpolitisch in eine schwierige Situation geraten war. Im Sommer 1938 war es bei Zhanggufeng im mandschurisch-sowjetischen Grenzgebiet zu einem kurzen Krieg zwischen der UdSSR und Japan um zwei Anhöhen gekommen, dessen Ausgang die sowjetischen territorialen Ansprüche bestätigte. Von Mai bis September 1939 befand sich Japan bei Nomonhan erneut in einem Krieg mit der UdSSR, den japanische Offiziere in der Mandschurei provoziert hatten. Für Japan stellte dieser Krieg einen empfindlichen Schlag dar. Die Kwantung-Armee hatte schwere Verluste erlitten, während die sowjetische Schlagkraft an Panzern, Artillerie und Flugzeugen die japanische Führung stark beeindruckte. Auch hatte sich die japanische Doktrin gegenüber der beweglichen sowjetischen Operationsführung als sehr nachteilig erwiesen und zur Einkesselung einer ganzen japanischen Division geführt. Von Bedeutung ist dieser kurze Krieg vor allem deshalb, weil die unerwartete Niederlage in der japanischen Armee eine Identitätskrise auslöste und zu einer Neuausrichtung der japanischen Politik gegenüber der UdSSR führte. Die strategischen Pläne einer Nordexpansion waren damit de facto zur Makulatur verkommen. Den politischen Hintergrund bildeten die stockenden Bündnisverhandlungen mit dem Deutschen Reich und Italien, die im Mai 1939 zum »Stahlpakt« – vorläufig ohne japanische Beteiligung – geführt hatten. Einen regelrechten Schock stellte schließlich der deutsch-sowjetische Nichtangriffspakt vom August 1939 dar, der das durch den Nomonhan-Krieg militärisch in arge Bedrängnis geratene Japan auch politisch zusätzlich isolierte. Bereits im Juli 1939 hatten die USA wegen des japanischen Vormarsches in China das Handelsabkommen von 1911 gekündigt und im Dezember –

nach der Initiierung eines umfangreichen Flottenaufrüstungsprogramms – erste Embargomaßnahmen ergriffen; im Juli 1940 sollte dann das Eisen- und Stahlembargo, 1941 weitere Maßnahmen folgen. Im Krieg in Europa blieb Japan deshalb neutral. Erst mit dem Fall Frankreichs 1940 und der drohenden britischen Niederlage kam Bewegung in die internationalen Beziehungen. Das zweite Kabinett Konoe plante die Annäherung an das Deutsche Reich und eventuell an die UdSSR, um den Aufbau der »Großostasiatischen Wohlstandssphäre« und damit die Expansion nach Südostasien abzusichern. Mit dem Abschluss des Dreimächtepaktes im September 1940 wurden nicht nur die deutsch-japanischen Beziehungen intensiviert, durch das gegenseitige Verteidigungsbündnis erhielten die japanischen Pläne auch eine globale Dimension. Bereits im Sommer hatte die japanische Regierung im Windschatten der deutschen Siege von Großbritannien die Schließung der Burmastraße und der Grenze zu Hongkong, von Niederländisch-Indien Garantien für Rohstofflieferungen und von Vichy-Frankreich die Stationierung japanischer Truppen in Französisch-Indochina gefordert. Im September wurde das machtlose Vichy-Regime gezwungen, der japanischen Besetzung Nordindochinas zuzustimmen. Offiziell blieb die französische Souveränität und Verwaltung zwar bestehen, faktisch kontrollierte Japan das Gebiet und schnitt Nationalchina dadurch vom Nachschub ab.

Ende 1940 waren China und Japan vom Krieg gezeichnet. China hatte seine wenigen wirtschaftlich wertvollen Gebiete verloren, war von der Außenwelt abgeschnitten und stand alleine in einem aussichtslosen Abwehrkampf gegen die japanische Übermacht. Zudem machten sich Risse im fragilen Bündnis zwischen GMD und KPC bemerkbar. Japan wiederum war es trotz militärischer Erfolge und Generalmobilmachung nicht gelungen, China zur Kapitulation zu zwingen. Der erwartete kurze Feldzug hatte sich zu einem langwierigen Krieg entwickelt. Die eroberten Gebiete brachten zwar Rohstoffe, banden aber gleichzeitig viele Kräfte. Die relativ leichten Siege über schlecht geführte und ausgerüstete chinesische Verbände verleiteten die japanische Militärführung zur Überheblichkeit und

Überzeugung, dass Moral und Offensivgeist wertvoller seien als moderne Ausrüstung. Eine Auffassung, deren verheerende Auswirkungen später im Krieg gegen die USA offenbar werden würden. Eine Analyse des Nomonhan-Konfliktes und des Abnutzungskrieges in Nordchina gegen die chinesischen Kommunisten hätte gewiss auch schon eine realistischere Einschätzung der eigenen Kampfkraft ergeben. So aber verstärkte der sino-japanische Krieg in erster Linie den Einfluss der Militärs und der Ultranationalisten auf die japanische Regierung und steigerte Nationalismus sowie Patriotismus. Der Krieg zwischen Japan und China leistete dadurch den seit der Mandschureikrise einsetzenden Spannungen mit den Westmächten weiter Vorschub und führte zur direkten Konfrontation mit den USA.

3.2. Der Krieg in Europa 1939 bis 1940 – die Zeit der Blitzfeldzüge

In Europa begann der Zweite Weltkrieg am 1. September 1939 mit dem deutschen Angriff auf Polen. Hitler suchte keinen europäischen oder globalen Großkrieg, wollte aber unbedingt einen erneuten diplomatischen Ausgleich wie in München verhindern. Der Krieg sollte regional beschränkt bleiben, Polen isoliert und rasch besiegt werden. Der Nichtangriffspakt mit der UdSSR bildete den politischen Rahmen hierfür. Propagandistisch wurde die deutsche Aggression mit dem vorgetäuschten »polnischen Überfall« auf den Sender Gleiwitz als Akt der Selbstverteidigung inszeniert. Dies sollte die Westmächte von der Einlösung der Beistandsgarantie an Polen abhalten und dem in der deutschen Bevölkerung unpopulären Krieg die Bahn brechen. Bei alldem hatte Hitler das Risiko einer Konfliktausweitung bewusst in Kauf genommen. Der europäische Krieg offenbarte denn auch sofort seine globale Dimension. Auf die britisch-französische Kriegserklärung vom 3. September 1939 folgten kurz darauf die von Australien, Neuseeland, Indien, Südafrika und Kanada, die neutralen USA sympathisierten deutlich mit den Alliierten.

Mit dem »Blitzfeldzug« gegen Polen beginnt eine Reihe begrenzter Operationen gegen meist unterlegene Gegner, die 1941 in den Hauptkrieg gegen die UdSSR mündeten. Dabei gab es weder eine Art Stufenplan noch eine »Blitzkriegsstrategie«. Hitler war ein Hasardeur und trieb den Krieg – einmal begonnen – immer weiter voran. Von der alliierten Kriegserklärung wurde er ebenso überrascht wie die Wehrmachtsführung, die keine ausgearbeiteten Operationspläne für einen Krieg im Westen, geschweige denn eine Gesamtkriegsstrategie besaß. Dies verdeutlicht die fehlende Koalitionskriegsführung: Italien war 1939 nicht kriegsbereit, die UdSSR wartete ab, mit Japan gab es weder dann noch später auch nur eine annähernde strategische Koordination. Noch gebrannt von den Erfahrungen des Ersten Weltkrieges mieden Daladier und Chamberlain verlustreiche Offensiven und suchten die Entscheidung durch eine indirekte Strategie herbeizuführen. Basierend auf ihren globalen Ressourcen und dem Einsatz der gemeinsamen Seemacht sollte das Deutsche Reich wie 1914/18 langfristig durch eine Wirtschaftsblockade ermattet werden.

Der polnische Krieg

Der deutsche Überfall auf Polen *(Fall Weiß)* hatte zwar zum Kriegseintritt der Westmächte geführt, deren Passivität ersparte der Wehrmachtsführung aber den faktisch vorhandenen Zweifrontenkrieg. So standen den zwei Heeresgruppen mit 54 deutschen und drei verbündeten slowakischen Divisionen mit 1,5 Millionen Mann etwa 40 polnische Divisionen und 16 Brigaden mit 1,3 Millionen Mann gegenüber. Die polnische Armee war an Panzern, motorisierten Verbänden und Flugzeugen deutlich unterlegen. Auch profitierte die Wehrmacht davon, dass der polnische Oberbefehlshaber Marschall Edward Rydz-Śmigły das Gros der Armee aus kriegswirtschaftlichen Gründen und in der Hoffnung auf die Eröffnung der zweiten Front im Westen entlang der deutschen und slowakischen Grenze aufstellte.

Der Feldzug begann, eingeleitet von der Kriegsmarine, mit einer kombinierten deutschen Luft- und Bodenoffensive. Die deutsche Luftwaffe besaß von Beginn an die Luftüberlegenheit und zerschlug die unterlegenen polnischen Fliegerkräfte rasch, die bis zum 6. September 60 % ihrer Kampfstärke verloren. Danach unterstützte sie Bodenoperationen und weitete den Aktionsradius auf das Hinterland aus. Die beiden Heeresgruppen Nord (Bock) und Süd (Rundstedt) drangen derweil in einer großen Zangenbewegung in Richtung Warschau vor. Trotz lokal erfolgreichen Widerstandes brach die polnische Front rasch zusammen. Bis zum 7. September waren vier der fünf polnischen Armeen bereits zerschlagen oder stark angeschlagen. Nennenswerte Reserven fehlten. Schon am 8. September erreichten die Panzerspitzen die Außenbezirke Warschaus, bis Mitte September war die Stadt eingeschlossen. Auch in Südpolen waren die beiden polnischen Armeen überflügelt worden. Im Rücken der vorstoßenden Heeresgruppe Süd formierte sich bei Kutno aus den Resten der drei zurückströmenden Armeen »Poznań« (Kutrzeba), »Pomorze« (Bortnowski) und »Łódź« (Rómmel) ein überraschender Gegenangriff. Zwar gelang ihre Einkesselung, die polnische Kräftekonzentration konnte jedoch erst durch den Angriff dreier deutscher Armeen und ausgedehnter Bombardierungen bis zum 19. September zerschlagen werden.

Entscheidend für die deutschen Erfolge war das in engem Zusammenwirken mit der Luftwaffe stattfindende raumgreifende Vorwärtsstürmen der Panzerverbände und der motorisierten Verbände. Das operative Hauptziel, die rasche Umfassung und Vernichtung des Gegners, misslang trotzdem. Eine zweite Zangenbewegung über die Weichsel hinaus war deshalb nötig geworden. In deren Verlauf gelang es, die polnischen Verbände endgültig einzukesseln sowie polnische Führungs- und Verbindungslinien durch Luftangriffe zu zerstören. Als am 17. September die Weißrussische Front (Kovalev) und die Ukrainische Front (Timošenko) mit bis zu einer Million Rotarmisten in Ostpolen einmarschierten, war die polnische Armee deshalb bereits schwer angeschlagen. Die deutsche Seite hatte schon lange auf diesen Schritt gedrängt. Stalin hatte aber abgewartet, bis Polen als Staat faktisch zerschlagen war, um die westalliierte Polengarantie unterlaufen zu können und den Einmarsch als Befreiung der ukrainisch- und weißrussischstämmigen »Brudervölker« zu inszenieren. Zudem war der Nomonhan-Konflikt und damit die Gefahr des Zweifrontenkrieges erst Mitte September geklärt worden. Auch war Stalin vom raschen deutschen Vormarsch überrascht worden. Lokal traf die RKKA auf erbitterten, aber hoffnungslos unterlegenen polnischen Widerstand. Innerhalb kurzer Zeit besetzten die sowjetischen Verbände Ostpolen, wie dies im geheimen Zusatzprotokoll des Hitler-Stalin-Paktes vom 28. August vereinbart war. Nach mehreren Schlägen gegen einzelne polnische Armeen kapitulierte die polnische Mittelfront am 20. September, die Reste der polnischen Nordfront versuchten nach Rumänien und Ungarn durchzustoßen, brachen aber bis zum 26. September ebenfalls zusammen. Das zur Festung ausgebaute Warschau kapitulierte nach wiederholter Aufforderung am 27. September – nach massiver Beschießung, schwerem Bombardement und angesichts von 26.000 toten Zivilisten. Mit der Festung Modlin (28.9.) und der Halbinsel Hela (1.10.) fielen die letzten polnischen Bastionen. Bis zum 6. Oktober waren auch die restlichen improvisierten polnischen Gruppierungen zerschlagen und der Feldzug beendet.

Die Wehrmacht hatte sich als weit überlegen herausgestellt, die »Blitzkriegsdoktrin« schien sich voll bewährt zu haben. Allerdings offenbarte der Feldzug auch eklatante deutsche Defizite, die auf fehlende Reserven und die überstürzte Wiederbewaffnung zurückzuführen waren. Nach dem Ende des Polenkrieges kam es zu einer veritablen »Munitionskrise«, die Personalverluste konnten qualitativ kaum ersetzt und die hohen Ausfälle bei den motorisierten Verbänden teils erst im Frühjahr 1940 aufgefangen werden. Gravierende Ausbildungsmängel hatten während des Feldzuges große Probleme beim Gefecht der verbundenen Waffen und im Vorgehen mit gepanzerten Angriffsspitzen verursacht, weshalb das Oberkommando des Heeres (OKH) im Winter 1939/40 ein intensives Ausbildungsprogramm durchführte. Polnische Fehler in der Mobilmachung und der operativen Aufstellung erleichterten den deutschen Sieg. Schwere Schuld trugen auch die Westmächte, die ihre Beistandsversprechungen nicht einlösten, sondern in Erwartung eines langen Krieges eine Ermattungsstrategie verfolgten. Politisch wirkte dabei nach, dass sich Polen im Zuge der Sudetenkrise 1938 von eigenen Großmachtsambitionen getrieben an der Aufteilung der Tschechoslowakei beteiligt und in eine fragwürdige Position gebracht hatte, was die britisch-französische Unterstützungsbereitschaft deutlich schmälerte. Hitlers Kalkül, den Krieg als »interne Sache« zu halten, war trotzdem fehlgeschlagen. Die Westmächte lehnten Hitlers Gewaltpolitik und einen politischen Ausgleich ab. Polen kämpfte unter General Władisław Sikorski aus dem Exil auf alliierter Seite weiter, die Widerstandsorganisation »Polnische Heimatarmee« (*Armia Krajowa*) betrieb den militärischen Widerstand vor Ort.

Einschneidend war der Polenkrieg auch durch seine ideologische Komponente. Schon während der Kämpfe begann der Terror der SS-Verbände gegen die polnische Elite und die jüdische Bevölkerung. Wehrmachtseinheiten beteiligten sich ebenfalls an Kriegsverbrechen, wie die häufig auf »Freischärlerwahn« zurückzuführenden »Repressalien« der ersten Kriegswochen zeigen. Nur vereinzelt beschwerten sich militärische Befehlshaber über das »Abschlachten« der Bevölkerung. Die Mehrheit verdrängte moralische Bedenken und floh in das militärische Tagwerk. Polen selbst wurde im Grenz- und Freundschaftsvertrag vom 28. September 1939 aufgeteilt. Ostpolen (und Litauen) wurde von der UdSSR, weite Teile Westpolens vom Deutschen Reich annektiert. Beide Seiten richteten brutale Besatzungsregimes ein. In Ostpolen verhafteten, enteigneten und ermordeten Einheiten des sowjetischen Innenministeriums (NKVD) ab Winter 1939/40 tausende sogenannter »Klassenfeinde« aus Adel, Klerus, Intelligenz und Offizierskorps (Katyn). Bis Ende Juni 1940 wurden zwei Millionen Polen zur Zwangsarbeit deportiert. Westpolen wurde germanisiert, das Restgebiet als »Generalgouvernement« unter Leitung von Hans Frank zu einem kolonieähnlichen SS-Staat, der wirtschaftlich rücksichtslos ausgebeutet wurde. Im Winter 1939 begann auch

dort die physische Vernichtung der polnischen Führungsschicht mit rund 60.000 Opfern bis Jahresende, während die jüdische Bevölkerung in »Groß-Ghettos« konzentriert wurde.
Der polnische Krieg trug von Beginn an Radikalisierungsten-
denzen in sich, die weit über eine rein technikinduzierte Steigerung des Tötungspotenzials eines »europäischen Normalkrie-
ges« hinausreichten. Inwiefern damit bereits der nationalsozialistische Vernichtungskrieg begann, ist in der Forschung umstritten. Polen sollte später zum Hauptschauplatz des Holocaust
werden. Unzweifelhaft nahm der »kleine Ostkrieg« 1939 aber
vieles vorweg, das im »großen Ostkrieg« ab 1941 weit radikaler
vollzogen wurde.

INTERMEZZO IN NORDEUROPA: »WINTERKRIEG« UND »WESERÜBUNG«

Polen bildete in der künftigen deutschen Kriegsführung eine
wichtige Basis, 1940 als Rückendeckung gegen Frankreich, 1941
als Aufmarschraum gegen die UdSSR. Bis dahin erbrachte der
deutsch-sowjetische Abschluss dem Deutschen Reich wichtige
sowjetische Rohstofflieferungen, umgekehrt erhielt die UdSSR
deutsche Rüstungstechnologie. Auch für Stalin war die Besetzung Ostpolens bloß ein erster Expansionsschritt gewesen. Danach wurden Estland, Lettland und Litauen unter militärischer
Drohung zur Unterzeichnung von »Beistandsverträgen« und
zur Abtretung von Militärbasen an die UdSSR gezwungen, im
Juni 1940 schließlich ganz annektiert.

Finnland sah sich mit ähnlichen Forderungen konfrontiert,
weigerte sich aber einzulenken. Am 30. November 1939 begann
deshalb der mangelhaft geplante sowjetische Angriff. Der erwartete Spaziergang endete in einem militärischen Fiasko. Angetreten mit über 1,2 Millionen Soldaten konnte sich die RKKA
nur mit Mühe gegen die sechsmal kleinere finnische Armee behaupten. Die sowjetischen Verbände waren teils schlecht bewaffnet, taktisch unzureichend ausgebildet und für einen Winterkrieg ungeeignet ausgerüstet, hinzu kamen Transport- und
Versorgungsprobleme. In drei Monaten erlitten sie über 390.000

Ausfälle, viele durch Hunger und Kälte. Der Krieg offenbarte zudem, dass die RKKA ein Führungsproblem besaß. Im Gegensatz dazu operierten die finnischen Verbände sehr beweglich, kesselten sowjetische Verbände einzeln ein und griffen nadelstichartig neuralgische Ziele wie Nachschubstützpunkte an. So misslangen der sowjetische Angriff nördlich des Ladogasees und der Durchbruch durch die Mannerheim-Linie bei Leningrad im Dezember 1939. Erst nach der Reorganisation und Verstärkung der Truppen im Januar 1940 brachte eine zweite, von Timošenko geführte Offensive im Februar tiefe Einbrüche. Anfang März bat Finnland um Waffenstillstand und verlor im Frieden von Moskau vom 12. März Gebiete an die UdSSR, blieb aber unabhängig.

Nach dem Winterkrieg führte die RKKA umfassende Reformen durch. Nicht weniger bedeutend war, dass Hitler und die Westmächte ein falsches Bild vom Militärpotenzial der UdSSR erhielten. Bei allen sowjetischen Defiziten ging vergessen, dass anfangs bloß die Truppen des Militärbezirks Leningrad eingesetzt und bei weitem nicht alle Reserven mobilisiert worden waren. Diese Fehleinschätzung sollte im deutsch-sowjetischen Krieg 1941 offenbar werden. Der Winterkrieg verlegte zudem die globale Aufmerksamkeit nach Nordeuropa. Noch im Dezember 1939 war die UdSSR wegen dieses Angriffskriegs aus dem Völkerbund ausgestoßen worden. Offiziell zwar noch neutral war sie damit zum Gegner der Westmächte geworden. Während Dänemark, Norwegen und (zumindest offiziell) auch Schweden an ihrer Neutralität festhielten, unterstützten Italien, Ungarn und Frankreich Finnland mit Kriegsmaterial. Die Westmächte planten ab Februar 1940 sogar die Entsendung eines Hilfskorps, der überraschende Friedensschluss machte dies dann hinfällig.

Die westalliierten Planungen bedrohten auch die für die deutsche Rüstungsindustrie existenziellen Erzlieferungen aus Schweden und hätten den Zugang zur Nordsee blockiert. Darauf hatte die deutsche Seekriegsleitung schon im Oktober 1939 hingewiesen und einen Präventivschlag nach Norwegen gefordert. Ab Januar 1940 ließ Hitler deshalb parallel zum Krieg gegen Frankreich die Invasion Dänemarks und Norwegens *(Unternehmen Weserübung)* vorbereiten. Der Plan sah ein kombiniertes Vorgehen von See-, Luft- und Landstreitkräften vor und setzte angesichts der maritimen Unterlegenheit ganz auf das Überraschungsmoment. Dänemark fiel schon am 9. April 1940. In Norwegen dauerten die Kämpfe hingegen zwei Monate, dies auch dank der alliierten Truppenlandungen *(Operation Wilfried)* bei Narvik, Namsos und Åndalsnes. Bis Mitte April hatten deutsche Truppen durch amphibische Aktionen, Luftlandungen und Fallschirmjäger alle großen Städte, Häfen und militärischen Stützpunkte besetzt. Vor Narvik und im Oslofjord hatte die Kriegsmarine hohe Verluste zu verzeichnen, dank deutscher Luftüberlegenheit gelang es aber, ins Landesinnere vorzustoßen. Ohne adäquate Ausbildung, Ausrüstung und vor allem ohne Schutz aus der Luft mussten sich die alliierten Verbände Anfang Mai aus Namsos und Åndalsnes zurückziehen bzw. kapitulieren. Einzig in Narvik blieb die isolierte deutsche Kampfgruppe von Generalmajor Eduard Dietl hart bedrängt. Erst der Anfang Juni durch die Ereignisse in Frankreich bedingte Abzug der alliierten Truppen änderte die Lage. Alleine auf sich gestellt kapitulierten die unterlegenen norwegischen Streitkräfte am 10. Juni.

Die Gesamtbewertung von *Weserübung* fällt ambivalent aus. Operativ hatten sich erstmals die Überlegenheit von Luft- über Seeherrschaft und britische Defizite (z. B. an trägergestützten Flugzeugen) gezeigt. Die Luftwaffe hatte nicht nur die deutsche Bodenoperation entscheidend unterstützt, sondern auch größere alliierte Truppenbewegungen sowie deren Versorgung und Kampfunterstützung durch die *Royal Navy* verhindert. Die Erzzufuhr war damit gesichert, ebenso die breitere Operationsbasis. Groteskerweise fehlten nun aber die Mittel zur Umsetzung. Die Kriegsmarine, die fast 50 % der Überwasserflotte und damit ihre Handlungsfähigkeit verloren hatte, konnte nur mit Schwierigkeiten zur atlantischen Kriegsführung übergehen und für die Invasion Großbritanniens überhaupt keinen wesentlichen Beitrag mehr leisten. Zudem band die Besetzung Dänemarks und Norwegens bis zu 350.000 Mann, Kräfte die andernorts fehlten. Letztlich blieb die triphibische Aktion (im Gegensatz zur alliierten Seite) eine deutsche Episode. Politisch bedeutend war sie insbesondere deshalb, weil Chamberlain wegen des militärischen Fiaskos am 10. Mai zurücktreten musste und an seine Stelle Churchill trat.

DER KRIEG GEGEN FRANKREICH

In welch delikater strategischer Ausgangslage sich das Reich mit der Zweifrontenlage befand, zeigt der Blick auf das militärische Kräfteverhältnis im Westen. Dort stand seit Kriegsbeginn nur die Heeresgruppe C (Ritter von Leeb) mit zuletzt 43 Infanteriedivisionen. Das Gros davon war ausbildungs- und ausstattungsmäßig keineswegs erstklassig, alleine 650.000 Mann waren als Befestigungs- und Bautruppen für den nur lückenhaft fertiggestellten Westwall eingesetzt. Demgegenüber verfügte Frankreich über 94 Divisionen mit fünf Millionen Mann, mehrheitlich aktive Divisionen. Die französischen Panzer sowie Panzerabwehr- und Artilleriegeschütze waren den deutschen Typen hinsichtlich Anzahl, Kaliber und Panzerung deutlich überlegen. Großbritannien entsandte bis Frühjahr 1940 das britische Expeditionskorps (BEF) unter General Lord Gort, das 14 Infanterie- und eine Panzerdivision mit einer halben Million Mann umfasste. Nur die deutsche Luftwaffe war im Herbst 1939 mit 4.093 Frontflugzeugen der französischen und britischen mit zusammen 3.195 Maschinen zahlenmäßig noch überlegen. Ihr fehlten aber die Mittel für eine strategische Luftkriegsführung. Zudem war es nur eine Frage der Zeit, bis die hektisch betriebene und durch die USA unterstützte Aufrüstung der Westmächte das Verhältnis umkehren sollte. Die deutsche Kriegsmarine war dem britisch-französischen Gegner in allen Schiffstypen deutlich unterlegen.

Trotz klarer militärischer Überlegenheit reagierten die Westmächte zögerlich und zunächst rein diplomatisch mit einem Ultimatum. Auch nachdem dieses verstrichen war, geschah nicht viel. Anstelle der vom OKH befürchteten Großoffensive rang sich der Oberbefehlshaber der alliierten Landstreitkräfte, General Maurice-Gustave Gamelin, lediglich zu einer zaghaften, eher symbolischen Aktion bei Saarbrücken durch – neben dem wirkungslosen britischen Luftangriff auf den Flottenstützpunkt Wilhelmshaven am 4. September die einzige nennenswerte Aktion. Der am 7. September begonnene Vorstoß wurde bereits am 12. September eingestellt, Mitte Oktober standen die französischen Truppen wieder in den Ausgangsstellungen hinter der Maginot-Linie. Damit behielt Hitler Recht, der von Anfang an auf eine abwartende Haltung der Westmächte spekuliert hatte. Der folgende »Sitzkrieg« *(drôle de guerre)* sollte bis zur deutschen Offensive im Mai 1940 andauern.

Hitler drängte nach dem Ende des Polenfeldzuges darauf, noch im Herbst 1939 loszuschlagen. Das OKH wehrte sich angesichts des französischen Militärpotenzials und der eigenen Ausbildungsdefizite allerdings gegen verfrühte Operationen im Westen. Letztlich wurde der von Hitler auf den 12. November 1939 angesetzte Angriffstermin – auch wetterbedingt – 29 Mal verschoben. Die Differenzen zwischen Hitler und seinen Militärs führten erstmals zu erheblichen Spannungen in der Wehrmachtsführung. Die halbjährige Pause ermöglichte andererseits auch eine sorgfältigere Vorbereitung des Feldzuges, sah doch der ursprüngliche Plan des OKH nicht mehr als eine Variante des Schlieffenplans von 1914 vor. Im Januar 1940 brachte der Generalstabschef der Heeresgruppe A, Generalleutnant Erich von Manstein, eine neue, scheinbar verrückte Idee in die Diskussion ein: Der Hauptstoß sollte nicht über die Niederlande und Belgien, sondern durch die Ardennen hindurch an die Kanalküste erfolgen. Damit könnte die französisch-britische Nordgruppe in Nordfrankreich und Flandern abgeschnitten und zerschlagen werden. Der später von Churchill als »Sichelschnitt« bezeichnete Plan war unkonventionell und höchst riskant, setzte er doch unter Entblößung der Flanken alles auf eine Karte. Zudem funktionierte er nur, wenn die Panzer und mobilen Mittel konzentriert und losgelöst von der Infanterie vorstießen. Innerhalb der Generalität wurde der Plan skeptisch beurteilt, Manstein kurzerhand mundtot gemacht. Hitler indes war begeistert. Schließlich griff das OKH Mansteins Idee teilweise auf und entwickelte daraus bis Ende Februar 1940 einen Zwei-Phasen-Feldzug *(Fall Gelb* und *Rot)*. Die neue deutsche Aufmarschanweisung hatte bei aller Risikobehaftung den Vorteil, dass sie die Alliierten völlig überraschte. In Erwartung der deutschen Hauptoffensive durch die Beneluxstaaten sah Gamelin die Einleitung des sogenannten »Dyle-Plans« vor, eines raschen präventiven Vorstoßes nach Belgien und Südholland bis an die Flüsse Dyle und Maas. Dafür war die französische Heeresgruppe 1 (Billotte) mit sieben französischen Armeen und dem BEF vorgesehen. In der Annahme, dass das Waldgebirge der Ardennen für massierte Panzerverbände und motorisierte Verbände undurchdringbar sei, wurden die dortigen französischen Verteidigungsstellungen indes nur mit zweitklassigen Truppen besetzt.

Am 10. Mai 1940 eröffnete die Wehrmacht mit dem *Fall Gelb* den »Westfeldzug«. Der deutsche Nachrichtendienst kannte die operative Absicht und die Truppenaufstellung der Westmächte. Dennoch blieb der siegreiche Operationsausgang unsicher. Der Kräftevergleich verdeutlicht eine quantitative und zu weiten Teilen auch qualitative Unterlegenheit der Wehrmacht. Den 135 deutschen Divisionen mit knapp drei Millionen Mann standen 117 französische (inklusive einer polnischen), 15 britische, 22 belgische und 10 niederländische Divisionen mit etwa vier Millionen Mann gegenüber. An Artilleriegeschützen waren die Alliierten fast doppelt, an Panzern deutlich überlegen. Dasselbe galt für die Kampfflugzeuge. In Erwartung eines langen Krieges behielten die Westmächte aber eine große Reserve zurück, während die deutsche Luftwaffe rücksichtslos alle Maschinen einsetzte und so den Himmel über dem Schlachtfeld beherrschte. Der deutsche Angriff begann denn auch mit einem überraschenden Luftschlag gegen die alliierten Flugplätze – rund 350 Flugzeuge wurden noch am Boden zerstört. Parallel erfolgten spektakuläre, aber verlustreiche Luftlandungen auf wichtige Objekte im Rücken der belgisch-niederländischen Verteidigungslinien (z. B. Albert-Kanal, Fort Eben-Emael). Auch die Bodenoffensive kam zügig voran. Im Süden band die vor der Maginot-Linie stehende Heeresgruppe C (Leeb) durch Täuschungsmaßnahmen französische Kräfte. Im Norden nahm die Heeresgruppe B (Bock) bis zum 15. Mai die »Festung Holland« ein, am 16. Mai brach die belgische Verteidigung zusammen. Während die Westmächte den Dyle-Plan auslösten, drang die Heeresgruppe A (Rundstedt) durch die Ardennen nach Nordfrankreich vor. Obwohl sich die deutschen Angriffskolonnen zeitweise auf 250 km stauten und über 41.000 Fahrzeuge Stoßstange an Stoßstange standen, verpassten es die Alliierten, das Gros der deutschen Panzerwaffe auf einen Schlag zu vernichten. Bereits am 13./14. Mai überschritten deutsche Panzerspitzen – kräftig unterstützt durch Sturzkampfbomber – bei Dinant und Sedan die Maas, einen Tag später gelang die operative Ausweitung nach Westen und Süden. Die völlig überraschende Operation führte zum Zusammenbruch der gesamten mittleren französischen Verteidigungsfront und öffnete das französische Hinterland für weiträumige Vorstöße. Lokale Kommandeure wie Heinz Guderian oder Erwin Rommel preschten auf eigene Initiative und ohne Rücksicht auf offene Flanken weiter vor, alliierte Gegenangriffe erfolgten zu spät oder waren zu schwach. In einer Art Massenpsychose sahen die französischen Soldaten überall deutsche Panzer und flohen in Panik. Der massive Einsatz von Sturzkampfbombern untergrub die alliierte Kampfmoral zusätzlich. Derweil stießen die deutschen Panzerverbände im Rücken der alliierten Front immer weiter vor und erreichten am 20. Mai die Kanalküste. Damit waren 1,7 Millionen alliierte Soldaten abgetrennt und der »Sichelschnitt« gelungen.

An die Stelle des unglücklich agierenden Gamelin war am 19. Mai General Maxime Weygand getreten, der – noch ganz in den Kategorien des Ersten Weltkriegs denkend – den Ernst der Lage verkannte. Mehrere Tage verstrichen bis zur Einleitung einer alliierten Gegenoffensive (Weygand-Plan), die am 27. Mai bereits wieder eingestellt wurde. Während dessen hatten die deutschen Panzer nach Norden eingedreht und sich Dünkirchen genähert. Dorthin hatten sich das BEF und Teile der französischen Armee zurückgezogen. Was sich nun abspielte, muss als militärische Panne der Wehrmacht bezeichnet werden. Anstatt den schwachen Kessel bei Dünkirchen sofort anzugreifen, stoppte Generaloberst Gerd von Rundstedt – entgegen der Absicht des OKH – seine Panzerverbände am 24. Mai aus Angst vor überdehnten Flanken und ließ die Infanterieverbände aufschließen. Hitler bestätigte die Maßnahme in seinem »Haltebefehl«. So begann der Angriff erst am 27. Mai, als die Alliierten sich zur Verteidigung eingerichtet und bereits mit der Evakuierung begonnen hatten (Operation Dynamo). Erst am 4. Juni nahmen deutsche Verbände nach erbitterten Kämpfen den Hafen von Dünkirchen ein. Etwa 216.000 britische und 123.000 französische Soldaten waren bis dahin nach Großbritannien evakuiert worden, wenn auch ohne schwere Waffen und Fahrzeuge.[3]

Am 5. Juni begann mit der zweiten Phase des Feldzugs (Fall Rot) die eigentliche Schlacht um Frankreich. Es war nicht mehr als ein Epilog, besaß die französische Armee doch nur noch 66 Divisionen und fast keine Panzerverbände mehr. An der Somme und Aisne durchbrach die Heeresgruppe B nach anfänglich zähem französischen Widerstand die improvisiert aufgestellte Weygand-Linie und stieß nach Südwesten vor. Etwas versetzt führte die Heeresgruppe A eine südöstliche Umfassungsoperation in den Rücken der Maginot-Linie, die Mitte Juni zudem bei Saarbrücken und Colmar durch die Heeresgruppe C durchbrochen wurde. Wenige Tage danach waren im »Kessel von Lothringen« drei französische Armeen mit rund 500.000 Mann eingeschlossen. Bereits am 14. Juni war Paris von deutschen Truppen besetzt worden. Churchills Vorschlag, eine französisch-britische Union zu bilden und den Krieg aus den Kolonien weiterzuführen, wurde vom französischen Kabinett abgelehnt. Der neue französische Premierminister Marschall Philipp Pétain bat angesichts der aussichtslosen Lage am 17. Juni um Waffenstillstand. Eine am 21. Juni begonnene italienische Offensive an der französisch-italienischen Grenze blieb kurz nach Beginn stecken und war strategisch bedeutungslos.

---

3 Evakuationen aus mehreren französischen Städten retteten weitere 192.000 britische, französische, belgische, polnische und tschechische Soldaten sowie 50.000 Zivilisten (Operation Aerial und Cycle).

Der »Westfeldzug« war ein operativer Erfolg der Wehrmacht. Trotz zeitweiser kritischer Lageentwicklung obsiegten Überraschung, Schnelligkeit und der massierte Panzereinsatz über die veraltete alliierte Militärdoktrin. Deutlich wird dies etwa darin, dass die französische Armee drei Panzerdivisionen in Reserve zurückhielt und bis zuletzt nicht geschlossen einsetzte. Am Ende waren etwa zwei Drittel Frankreichs besetzt, Elsass-Lothringen, Luxemburg und belgische Gebiete annektiert. Wichtig war auch die Beute an französischen Waffen, Kriegsmaterial und die 790.000 t Treibstoff, ohne die die Wehrmacht in Kürze auf dem Trockenen gesessen hätte. Italien erhielt in Südfrankreich einen schmalen Grenzstreifen. Im Süden Frankreichs verblieb eine unbesetzte Zone mit eigener Verwaltung und Regierungssitz in Vichy. Dieses quasi autoritäre Regime unter Pétain arrangierte sich mit den deutschen Besatzern, was es in den Gegensatz zum ehemaligen Verbündeten Großbritannien brachte. Es behielt seine Kolonien und seine nicht unerhebliche, wenn auch demobilisierte Flotte, durfte ansonsten aber nur ein schlecht bewaffnetes Freiwilligenheer von 100.000 Mann unterhalten, die Kolonialarmeen in Afrika, Syrien und Indochina schieden aus dem Krieg aus. Während Vichy-Frankreich kooperierte, rief Brigadegeneral de Gaulle am 18. Juni zur Fortsetzung des Kampfes auf (*Résistance*) und bildete das »Nationalkomitee der Freien Franzosen«. Seine Aufrufe verhallten zunächst wirkungslos. Je länger der Krieg jedoch dauerte, desto mehr formierte sich auch der französische Widerstand. Dasselbe gilt für die *Forces françaises libres* (FFL), die trotz Beteiligungen an alliierten Operationen bis zur alliierten Landung in Nordafrika 1942 eine vernachlässigbare Größe blieben. Belgien und die Niederlande beteiligten sich vor allem mit den Ressourcen ihrer Kolonien weiterhin am Krieg gegen die Achse.

Der Friedensschluss vom 21. Juni 1940, unterzeichnet im selben Eisenbahnwaggon im Wald von Compiègne wie 1918, verdeutlichte Hitlers persönliche Mission, den Ersten Weltkrieg nochmals durchzukämpfen und die deutsche »militärische Ehre« wiederherzustellen. Unerwartet rasch und umfassend war dies gelungen. Strategisch hatte sich die Lage dadurch dramatisch verändert: Weite Teile Europas waren unter deutsche Hegemonie gebracht und wichtige ökonomische Ressourcen gewonnen. Italien war auf deutscher Seite am 10. Juni in den Krieg eingetreten, hatte zunächst aber noch wegen mangelnder Kriegsbereitschaft auf militärische Aktivitäten verzichtet. Gleichwohl beendete dies die zwischenzeitlich aufgetretenen deutsch-italienischen Spannungen. Auch die UdSSR behielt ihre prodeutsche Haltung bei. Dass Franco im Juni den Kriegseintritt Spaniens auf Seite der Achse verweigerte, sollte sich ebenfalls erst langfristig auswirken, da die britische Position im Mittelmeer ohne Gibraltar um einiges schwieriger zu halten gewesen wäre. Großbritannien selbst hatte mit Frankreich seinen wichtigsten europäischen Bündnispartner verloren und stand isoliert mit dem Rücken zur Wand. Es sah sich nun nicht allein an der Peripherie, sondern auch im Mittelmeer durch Italien und vor allem durch deutsche Luftangriffe, Blockaden und die drohende Invasion ganz direkt bedroht. In dieser Situation gab es für die britische Regierung unter Churchill nur die Wahl aus zwei schwerwiegenden Optionen: eine Verständigung mit dem Dritten Reich zu suchen oder den Krieg alleine fortzusetzen.

3.3. »Zeit der Weichenstellungen« 1940/1941

Im Sommer 1940 stand Hitler im Zenit seiner Macht. Der Sieg über Frankreich machte den Krieg erstmals populär in der deutschen Bevölkerung, wenngleich die meisten doch hofften, dass er nun zu einem Ende gelangte. Hitler konnte sich einer unbegrenzten Zustimmung sicher sein, war zum Führerkult doch auch noch der des militärischen Genies (»größter Feldherr aller Zeiten«) hinzugekommen. Damit war auch das Militär als letztes Bollwerk der konservativen Elite ausgehebelt worden. Ab diesem Zeitpunkt unterwarf sich die Wehrmachtsführung nicht nur ideologisch, sondern auch in ihrem fachlichen Betätigungsfeld – dem militärischen Handwerk – Hitlers Urteil. Der

Sieg über Frankreich versetzte diesen in eine Hybris, in der er alles zu erreichen glaubte. Zeitweilig traten bizarre Projekte wie die Ausdehnung der Eroberungen auf Afrika mit der Bildung eines SS-Kolonialregimes oder der Madagaskar-Plan, d. h. die Einrichtung der französischen Kolonialinsel als gigantisches Ghetto für die europäischen Juden, zutage. Zugleich gerieten auch neutrale Staaten in das Blickfeld Hitlers und der Heeresführung. Der Generalstab des Heeres erarbeitete Ende Juni 1940 Pläne zur Eroberung der Schweiz und Liechtensteins *(Unternehmen Tannenbaum)*. Bedroht war auch Schweden, selbst Portugal, Spanien und die Türkei gerieten vorübergehend in den deutschen Fokus.

Krieg gegen Grossbritannien

Die Niederlage Frankreichs stärkte Hitlers Zuversicht, mit Großbritannien einen baldigen Ausgleich zu erlangen. Danach wollte er gegen die UdSSR vorgehen und seine Fantastereien eines »deutschen Indiens« verwirklichen. Für Hitler völlig unerwartet wies die britische Regierung seinen »Friedensappell« vom 19. Juli zurück und lehnte jegliches Einlenken kategorisch ab. Churchill erhob den Krieg zum britischen Schicksalskampf gegen Tyrannei und Despotismus, zum Kampf des Guten gegen das Böse, und wollte in der Hoffnung auf einen baldigen Kriegseintritt der USA ausharren. Allerdings standen die Durchhaltepolitik *(victory at all costs)* und Churchills persönliche politische Situation noch auf einer schwachen Basis. Die gesamte Atlantikküste von Norwegen bis zur spanischen Grenze (inklusive der britischen Kanalinseln) befand sich unter deutscher Kontrolle. Von den neuen Luftwaffenstützpunkten aus konnten deutsche Flugzeuge die im Süden konzentrierten Luftabwehrstellungen umfliegen und Mittel- sowie Nordwestengland erreichen. Darüber hinaus bedrohten deutsche Flugzeuge und U-Boote auch die lebenswichtigen Verbindungs- und Nachschubwege durch den Atlantik. Einflussreiche britische Politiker wie Lord Halifax oder David Lloyd George sahen deshalb im deutschen Verhandlungsangebot eine passable Alternative. Wie angespannt Churchills Lage war, zeigt sich etwa in seinem kompromisslosen Handeln. Anfang Juli 1940 befahl er die *Operation Catapult*, in der britische Marine- und Seeverbände die französische Kriegsflotte in Mers-el-Kébir vernichteten, um die Übergabe an die Wehrmacht zu verhindern. Die Verzweiflungstat forderte fast 1.300 französische Tote und führte zum definitiven Bruch mit dem ehemaligen Verbündeten. Bereits am 11. Mai hatte Churchills Kabinett zudem beschlossen, den strategischen Bombenkrieg gegen das Deutsche Reich zu eröffnen (vgl. 3.9).

Churchill ließ die Verteidigungsbereitschaft zur Abwehr der deutschen Invasion ausbauen, setzte militärisch aber ganz auf die See- und vor allem Luftkriegsführung: Über die dritte Dimension konnte der Krieg ins Deutsche Reich getragen werden. Diese Strategie ergänzte er mit subversiver Kriegsführung und der Ausweitung nachrichtendienstlicher Aktivitäten. Im Juli 1940 wurde der Sondereinsatzverband *Special Operations Executive* aufgestellt, der Propaganda- und Sabotageaktionen und Anschläge durchführte sowie den lokalen Widerstand in den besetzten Gebieten unterstützte. In Bletchley Park gelang Wissenschaftlern der *Government Code and Cypher School* im Januar 1940 zudem, den deutschen Funkschlüssel (ULTRA) zu decodieren. Damit kannte die britische Führung im Sommer 1940 den Beginn der deutschen Luftoffensive, die Stärke der eingesetzten Geschwader und deren Ziele. Die Fortschritte in der Kryptoanalyse ermöglichten es außerdem, deutsche Spione in Großbritannien zu enttarnen und ein Netz an Doppelagenten aufzubauen, über die gezielt Desinformation betrieben werden konnte *(Double-Cross-System)*.

Ergänzend sollten die militärischen Maßnahmen außenpolitisch durch neue kontinentale Verbündete abgestützt werden. Churchills Bemühungen, trotz ideologischer Differenzen die UdSSR für eine Allianz zu gewinnen, scheiterten aber. So konzentrierten sich die britischen Hoffnungen im Sommer 1940 auf die USA. Die angloamerikanische Kooperation gewann zwar stetig an Intensität, beschränkte sich aber noch auf Lieferungen von Waren und Güter nach dem *Cash-and-Carry*-Prinzip. Erst Churchills unverblümte Schilderung der drohenden britischen Zahlungsunfähigkeit ermöglichte ab November 1940 Gespräche, die zum Leih- und Pachtgesetz vom März 1941 führten.

Für den weiteren Kriegsverlauf sollte sich die angloamerikanische Weichenstellung als entscheidend herausstellen. Die deutsche Strategie im Krieg gegen Großbritannien war allerdings schon vorher gescheitert, da sie auf isolierten, zeitlich begrenzten Feldzügen basierte und durch Churchills Weigerung, den Krieg zu beenden, ausgehebelt wurde. Hinzu kam, dass die deutschen Invasionspläne überstürzt und ohne großes Engagement erfolgten. In der »Weisung Nr. 16« *(Unternehmen Seelöwe)* vom 16. Juli 1940 befahl Hitler die Vorbereitung der Landungsoperation, wollte sie aber nur »wenn nötig« durchführen. Immer noch hoffte er, Großbritannien durch eine letzte Machtdemonstration zum Nachgeben zu bewegen. Voraussetzung für die Landung war die deutsche Luftherrschaft, weshalb die Luftwaffe zunächst die Kampfkraft der RAF zerschlagen sollte. Der Zeitplan für die militärischen Vorbereitungen war unrealistisch knapp bemessen. Insbesondere die Seekriegsleitung (Raeder) beurteilte die Durchführbarkeit der Aktion als »höchst zweifelhaft« und sah darin lediglich ein letztes Mittel. Tatsächlich hätte das triphibische Unternehmen die Kräfte der Wehrmacht bei weitem überstiegen. Hitler war sich dessen bewusst. Er stellte die Operation bereits Mitte August 1940 ein, hielt die drohende Landung aber als Täuschungsmanöver und psychologisches Druckmittel aufrecht. Mit den fortwährenden Verschiebungen im Herbst 1940 war das Unternehmen dann endgültig gestorben.

Zuvor hatte Hitler am 1. August 1940 jedoch den verschärften Luft- und Seekrieg gegen Großbritannien angeordnet. Im Atlantik und rund um die britischen Inseln zeigte sich dies in der Verstärkung des Zufuhrkrieges und der Seeblockade (vgl. 3.8). Am 13. August begann dann der Kampf um die Luftherrschaft über dem Kanal und Südengland *(Adlertag)*. Obwohl der Luftwaffe für eine solche Aktion von strategischer Bedeutung die notwendigen Mittel und Erfahrungen fehlten, war ihr

Oberbefehlshaber, Reichsmarschall Hermann Göring, optimistisch. Die bis dahin größte Luftoffensive des Krieges richtete sich vorerst gegen die Verbände des *RAF Fighter Command*, ihre Basen und die Flugzeugindustrie in Südengland. Innerhalb weniger Wochen sollte das südenglische Verteidigungsnetz zerschlagen und Großbritannien möglichst zur Kapitulation gezwungen werden. Schon ab Beginn zeigte sich aber, dass die deutsche Führung die Leistungsfähigkeit der britischen Luftverteidigung und der Rüstungsindustrie völlig unterschätzt hatte. Die deutsche Luftherrschaft konnte nicht annähernd erreicht werden. Das sehr effektive britische Frühwarnsystem mit 52 Radarstationen *(Chain Home)* entlang der britischen Küste erfasste alle Flugbewegungen bis nach Belgien und Nordfrankreich. Dank zentraler Informationsverarbeitung konnten die frühzeitig aufgestiegenen und über Funk dirigierten Abfangjägereinheiten deshalb an der entscheidenden Stelle zusammengefasst werden – etwas wozu sich die Luftwaffe erst ab 1943 in der Lage sah. Kryptoanalyse und elektronische Störmaßnahmen verstärkten die Luftverteidigung. So erlitten die deutschen Bombergeschwader, die mangels Langstreckenjäger über weite Strecken ohne Jagdschutz fliegen mussten, stetig hohe Verluste.

Anfang September verlagerten sich die deutschen Angriffsziele auf London und andere britische Städte. Dies geschah zu einem Zeitpunkt, als die RAF angesichts der andauernden Verluste in eine akute Krise geraten war und die deutsche Luftüberlegenheit über Südengland zum Greifen nah lag. Dadurch wurde die britische Luftverteidigung im Süden entlastet, das *Fighter Command* erhielt die dringend benötigte Erholungspause. Wegen der längeren Anflugwege mussten sich die deutschen Begleitjäger zudem früher vom Gegner lösen, wodurch die deutschen Bomber noch stärker britischen Angriffen ausgesetzt waren. Ab diesem Zeitpunkt lagen die deutschen Verluste regelmäßig höher als die britischen und konnten bald nicht mehr adäquat ersetzt werden. Allein am Tag der »Battle of Britain« (15.9.1940) verlor die Luftwaffe 56 Flugzeuge mit Besatzung bei 26 britischen Ausfällen. Ein für den weiteren Verlauf des Luftkriegs einschneidender Vorfall hatte sich zudem am

24. August ereignet, als versehentlich Bomben auf Londons Außenbezirke fielen. Churchill nahm dies zum Anlass, den Luftkrieg weiter eskalieren zu lassen. In seinem Kalkül ging es darum, Hitler zu weiteren Luftangriffen zu provozieren, um unter einer Welle der Entrüstung die USA zum Kriegseintritt zu bewegen. Da die seit Mai geflogenen britischen Bombenangriffe auf militärisch-ökonomische Ziele im Reich kaum Wirkung erzielt hatten, rückte dabei auch die feindliche Zivilbevölkerung in den militärischen Fokus. In der Tat setzte der britische »Vergeltungsangriff« vom 25./26. August die beabsichtigte Gewaltspirale in Gang. Nach mehreren britischen Nachtangriffen auf Berlin befahl Hitler am 4. September gereizt erweiterte Luftangriffe auf britische Städte. Dem deutschen Gegenschlag auf London am 7. September fielen fast 500 Menschen zum Opfer, eine für damalige Begriffe verheerend hohe Zahl. Es folgte eine Serie von Luftangriffen über mehrere Wochen. Der deutsche Strategiewechsel war aber nur zu geringen Teilen auf die britischen Bombenangriffe zurückzuführen. In erster Linie gründete er auf der falschen nachrichtendienstlichen Einschätzung der britischen Lage. Die deutsche Abwehr glaubte nämlich aufgrund frisierter Lageberichte von Doppelagenten, dass Großbritanniens Widerstandskraft stark geschwächt sei und das Land in Kürze kapitulieren würde.

Nachdem die Großangriffe zwischenzeitlich wegen schlechtem Wetter eingestellt werden mussten und zudem verlustreich blieben, wechselte die Luftwaffe Ende Oktober auf Nachtangriffe. Diese konnten von der RAF nicht abgefangen werden, ließen allerdings auch keine Präzisionsbombardements zu. In der Nacht auf den 15. November 1940 flog die Luftwaffe mit dem Angriff auf das mittelenglische Rüstungszentrum Coventry erstmals ein geplantes Flächenbombardement. Der Angriff gehörte mit 554 getöteten Zivilisten zu den schwersten des bisherigen Krieges, was auf die enge Verflechtung von Wohn- und Industriegebiet zurückzuführen war. Coventry wurde für beide Seiten zum Anschauungsobjekt und Prototypen des künftigen Bombenkriegs. Militärisch ein Erfolg, wenngleich ohne strategische Auswirkungen, war der Luftangriff politisch eine

Niederlage, gelang es der britischen Propaganda doch, ihn erfolgreich als empörenden Terrorangriff darzustellen – die zerstörte Kathedrale versinnbildlichte dies geradezu. So wurde Coventry in Großbritannien zum Synonym des deutschen »*Blitz*« und beeinflusste damit auch die öffentliche Stimmung in den USA.

Die Luftwaffe flog auch in der Folge Nachtangriffe auf britische Industriestädte und Hafenanlagen. Das Ziel, Großbritannien dadurch in die Knie zwingen zu können, verfehlte sie indes. Im Mai 1941 wurde die »Luftschlacht um England« abgebrochen. Hitler benötigte die Luftwaffe auf dem Balkan und für den Krieg gegen die UdSSR, der mittlerweile ins Zentrum seiner Interessen gerückt war. Damit entspannte sich die Lage auf den britischen Inseln deutlich. Die deutsche Bilanz glich einem Debakel. Weder die militärischen noch die politischen Ziele waren erreicht worden. Die Luftwaffe hatte weder die Luftherrschaft errungen noch die RAF oder die kriegswirtschaftliche Produktion nachhaltig geschädigt. Mit über 2.200 verlorenen Maschinen war die deutsche Luftwaffe – besonders hinsichtlich des Pilotenersatzes – nachhaltig betroffen. Die britische Moral war trotz mehr als 41.000 getöteter und 52.000 verletzter Zivilisten nicht eingebrochen. Ganz im Gegenteil. Die erste deutsche Niederlage des Krieges zeigte, dass die nationalsozialistische Kriegsmaschinerie aufgehalten werden konnte. Sie erwies sich politisch als entscheidende Weichenstellung, belebte sie doch den britischen Durchhaltewillen neu, konsolidierte Churchills innenpolitische Stellung und erhöhte die amerikanische Unterstützungsbereitschaft.

ANTIBRITISCHER KONTINENTALBLOCK, DREIMÄCHTEPAKT UND DIE ENTSTEHUNG DER »ANTI-HITLER-KOALITION« – POLITIK UND STRATEGIE 1940/41

Angesichts des britischen Widerstands hatte Hitler bereits im Sommer 1940 Optionen einer Peripheriekriegsführung gegen Großbritannien ins Auge gefasst. Als erste Option trat für Hitler im Juni 1940 der Krieg gegen die UdSSR in den Vordergrund. Ein Sieg hätte nicht nur die wirtschaftliche Ausgangslage des Reiches verbessert und seine kontinentale Position abgesichert, sondern auch Großbritannien seines »Festlanddegens« beraubt und es so zur Kapitulation gezwungen. Die Risiken des Zweifrontenkrieges schienen Hitler akzeptabel, zumal eine sowjetische Niederlage überdies Japans Machtposition in Asien gestärkt und die USA davon abgehalten hätte, in Europa aktiv zu werden. Die zweite Option lag im Mittelmeerraum, wo britische Positionen, indirekt auch Großbritanniens Öllieferungen und seine Stellung im Nahen Osten bedroht werden konnten. Die dritte Option sah den Aufbau einer antibritischen Kontinentalkoalition vor, die Gibraltar oder den Suezkanal bedrohen sollte. Franco und Pétain lehnten den Kriegseintritt auf deutscher Seite jedoch ab und entschieden sich zu einer abwartenden Politik. Ohne Spanien und Vichy-Frankreich war der Aufbau eines antibritischen Kontinentalblocks bereits gescheitert. Zwischenzeitlich gab es auch Überlegungen, die UdSSR darin einzubeziehen. Diese vom deutschen Außenminister Joachim von Ribbentrop favorisierte Option hätte für Hitler aber wohl sowieso bloß eine Zwischenlösung dargestellt.

Hitlers einziger diplomatischer Erfolg nach dem militärischen Triumph über Frankreich sollte somit der seit 1939 angedachte und am 27. September 1940 schließlich zum Abschluss gebrachte Dreimächtepakt mit Italien und Japan bleiben. Dieser garantierte die »Neuordnungen« in Europa sowie Asien und enthielt militärische Beistandsverpflichtungen. Das Bündnis richtete sich gegen die USA und sollte deren Kriegseintritt verhindern bzw. mit einem »Zwei-Ozeane-Krieg« drohen. Inhaltlich blieb der Dreimächtepakt vage und letztlich ohne strategische Auswirkungen. Zwar näherten sich Japan und das Deutsche Reich an, im März/April 1941 gab es sogar Gespräche über eine gemeinsame Kriegsführung gegen die USA, aber keine aufeinander abgestimmte Bündnispolitik. Beispielhaft zeigt sich das daran, dass Hitler die Regierung Konoe nicht über die Planungen zum *Unternehmen Barbarossa* orientierte, während er vom Abschluss des japanisch-sowjetischen Nichtangriffspaktes am 13. April 1941 selbst völlig überrascht wurde. Bis März 1941 traten dem Dreimächtepakt auch Ungarn, Rumänien, die Slowakei, Bulgarien und Jugoslawien (bzw. nach dessen Zerschlagung Kroatien) bei. Dadurch konnten die Balkanländer näher an die Achsenmächte gebunden und die für den Krieg gegen die UdSSR notwendige politische Stabilität der Region hergestellt werden. Rumänien war darüber hinaus aufgrund seiner Erdölvorräte für die deutsche Kriegswirtschaft von enormer Bedeutung. Unter dem rumänischen Militärdiktator General Ion Antonescu kam ein enges Militärbündnis mit dem Deutschen Reich zustande, das ab Ende März 1941 Truppenstationierungen der Wehrmacht in Rumänien umfasste.

Demgegenüber konnte Großbritannien nach der französischen Niederlage 1940 bis zum deutschen Angriff auf die UdSSR 1941 lediglich auf die direkte Unterstützung der *Commonwealth*-Staaten und der Exilstreitkräfte der besetzten europäischen Staaten zurückgreifen. Ansonsten stand das Land der Achse alleine gegenüber. Churchills Hoffnungen lagen vor allem auf den USA, die ihre Wehr- und Rüstungsanstrengungen im Verlauf des Jahres 1940 zwar intensivierten, ohne jedoch ihre Neutralität aufzugeben. Erst Roosevelts Wiederwahl im November 1940 ebnete hierfür den Weg. Am 29. Dezember 1940 erklärte er die USA zum »Arsenal der Demokratie«. Dahinter stand die in der panamerikanischen Konferenz von Havanna im Juli 1940 festgelegte Politik. Diese berief sich auf die Monroe-Doktrin, ging aber weit darüber hinaus, indem sie die Verteidigung der westlichen Hemisphäre vor den Achsenmächten zum lebenswichtigen Interesse der USA erklärte. Damit legitimierte Roosevelt die Notwendigkeit, Großbritannien zu unterstützen, und manifestierte zugleich den amerikanischen Weltmachtsanspruch. Neben der Wirtschaftshilfe intensivierte sich in der Folge auch die militärisch-politische Kooperation mit Großbritannien. Noch im November 1940 fanden geheime Stabsgespräche statt. Basierend auf bestehenden Kriegsplänen (*Rainbow 5*) wurde auf einer geheimen Stabskonferenz von Januar bis März 1941 in Washington die zukünftige gemeinsame Strategie formuliert. Diese konzentrierte sich auf Europa und sah im Pazifik nur ein defensives Vorgehen vor – nicht zuletzt, um einen britischen Zusammenbruch zu verhindern. Erste militärische Hilfeleistungen an Großbritannien konkretisierten sich mit den strategischen Positionierungen in Grönland und der Übernahme britischer Stützpunkte auf Island im April bzw. Juli 1941. Bedeutend war vor allem die Ausweitung der seit 1939 bestehenden panamerikanischen 300-Meilen-Sicherheitszone tief in den Atlantik hinein und die daraus folgende Überschneidung mit dem deutsch-britischen Seekrieg (vgl. 3.9). Konflikte waren folglich vorprogrammiert. Nach einem Zwischenfall südwestlich von Island erließ Roosevelt am 9. September 1941 einen Schießbefehl für die Flotte *(shoot-on-sight-order)*, wonach künftig alle Schiffe der Achsenmächte beschossen werden sollten, falls sie sich in Gewässern aufhielten, deren Schutz für die USA wichtig waren. Damit hatten diese de facto zum Kriegszustand gewechselt, was sich auch in der Lockerung der Neutralitätsgesetze vom November 1941 verdeutlichte. Ab diesem Zeitpunkt liefen amerikanische Schiffe die Häfen kriegsführender Staaten direkt an.

Nach dem Beginn des Krieges zwischen Japan und den USA (vgl. 3.5) bekräftigten Roosevelt und Churchill auf der ersten Washingtoner Konferenz *(Arcadia)* vom 22. Dezember 1941 bis 14. Januar 1942 die *Europe-first*-Strategie. Dabei vereinbarten sie die Verstärkung der Seeblockade, des Bombenkrieges und der subversiven Kriegsführung, die Stationierung von US-Truppen auf den britischen Inseln sowie die alliierte Landung in Französisch-Nordafrika *(Operation Torch)*. In Asien sollten die zentralen alliierten Positionen gehalten und ein weiteres Ausgreifen Japans verhindert werden. Auf dem Gipfel wurde auch eine gemeinsame westalliierte Führungsstruktur für die Zusammenarbeit festgelegt *(Combined Chiefs of Staff Committee)*. Ein weiterer strategischer Schritt stellte die Konferenz von Rio de Janeiro im Januar 1942 dar. Bis auf Chile und Argentinien ließen sich alle noch nicht am Krieg beteiligten lateinamerikanischen Staaten zum Kriegseintritt auf alliierter Seite bewegen. Den Konferenzen war unter dem Eindruck des begonnenen deutsch-sowjetischen Krieges (vgl. 3.4) bei Neufundland (Placentia Bay) bereits im August 1941 ein wegweisendes Treffen zwischen Roosevelt und Churchill vorangegangen, um die künftige Strategie zu bestimmen. Den in der Atlantikcharta formulierten Zielen schlossen sich auf der Washingtoner Konferenz weitere 26 Staaten mit der Unterzeichnung der Deklaration der Vereinten Nationen an. Als entscheidende Entwicklung des Kriegsjahres 1941 ist dabei die Annäherung zwischen den Westalliierten und der UdSSR zu beurteilen. Churchill hatte die neue weltpolitische Lage nach dem deutschen Angriff am 22. Juni 1941 sofort erfasst und entgegen ideologischer Vorbehalte der UdSSR britische Hilfe angeboten. Dies führte am 12. Juli 1941 zum britisch-sowjetischen Abkommen. Dieses beschränkte sich vorerst auf britische Kriegsmateriallieferungen, auch wenn Stalin erstmals am 18. Juli die Eröffnung einer zweiten Front auf dem Kontinent vorschlug – eine Frage, die noch zur schweren Belastungsprobe der alliierten Koalition werden sollte. Auch Roosevelt erklärte den deutsch-sowjetischen Krieg zur sicherheitsrelevanten Frage für die USA. Zwei Tage nach Beginn des deutschen Angriffs wurden eingefrorene sowjetische Guthaben freigegeben. Auf der Dreimächtekonferenz in Moskau vom 29. September bis 1. Oktober 1941 wurde beschlossen, der UdSSR bis Juni 1942 massive Hilfsleistungen zukommen zu lassen. Im Gegenzug sollten die USA und Großbritannien Rohstoffe erhalten. Anfang November weitete Roosevelt das Leih- und Pachtprogramm offiziell auf die UdSSR aus. Anders als zwischen den USA und Großbritannien sollte es jedoch mit der UdSSR bis Kriegsende keine gemeinsame Koalitionskriegsführung geben. Zu stark wog trotz allem der ideologische Gegensatz. Formell fand die Bildung der »Anti-Hitler-Koalition« mit den Bündnisverträgen vom 26. Mai bzw. 11. Juni 1942 ihren Abschluss. Sie war ein reines Zweckbündnis, was sich bei Kriegsende zeigen sollte. Aber sie besaß ein wirtschaftliches, personelles und materielles Potenzial, das demjenigen der Achsenmächte weit überlegen war (vgl. 4).

Nach dem Scheitern des antibritischen Kontinentalblocks im Herbst 1940 bestand Hitlers Mittelmeeroption nur noch darin, Mussolinis angestrebten Aufbau eines italienischen Imperiums zu unterstützen. Dieser hatte sich im Sog der erfolgreichen deutschen Blitzfeldzüge zum überstürzten Kriegseintritt Italiens im Juni 1940 und zum »Parallelkrieg« Italiens im Mittelmeerraum verleiten lassen. In Afrika hatten zuvor Truppen des *Commonwealth*[4] und de Gaulles *FFL* versucht, die Kontrolle über die Gebiete Vichy-Frankreichs zu erlangen. Dies gelang lediglich in Äquatorialafrika und Kamerun, eine versuchte Landung in Dakar schlug Ende September 1940 fehl.

Auch die italienischen Offensiven brachten bloß Anfangserfolge und offenbarten eklatante italienische Schwächen. Zwar konnte der britische Flottenstützpunkt Malta bombardiert und neutralisiert, Britisch-Somaliland im August 1940 nach verlustreichen Kämpfen besetzt sowie die Grenzen zum Sudan und zu Kenia überschritten werden. In Griechenland, Ägypten und Ostafrika folgte jedoch eine Reihe militärischer Desaster. Am folgenreichsten war die am 28. Oktober 1940 begonnene Invasion Griechenlands. Hitler hatte sie noch zu verhindern versucht, da dies Großbritannien die Eröffnung einer zweiten Front ermöglichte. Tatsächlich besetzten britische Truppen am 31. Oktober Kreta und Lemnos und unterstützten den griechischen Kampf mit Luft- und Seestreitkräften. Nach Anfangserfolgen konnte der schlecht geplante und durchgeführte italienische Vormarsch im November 1940 gestoppt und in einer griechischen Gegenoffensive bis nach Südalbanien zurückgeworfen werden. Italienische Versuche, im Januar und März 1941 wieder in die Offensive zu gelangen, scheiterten. Zum Debakel geriet auch die im September 1940 begonnene italienische Offensive nach Ägypten, von der sich Hitler die Unterbrechung des briti-

---

4 Noch heute wird häufig vergessen, dass die britischen Truppen gerade in Afrika, aber auch im Nahen und Mittleren Osten durch namhafte Kontingente aus Australien, Neuseeland, Indien und Südafrika sowie mit indigenen Soldaten verstärkt wurden.

schen Nachschubs erhoffte. Im Dezember 1940 schlug die alliierte Gegenoffensive *(Operation Compass)* unter General Archibald Wavell die italienischen Verbände weit zurück und führte sogar zur Einnahme der Cyrenaika. Libyen wurde bloß deshalb nicht vollständig erobert, weil Anfang März 1941 über 60.000 Soldaten des *Commonwealth* zur Unterstützung Griechenlands abgezogen wurden. Ende Februar 1941 besetzten schließlich *Commonwealth*-Truppen Italienisch-Somaliland und drangen bis Mai nach Eritrea, Britisch-Somaliland und Äthiopien vor, wo Kaiser Haile Selassie wieder inthronisiert wurde. Wenig vorteilhaft zeigte sich die Lage auch im Mittelmeer. Britische Torpedobomber flogen z. B. am 11. November 1940 einen erfolgreichen Nachtangriff auf die italienische Flotte in Taranto, beschädigten drei Schlachtschiffe schwer und zwangen sie, sich zur italienischen Westküste zurückzuziehen. In der Schlacht bei Kap Matapan Ende März 1941 verlor die italienische Marine weitere Einheiten und damit zeitweise ihre Offensivfähigkeit.

Die italienischen Misserfolge führten zu einem erheblichen Prestigeverlust Mussolinis, der Hitler im Dezember 1940 um Hilfe für Nordafrika und Albanien bat. Dies beendete den eigenständigen »Parallelkrieg« Italiens, das fortan zum Juniorpartner des Deutschen Reiches mutierte. Im Januar 1941 verlegte das X. Fliegerkorps nach Sizilien und bedrohte fortan Malta bzw. die britischen Seebewegungen im Mittelmeer. Im Februar trafen erste Verbände des »Deutschen Afrikakorps« unter Generalleutnant Rommel in Tripolis ein. Dieser ging im März entgegen der Weisung in die Offensive, eroberte bis Mitte April 1941 die Cyrenaika zurück und belagerte Tobruk. Britische Gegenoffensiven im Mai und Juni blieben zwar erfolglos, ab Sommer 1941 stellten sich jedoch Nachschubengpässe ein. Zudem wurde das auf Sizilien stationierte Fliegerkorps wegen des beginnenden Ostkrieges abgezogen. Die Streitkräfte des *Commonwealth* wurden hingegen fortlaufend verstärkt und gingen am 18. November 1941 in die Offensive *(Operation Crusader)*. Die relativ verlustreichen Kämpfe brachten bis Januar 1942 die Entsetzung des belagerten Tobruk und den Rückzug der deutsch-italienischen Streitkräfte bis an die Große Syrte. Die Ereignisse in Asien verhinderten allerdings den Ausbau der alliierten Truppenpräsenz, besonders was die australischen, indischen und neuseeländischen Kontingente sowie die amerikanischen Lieferungen betraf.

Auf dem Balkan überstürzten sich derweil die Ereignisse. Noch während des Aufmarsches für den Feldzug gegen Griechenland kam es am 25. März 1941 in Jugoslawien zu einem serbisch-nationalistischen Militärputsch. Eingefädelt hatte ihn der britische Geheimdienst. Mit dem Sturz der deutschfreundlichen Regierung war auch der kurz zuvor zustande gekommene Beitritt Jugoslawiens zum Dreimächtepakt annulliert. Hitler beschloss noch am selben Tag den Krieg auf Jugoslawien auszuweiten. Daran änderten jugoslawische Neutralitätsbekundungen ebenso wenig wie der noch am 5. April 1941 unterzeichnete Nichtangriffs- und Freundschaftsvertrag mit der UdSSR. Am Morgen des 6. April begann der Feldzug mit der Bombardierung Belgrads. Am Boden stieß die deutsche 2. Armee von Generaloberst Maximilian Frhr. von Weichs rasch vor, Ungarn beteiligte sich mit einer Armee, Italien mit drei Armeen an der Offensive. Das weitgehend umzingelte Jugoslawien wurde bis zum 17. April überrannt. Wie die polnischen Streitkräfte 1939 verzettelte die hoffnungslos unterlegene jugoslawische Armee ihre Kräfte, indem sie das Land an allen Seiten verteidigen wollte. Auf deutscher Seite profitierte man auch von meuternden kroatischen Truppenteilen, die sich nicht für ein aus ihrer Sicht serbisch dominiertes Jugoslawien einsetzen wollten.

Gleichzeitig mit dem Vorstoß gegen Jugoslawien war die deutsche 12. Armee (List) von Bulgarien aus gegen die griechische Metaxas-Linie in Ostmazedonien und Thrakien angetreten (Unternehmen Marita), Panzerverbände stießen zeitgleich über Südserbien und Makedonien nach Saloniki vor und schlossen die griechischen Verbände am 9. April ein. Das hohe Tempo des deutschen Vormarschs überrumpelte wie in Jugoslawien auch den Gegner in Griechenland. Der deutsche Vorstoß nach Süden trennte zudem das Anfang März nach Griechen-

land verlegte britische Expeditionskorps von den beiden im
Epirus und in Westmakedonien kämpfenden griechischen Armeen, die bis zum 23. April kapitulierten. Athen fiel am 27. April, bis zum 30. April gelang es der *Royal Navy* zumindest noch,
50.000 Mann des britischen Expeditionskorps vom Peloponnes
nach Kreta zu evakuieren, allerdings ohne schweres Material.
Bis Anfang Mai besetzten deutsche und italienische Truppen
das griechische Festland und alle größeren Inseln außer Kreta.
Von dort aus kontrollierten die alliierten Streitkräfte immer
noch den Zugang zur Ägäis, zum Schwarzen Meer und bedrohten die rumänischen Ölfelder aus der Luft. Hitler befahl deshalb die Einnahme der strategisch wichtigen Insel *(Unternehmen Merkur)*. Am 20. Mai 1941 begann das bis dato größte Luftlandeunternehmen des Zweiten Weltkriegs, das durch Heeresverbände sowie deutsche und italienische Marineeinheiten
unterstützt wurde. Das britische Oberkommando wusste dank
ULTRA über die Aktion Bescheid, konnte aber keine allzu auf-
fälligen Maßnahmen ergreifen, um die Code-Entschlüsselung
nicht zu gefährden. Deshalb blieben die Abwehrmaßnahmen
improvisiert. Die Mehrheit der alliierten Garnison bestand aus
evakuierten Truppenteilen, es fehlte an Ausrüstung, Artillerie
und Luftunterstützung. Auch der deutsche Angriff verlief
nicht problemlos. Die Fallschirmjäger und Luftlandeeinheiten
des XI. Fliegerkorps (Student) erlitten so hohe Verluste, dass sie
bis Kriegsende nicht mehr in großem Stil eingesetzt wurden.
Mit Maleme konnte am 21. Mai bloß einer der beabsichtigten
drei Flugplätze durch Fallschirmjäger eingenommen werden.
Damit war aber der wichtige Brückenkopf für Verstärkungen
geschaffen, sodass in der Folge die Fallschirmjäger mit 14.000
Gebirgsjägern der 5. Gebirgsdivision verstärkt und die Insel
nach hartnäckigem Widerstand bis zum 31. Mai eingenommen
werden konnte. Die britische Mittelmeerflotte konnte 18.000 alliierte Soldaten nach Ägypten evakuieren, hatte aber erhebliche Schiffsverluste zu verzeichnen. Nach der Eroberung der
Insel kam es zu deutschen Vergeltungsmaßnahmen gegen die
Bevölkerung, da diese die britischen Truppen unterstützt
hatte.

Insgesamt gingen auf dem Balkan über 340.000 jugoslawische, fast 12.000 britische und 223.000 griechische Soldaten in deutsche Kriegsgefangenschaft. Der Staat Jugoslawien wurde zerschlagen. In Kroatien entstand unter dem faschistischen Ustaša-Regime ein neuer »unabhängiger«, de facto aber deutscher Satellitenstaat, Restjugoslawien wurde annektiert oder besetzt. Ähnlich erging es Griechenland, das Gebiete verlor und mehrheitlich unter italienische Verwaltung kam. In Großbritannien wurde Kritik an Churchill laut, dessen Vorhaben, eine große Balkanfront zu bilden, gescheitert war. Die Balkanstaaten hatten sich der Achse angeschlossen oder waren besetzt, die Türkei lehnte weiterhin einen Kriegsbeitritt auf alliierter Seite ab. Im Frühjahr 1941 war die strategische Position Großbritanniens im östlichen Mittelmeer gefährdet, es drohte gar ein deutsches Ausgreifen nach Zypern und in die Levante. Mit dem Verlust des Balkans ging zudem die letzte Stellung auf dem Kontinent verloren. Die britische Landkriegsführung musste sich deshalb bis 1943 fast ausschließlich auf verdeckte Operationen beschränken. Der Guerillakrieg artete besonders in Jugoslawien und Griechenland zu einem Partisanenkrieg gegen das deutsch-italienische Besatzungsregime aus, der für die ganze Kriegsdauer starke Kräfte der Wehrmacht binden sollte und von beiden Seiten mit großer Härte geführt wurde. Gleichzeitig begann ein innerjugoslawischer Krieg zwischen Kroaten, Serben und verschiedenen Partisanengruppen. Auch in Griechenland verschärfte sich der schwelende Konflikt zwischen linker Volksfront und den konservativ-monarchistischen Kräften und führte 1946 zum Bürgerkrieg.

Hitler verfolgte im Mittelmeer allerdings gar keine Alternativstrategie. Diese hätte zwingend auf Malta als Basis der britischen Angriffe gegen die deutschen Nachschubtransporte für Nordafrika und den Suezkanal als überlebensnotwendige Versorgungslinie Großbritanniens zielen müssen. Zwar existierten bereits im Frühsommer 1941 ambitionierte deutsche Pläne, die ab Herbst 1941 ein Ausgreifen in den Nahen und Mittleren Osten, nach Westafrika, Malta, Gibraltar und in den Atlantik vorsahen. Dieser »Weltblitzkrieg« war jedoch als Fortsetzung des

Krieges *nach* dem Sieg über die UdSSR vorgesehen. Mussolinis Feldzüge in Nordafrika und der Balkan lenkten Hitler zu diesem Zeitpunkt vom eigentlichen Hauptkrieg ab und durchkreuzten seine Pläne, führten zu deutlich hörbaren Missklängen im deutsch-italienischen Bündnis und verzögerten den Angriffsbeginn gegen die UdSSR – allerdings nur unwesentlich (vgl. 3.4).

Churchill sollte letztlich von alldem profitieren, schuf dies doch den Handlungsspielraum, um die britische Stellung im Nahen und Mittleren Osten zu konsolidieren. Strategisch war dies wichtig, um die deutschen und japanischen Expansionsräume voneinander getrennt zu halten. Deshalb reagierten die Alliierten ab Frühjahr 1941 auf den wachsenden deutschen Einfluss im Nahen und Mittleren Osten. Als im Irak Anfang April 1941 ein Militärputsch den achsenfreundlichen General Raschid Ali al-Gailani an die Macht brachte, eroberten *Commonwealth*-Truppen das Land bis Ende Mai in einem Blitzfeldzug. Der rasche Sieg gegen die irakische Armee gelang vor allem wegen der massierten Verwendung der Luftwaffe, dem Einsatz sogenannter *Flying Columns* sowie indigener Truppen wie etwa der Arabischen Legion. Die deutsche Luftwaffe unterstützte die Iraker mit wenigen Flugzeugen von Syrien aus, was Churchill zu einer weiteren Intervention bewegte. Zusammen mit freifranzösischen Truppen stießen britische, indische und australische Verbände im Juni von Palästina, Jordanien und vom Irak aus nach Syrien und in den Libanon vor. Die Vichy-Truppen leisteten heftigen Widerstand, mussten Mitte Juli 1941 jedoch kapitulieren. Die Mandatsgebiete wurden unter freifranzösische Verwaltung gestellt, erhielten jedoch noch im Verlauf des Krieges ihre Unabhängigkeit.

Im Sommer 1941 geriet auch der Iran in den alliierten Fokus. Dessen strategische Bedeutung war nach dem deutschen Angriff auf die UdSSR stark gestiegen, da die westalliierten Hilfslieferungen über Vladivostok und das Nordpolarmeer nicht in adäquatem Umfang geleistet werden konnten. Alliierte Druckversuche erhöhten die Spannungen zwischen den Ländern, änderten aber nichts an der deutschfreundlichen Haltung von Reza Schah Pahlavi. Am 25. August drangen deshalb Truppen des *Commonwealth* und der UdSSR in den Iran ein und besetzten das neutrale Land, 1942 kam ein US-Kontingent hinzu. Der Waffenstillstand vom 10. September 1941 sicherte Großbritannien sowie der UdSSR die Kontrolle über den »Persischen Korridor« und das strategisch wichtige iranische Erdöl. Wenige Tage später musste der Schah auf alliierten Druck hin zugunsten seines Sohnes Mohammad Reza Pahlavi abdanken. Damit war die Transitroute zur materiellen Unterstützung der UdSSR geschaffen, ein möglicher Kriegseintritt Irans auf Seite der Achsenmächte gebannt und ein eventuelles deutsches Ausgreifen nach Indien blockiert. Der Iran blieb bis Kriegsende besetzt und erklärte dem Deutschen Reich im September 1943 den Krieg.

3.4. Der Krieg im Osten 1941 und 1942 – Krieg der Weltanschauungen

Der deutsche Angriff auf die UdSSR änderte die Natur des Krieges. Im Sommer 1941 begann ein Krieg, der von deutscher Seite ohne Rücksicht auf diplomatische oder strategische Überlegungen als genuiner Vernichtungskrieg geführt wurde. Der deutsch-sowjetische Krieg von 1941 bis 1945 bildet den Höhepunkt im politisch-militärischen Ringen der antagonistischen totalitären Ideologien und brachte zugleich die vorläufige Entscheidung in Europa.

UNTERNEHMEN BARBAROSSA – DER BEGINN VON HITLERS HAUPTKRIEG

Zweifellos waren die Feldzüge bis zum Sommer 1941 – selbst wenn sie letztlich die Kräfte der Wehrmacht zersplitterten und ihre logistischen Fähigkeiten überforderten – in Hitlers Augen nur Nebenkriege, die lediglich der Vorbereitung auf den Hauptkrieg dienten. Der programmatische Charakter des Ostkrieges erschließt sich schon aus Hitlers »Mein Kampf«, seine ideologischen Motive verdeutlichte er auch in mehreren Reden vor der militärischen Elite. Am 3. Februar 1933 definierte Hitler sein außenpolitisches Programm vor der Reichswehrführung offen mit der Eroberung neuen Lebensraumes im Osten und dessen »rücksichtsloser Germanisierung«. Und am 10. Februar 1939 kündete er an, dass der kommende Krieg »ein reiner Weltanschauungskrieg« und damit »ein Volks- und ein Rassenkrieg« sein würde. Polen bildete dabei bloß ein Etappenziel. Zwischenzeitlich musste von diesem Plan wie gesehen abgewichen werden. Nach ersten Äußerungen im Juni orientierte Hitler die Wehrmachtführung am 31. Juli 1940 darüber, dass er die UdSSR möglichst noch im Frühjahr 1941 angreifen wolle. In den Oberkommandos der Wehrmacht (OKW) und des Heeres arbeitete man zu diesem Zeitpunkt bereits – teils unaufgefordert – an ersten operativen Planungen. Auf dieser Basis entstand die »Weisung Nr. 21« *(Unternehmen Barbarossa)* vom 18. Dezember 1940, deren Name bewusst auf einen »Kreuzzug gegen den Bolschewismus« anspielte.

Bei den deutschen Planungen fällt auf, dass das *Unternehmen Barbarossa* als einziger Feldzug des gesamten Krieges von Anfang an als »Blitzkrieg« geplant war. Dahinter standen militärfachliche Gründe, stellten sich anders als früher doch Probleme, die nur in einem »Blitzkrieg« gelöst werden konnten. An erster Stelle stand die enorme Bedeutung des Faktors Zeit, an zweiter Stelle die Erkenntnis, dass die UdSSR wegen ihrer Größe nicht erobert werden konnte. Daraus ergab sich die Konsequenz, dass die Einkesselung und Vernichtung der RKKA in Grenznähe zu einer Conditio sine qua non für den erfolgreichen Ausgang des Feldzuges wurde. Drittens und daran gekoppelt stand die deutsche Fehleinschätzung von der UdSSR als einem »Koloss auf tönernen Füßen«, der nach einem militärischen Angriff politisch zusammenbrechen würde. Die Kombination aus maßloser Überheblichkeit und krasser Unterschätzung des Gegners ist nicht nur ideologisch zu erklären, sondern wirft auch ein fahles Licht auf die fachliche Qualifikation der deutschen Militärführung. Entgegen jeder generalstäblichen Logik glaubte, ja hoffte sie, den Feldzug mit einem überraschenden Erstschlag in wenigen Wochen zu entscheiden und setzte dafür fast ihr gesamtes Menschen- und Materialpotenzial auf eine Karte – stach diese nicht, drohte die Katastrophe. Entsprechend vermessen bestand das deutsche Operationsziel darin, bis zum Herbst 1941 »die Masse des russischen Heeres« westlich von Dvina und Dnepr einzukesseln und zu vernichten, die kriegswichtigen Rohstoff- und Industriegebiete in der westlichen UdSSR zu erobern und eine fiktive Linie zu erreichen, die von Astrachan am Kaspischen Meer bis nach Archangel'sk am Weißen Meer verlief, um dort nach einem etwa 1.500 km langen Vorstoß in eine Verteidigungsstellung überzugehen.

Aus dieser gigantischen Aufgabe folgte eine weitere Konsequenz: Aus Sicht der Wehrmachtführung konnte und durfte keine Rücksicht auf kriegsvölkerrechtliche Verpflichtungen genommen werden, da dies die deutschen Verbände im Vorwärtsstürmen behindert und den engen Zeitplan gesprengt hätte. Darin wird der besondere Charakter des »Ostkrieges« erkennbar. Zwar gab es bereits in Polen, Frankreich oder auf dem Balkan Kriegsverbrechen, im Krieg gegen die UdSSR waren sie jedoch integraler Bestandteil der Kriegsführung. Voraussetzung dafür bildete die Mitarbeit der Generalität. Militärisch-politisch war dies bereits vollzogen. Die Wehrmachtsführung hatte zwar militärfachliche, aber keine grundsätzlichen Einwände gegen den Krieg im Osten, für den es traditionelle Anknüpfungspunkte gab und den sie offenbar selbst für den eigentlichen Kern der Auseinandersetzungen hielt. Grundlegend hierfür war sicherlich die »Teilidentität der Ziele« (Manfred Messerschmidt) zwischen dem NS-Regime und der militärischen Elite. Dadurch konnten sich militärische, rassistische bzw. antisemitische mit ideologischen Aspekten vermischen und vor dem Hintergrund eines diffusen Loyalitäts- und Gehorsamsbegriffs wirken. Neben dem moralischen Versagen der militärischen Elite, die ihr militärisches Handwerk losgelöst von ethischen Grundsätzen betrachtete, kam es auch zur ideologischen Gleichschaltung. Schlüsselereignis hierfür bildete Hitlers Rede am 30. März 1941 vor 200 hohen Heeresoffizieren, als er den künftigen Krieg gegen die UdSSR als »Vernichtungskampf« ankündigte: Der Bolschewismus sei mit »asozialem Verbrechertum« gleichzusetzen, Kommissare und »kommunistische Intelligenz« seien zu vernichten. Hitler forderte ein Abrücken vom »Standpunkt des soldatischen Kameradentums«, da dieser Krieg »gegen das Gift der Zersetzung« geführt werde und deshalb »keine Frage der Kriegsgerichte« sei. Die militärische Elite widersprach nicht. Im OKW, OKH und den Kommandostäben wurden Hitlers Absichten vielmehr in einer Reihe von Befehlen in die Praxis umgesetzt. So führte etwa der sogenannte »Kriegsgerichtsbarkeitserlass« vom 13. Mai verfahrenslose Exekutionen sowie »kollektive Gewaltmaßnahmen« (Repressalien) ein und beschränkte die Militärjustiz auf Disziplinarverstöße, während Straftaten deutscher Soldaten gegenüber sowjetischen Soldaten und der Zivilbevölkerung ungeahndet blieben. Dies kam einer präventiven Amnestie gleich. Der auf Initiative des OKH entstandene »Kommissarbefehl« vom 6. Juni wiederum sah die sofortige Erschießung politischer Kommissare durch die Truppe nach ihrer Gefangennahme vor. Das Heer hatte sich allerdings bereits Ende April mit dem »Wagner-Heydrich-Abkommen« in das nationalsozialistische Vernichtungskonzept integriert, als es die Aufgaben zwischen Heer und Einsatzgruppen der SS abgrenzte und deren Aufgaben im Operationsgebiet selbst übernahm. Befehlshaber wie Erich Hoepner, Hermann Hoth, Walter von Reichenau oder Erich von Manstein nahmen dies auf oder verfassten aus eigenem Antrieb Befehle, von denen einige sogar noch schärfer formuliert waren. Sie forderten von ihren Soldaten Verständnis für die »Sühne am jüdischen Untermenschentum«, die Abkehr von »missverstandener Menschlichkeit« gegenüber sowjetischen Soldaten und Zivilisten sowie die erbarmungslose »Ausrottung« der Träger des »jüdisch-bolschewistischen« Systems. Die ungelöste Logistikproblematik des *Unternehmens Barbarossa* brachte es auch mit sich, dass sich das Heer ohne Rücksicht auf die ansässige Bevölkerung aus dem Land versorgen musste. Diese Sachzwänge fielen auf nahrhaften, ideologisch durchtränkten Boden. In der Raub- und Hungerstrategie war das Massensterben der sowjetischen Zivilbevölkerung, der Juden sowie der Kriegsgefangenen bewusst einkalkuliert. Der Mythos von der »sauberen Wehrmacht« ist deshalb heute widerlegt. Zwar unterlag der deutschsowjetische Krieg einer Gewaltspirale, war seine Verrohung auch wechselseitig bedingt. Die Wehrmacht übernahm aber bereitwillig Hitlers Motive und führte vorsätzlich einen rassenideologischen Raub- und Vernichtungskrieg (vgl. 4.2). Strittig bleibt indes, in welchem Ausmaß Wehrmachtsangehörige persönlich darin involviert waren.

Vor diesem Hintergrund begann am 22. Juni 1941 Hitlers Krieg. Das in drei Heeresgruppen gegliederte deutsche Ostheer bestand aus über drei Millionen Mann, die auf mehr als 3.600 Panzer und Sturmgeschütze, 600.000 Kraftfahrzeuge und 700.000 Pferde zurückgreifen konnten. Die Offensive wurde durch drei Luftflotten mit 3.900 Flugzeugen unterstützt. Hinzu kamen etwa 690.000 italienische, finnische, rumänische, slowakische und ungarische, ab Spätsommer auch spanische und kroatische Soldaten, deren Qualität aber sehr unterschiedlich ausfiel.[5] Dieser Masse – die Wehrmacht setzte 75 % des Feldheeres und zwei Drittel der Luftwaffe ein – standen in den westlichen Militärbezirken der UdSSR vier Heeresgruppen (Fronten) mit etwa 2,9 Millionen Rotarmisten, 10.000 Panzern und 8.000 Flugzeugen gegenüber. Der deutsche Erstschlag überraschte die RKKA fast komplett. Die Luftwaffe vernichtete am ersten Tag 1.800 sowjetische Flugzeuge, bis zum 12. Juli insgesamt über 6.800, und sicherte sich für längere Zeit die Luftüberlegenheit – der strategische Luftkrieg gegen rückwärtige Gebiete unterblieb aber fast vollständig. Auch die Bodenoperation gewann sehr rasch Raum und bewegte sich in die drei Stoßrichtungen Baltikum – Leningrad, Minsk – Smolensk – Moskau sowie Kiev – Donecbogen. Anfang Juli standen die Angriffsspitzen bis zu 400 km tief in der UdSSR, was Generalstabschef Halder zur verfehlten Annahme brachte, dass der Feldzug bereits gewonnen sei. Die deutsche Seite profitierte auch von Stalins Zögern. Seine wahren Beweggründe hierfür sind bis heute un-

---

5 Im Verlauf des Krieges kamen französische, belgische, niederländische, dänische und norwegische Freiwilligenverbände sowie osteuropäische Hilfstruppen, allen voran fast eine Million Russen, hinzu.

klar. Durch den sowjetischen Nachrichtendienst kannte er die deutschen Aufmarsch- und Operationspläne. Scheinbar deutete Stalin dies als politischen Druckversuch Hitlers und wollte – allen Warnungen des sowjetischen Generalstabs zum Trotz – nicht glauben, dass dieser einen Zweifrontenkrieg entfachen würde. Bis zuletzt suchte Stalin den Ausgleich, wie etwa die wieder aufgenommenen Rohstofflieferungen zeigen. Er war aber Realpolitiker genug, um gleichzeitig kriegswirtschaftliche Maßnahmen und die militärische Verstärkung der Westlichen Militärbezirke einzuleiten. Dies heißt nicht automatisch, dass er eine Offensivstrategie verfolgte. Vielmehr dürften die militärischen Weichenstellungen als Gegendruck auf die deutschen Aktionen zu werten sein, mit denen sich Stalin alle Optionen für die Zukunft offen lassen wollte. Dies stand ganz im Einklang mit der sowjetischen Strategie der Vorwärtsverteidigung der 1930er Jahre. Mit einem Eingreifen in den Krieg wäre indes kaum vor 1942/43 zu rechnen gewesen, nämlich erst, nachdem sich die »kapitalistischen« und »faschistischen« Staaten gegenseitig geschwächt hätten. Keinesfalls war *Barbarossa* deshalb wie in der NS-Propaganda dargestellt ein Präventivkrieg. Dies belegen allein schon deutsche Aussagen. Weder Hitler noch die Wehrmachtsführung sahen sich durch die RKKA bedroht. Vielmehr spielte ihre massierte Aufstellung an der Grenze den deutschen Absichten geradewegs in die Hände.

Tatsächlich standen im Sommer 1941 sowjetische Sicherungstruppen in einem schmalen Gürtel massiert direkt hinter, teils sogar an der Grenze, zusätzlich verstärkt mit dem Gros der neuen, allen deutschen Panzertypen überlegenen T-34 sowie der Hälfte aller neueren Flugzeuge. Diese Aufstellung basierte auf der allgemeinen sowjetischen Militärstrategie von 1939, die einen Zweistufenkrieg vorsah: Die erste, einleitende Phase begann mit einer Kriegserklärung. Während die Hauptstreitmacht mobilisiert wurde, sollten Sicherungstruppen (erste Staffel) in vorgeschobener Stellung in aktiver Verteidigung den Aufmarsch des Gegners mit begrenzten Vorstößen stören bzw. die Grenzen halten. In der zweiten Phase trugen die hinter der ersten Staffel konzentrierten Hauptkräfte ganz im Sinne der revolutionären Ideologie eine Großoffensive ins Feindesland vor. Ohne den offensiven Charakter der deutschen Kriegsführung zu verstehen und die Lehren aus dem Polen- und Frankreichkrieg zu ziehen, hielt das sowjetische Oberkommando (Stavka) an dieser Militärdoktrin fest. Erschwerend kam hinzu, dass die RKKA nach dem Desaster des Winterkrieges gegen Finnland mitten in umfassenden Reformen stand. Organisation, Ausbildungsstand und Schlagkraft waren 1941 noch keinesfalls soweit verbessert worden, dass sie den Anforderungen des modernen Krieges genügt hätten. Dies galt auch für die Führungsproblematik, die sich auf allen Stufen bemerkbar machte. Als ein Hauptproblem stellte sich aber Stalins Beschluss heraus, nach der Besetzung Ostpolens und des Baltikums die bisherige Stalin-Linie aufzugeben und entlang der deutsch-sowjetischen Grenze neue Befestigungsanlagen *(Molotov-Linie)* zu bauen – mit dem Resultat, dass zu Kriegsbeginn keine der beiden einsatzbereit waren. Das zweite Hauptproblem bestand darin, dass die Mehrheit der sowjetischen Panzer- und Luftwaffenverbände entlang der Frontlinie verstreut wurden, um den aktiven Verteidigungskampf der Bodentruppen zu unterstützen. An eine Konzentration der Kräfte war deshalb nicht zu denken, auch weil sich viele Verbände noch in der Umgruppierung befanden. Letztlich verhinderten auch Ausbildungsdefizite und fehlende Ersatzteile, dass die neuen Waffensysteme richtig eingesetzt wurden.

Unter Ausnützung des Überraschungsmoments gelang es den deutschen Verbänden deshalb, bis Ende August das Baltikum, Weißrussland sowie weite Teile der Ukraine zu besetzen. Geblendet von diesen Erfolgen ließ Hitler den Schwerpunkt der Rüstungsproduktion zulasten der Heeresausrüstung auf den U-Boot- und Flugzeugbau verlagern, Vorsorge für einen Winterfeldzug wurde keine getätigt. Am weitesten war bis zu diesem Zeitpunkt die Heeresgruppe Mitte (Bock) – mit den zwei Panzergruppen Guderian und Hoth das Schwergewicht der Offensive – vorangekommen. Sie zerschlug bis zum 9. Juli in zwei Kesselschlachten bei Białystok und Minsk die sowjetische Westfront unter Armeegeneral Dmitrij G. Pavlov, stieß rasch weiter und schloss Mitte Juli einen weiteren Kessel bei Smolensk, der aber erst drei Wochen später durch die nachrückende Infanterie zerschlagen werden konnte. Dies zeigt eine wesentliche Problematik des *Unternehmen Barbarossa* auf. Unter den etwa 150 beteiligten deutschen Divisionen waren bloß 19 Panzer- und 15 motorisierte Infanteriedivisionen. Sie bildeten die Angriffsspitzen und bestimmten im Wesentlichen Zeitplan und Verlauf des Feldzugs. Der weitaus größte Teil des Heeres bewegte sich indes zu Fuß oder zu Pferd. Dies führte dazu, dass es schon bald zu einer Lücke zwischen Panzergruppen und den nachfolgenden Armeen kam, wodurch die Erfolge nicht unverzüglich und voll ausgenutzt werden konnten. Anders als in früheren Feldzügen wirkte sich die mangelhafte Motorisierung des deutschen Heeres nun aus. In seiner Hybris übersah Halder zudem, dass die Heeresgruppen Nord (Leeb) und Süd (Rundstedt) weit weniger erfolgreich waren. Im Süden kam die deutsche Offensive wegen des hartnäckigen sowjetischen Widerstandes und des schwierigen Geländes (Pripjatsümpfe) nur langsam voran, auch wenn Anfang August bei Uman zwei sowjetische Armeen zerschlagen wurden (100.000 Gefangene). Im Norden hingegen setzten sich die sowjetischen Armeen durch raschen Rückzug ab. Trotz immenser sowjetischer Personal- und Materialverluste war das erste Ziel der Operation, die Zerschlagung der RKKA, misslungen. Diese verzögerte den deutschen Vormarsch nach dem Prinzip der verbrannten Erde und wehrte sich zunehmend verbissener. Die deutschen Verluste gingen deshalb nicht wie erwartet nach wenigen Wochen zurück, sondern stagnierten auf hohem Niveau. Stalin hatte zudem am 3. Juli seine Lethargie überwunden und zum »Großen Vaterländischen Krieg« aufgerufen – das hieß Mobilisierung der gesamten Bevölkerung zum Abwehrkampf und Beginn des Partisanenkriegs. Gleichzeitig wurden bis Ende 1941 97 Reservedivisionen aus dem Osten nach Westen verlegt sowie 300 neue Divisionen aufgestellt.

Gleichwohl stellte Hitler den Vormarsch auf Moskau am 21. August 1941 zurück und verlagerte den Schwerpunkt – gegen die Einwände von OKH und Generalstab – auf die Flanken.

Damit traten politisch-ideologische und wirtschaftliche Aspekte in den Vordergrund. Im Norden sollte Leningrad eingenommen werden, das neben der ideologischen mit dem letzten Stützpunkt der Baltischen Rotbannerflotte und Produktionsstätten der Rüstungsindustrie auch strategische Bedeutung besaß. Der Zusammenschluss mit den finnischen Truppen stellte zudem eine direkte Eisenbahnverbindung nach Finnland her. Im Süden standen Wirtschaftsziele im Vordergrund (»Kornkammer« Ukraine, Industriegebiete im Donecbecken, Öl im Kaukasus). Dazu wurden die Kräfte umgruppiert und die Panzergruppen auf die Flügel verlegt. Leningrad konnte bis zum 13. September eingeschlossen werden. Damit wurde die Belagerung der Stadt eingeleitet, die über 900 Tage dauern und rund eine Million Tote fordern sollte. Die Vereinigung mit dem finnischen Vorstoß gelang indes ebenso wenig wie der Vormarsch zweier deutscher Gebirgskorps nach Murmansk und Archangel'sk – die für die westalliierten Hilfslieferungen an die UdSSR so wichtigen Nordpolarhäfen. Im Süden hingegen zerschlugen die Heeresgruppen Mitte und Süd in einer gemeinsamen Operation Ende September in der Kesselschlacht bei Kiev die sowjetische Südwestfront (Budënnyj) und machten 665.000 Gefangene.

Erst unter dem Eindruck dieser Erfolge befahl Hitler die Wiederaufnahme der Offensive gegen Moskau und rief zur »letzten großen Entscheidungsschlacht« auf. Am 2. Oktober begann die neu mit drei Panzergruppen und der Luftflotte 2 (Kesselring) verstärkte Heeresgruppe Mitte den Angriff auf Moskau *(Unternehmen Taifun)*, begleitet durch flankierende Offensiven der beiden anderen Heeresgruppen auf Tichvin und in die Ukraine. Wiederum gelangen der Wehrmacht große Anfangserfolge. In den Kesselschlachten bei Vjaz'ma und Brjansk zerschlug die Heeresgruppe Mitte bis zum 20. Oktober die sowjetische Westfront (Konev) und machte 673.000 Gefangene. Seit Feldzugsbeginn waren damit über drei Millionen Rotarmisten in deutsche Kriegsgefangenschaft geraten. Trotz neuerlicher Erfolge begannen sich auf deutscher Seite der hohe Verschleiß an Personal und Material sowie Nachschubprobleme auszuwirken. Aus den anhaltend hohen Verlusten und dem pausenlosen Einsatz der Verbände resultierte für das Ostheer Ende November bei insgesamt etwa 740.000 Ausfällen ein Fehlbestand von 340.000 Mann. Qualitativ gleichwertiger Personalersatz stand zu diesem Zeitpunkt kaum mehr zur Verfügung, dessen Nachführung an die Front zudem erhebliche Schwierigkeiten verursachte. Anfang November schätzte der Generalstab des Heeres die durchschnittliche Kampfkraft der Infanteriedivisionen auf 65 %, die der Panzerdivisionen gerade noch auf 35 %. Nicht besser sah es bei den Kraftfahrzeugen aus, von denen rund ein Fünftel verschlissen war. Diesen Verlusten sowie der Treibstoff- und Ersatzteilknappheit versuchte man durch vermehrten Einsatz von Pferden entgegenzuwirken, deren Ausfälle jedoch ebenfalls nicht ersetzt werden konnten. Letztlich folgte daraus eine empfindliche Einschränkung in der Mobilität der Truppe und der Transportleistung für den Nachschub. Zu all dem hatte die in der zweiten Oktoberhälfte einsetzende Herbst-Schlammperiode begonnen und die Operation zum Erliegen gebracht. Stalin nutzte dies zur Evakuierung des Staatsapparats und Teilen der Bevölkerung aus Moskau sowie zum Ausbau der Verteidigung. Erst nach Einsetzen des Frostes konnte der Angriff Mitte November wieder aufgenommen und bis 30 km an Moskau herangetragen werden. Damit war die deutsche Bewegungs- und Angriffskraft jedoch verbraucht. Anfang Dezember setzte zudem ein Kälteeinbruch mit Temperaturen von bis zu minus 40° Celsius ein, der Motoren, Waffen und Geräte lahmlegte. Ohne operative Reserven, wintertaugliche Ausrüstung und ausreichende Verpflegung verfiel die völlig entkräftete Truppe in einen apathischen Zustand. Unterdessen waren auch die Offensiven im Norden und Süden gescheitert, wobei bei Letzterer im November noch die Eroberung der Krim (ohne Sevastopol') sowie der Vorstoß nach Char'kov und Rostov gelungen war. Für den geplanten Vorstoß zum Don und nach Stalingrad reichten die Kräfte aber nicht mehr aus.

Am 8. Dezember musste die Offensive eingestellt und auf der gesamten Front zur Verteidigung übergegangen werden. Zur Überraschung der Wehrmachtführung hatte die bereits besiegt geglaubte RKKA drei Tage zuvor mit elf Armeen eine lange geplante Gegenoffensive begonnen. Unter Leitung von Armeegeneral Georgij Žukov gelangen den sowjetischen Verbänden, darunter zahlreiche frische sibirische Truppen, bis zu 150 km tiefe Einbrüche und Einkesselungen deutscher Verbände. Letzteres musste auch Hitler selbst verantworten, der die Truppe mit dem drastischen Haltebefehl vom 16. Dezember 1941 zu »fanatischem Widerstand« aufgefordert und jeglichen Rückzug verboten hatte. Selbständige Truppenrücknahmen verschiedener Befehlshaber und die militärische Gesamtkrise veranlassten Hitler dazu, persönlich den Oberbefehl über das Heer zu übernehmen und bis Januar 1942 alle Oberbefehlshaber der Heeresgruppen sowie weitere Generale auf Armee-, Korps- und Divisionsstufe zu entlassen – darunter erfolgreiche Panzergenerale wie Guderian oder Hoepner. Am Ausgang änderte dies wenig: Das bislang erfolgreich angewandte Prinzip schnell vorangetriebener Blitzfeldzüge mit Entscheidungsschlachten scheiterte im Krieg gegen die UdSSR. Die Ursache hierfür lag jedoch nicht im Wintereinbruch, sondern in der starken sowjetischen Gegenwehr und der völligen Erschöpfung der deutschen Truppen. Die Schlacht um Moskau – nicht erst diejenige von Stalingrad – markierte damit für das Deutsche Reich den strategischen Wendepunkt des Krieges. Seinen Anfang nahm dies bereits im Sommer 1941, als es der Wehrmacht weder gelungen war, die RKKA vernichtend zu schlagen, noch die Verlegung der sowjetischen Kriegsindustrie hinter den Ural zu verhindern. Langfristig konnte sich damit das Potenzial der sowjetischen Rüstungsindustrie voll entfalten. Auch konnte die RKKA unter Einbezug aller Reserven bis zu 14 Millionen Soldaten mobilisieren. Dem hatte die Wehrmacht selbst mit den Verbündeten nicht annähernd gleichviel entgegenzuhalten. Nach Großbritannien hielt damit auch die UdSSR der deutschen Kriegsmaschinerie stand. Mit der deutschen Kriegserklärung vom 11. Dezember an die USA kam ein weiterer gewichtiger Gegner dazu. Den Abnutzungskrieg gegen diese drei konnte das Deutsche Reich nicht gewinnen.

Der Krieg im Osten stand zu Beginn 1942 ganz im Zeichen der deutschen Schadensbegrenzung. Die sowjetischen Winteroffensiven führten bis Februar 1942 auf gesamter Frontbreite zu erheblichen Verlusten und zur Aufgabe weiter Gebiete. Die im Frühjahr einsetzende Regen- und Schlammperiode beendete zwischenzeitlich alle Operationen und ermöglichte der Wehrmacht, die Front bis Ende März 1942 wieder zu stabilisieren. Dennoch war das Ostheer schwer getroffen und militärisch nur knapp an einer Katastrophe vorbeigeschlittert. Personell wie materiell hatten sich zudem Ausfälle in einer solchen Höhe eingestellt, dass sich die quantitative und qualitative Leistungsfähigkeit des Heeres seit Herbst 1941 stark vermindert hatte. Die Gesamtverluste im Osten beliefen sich bis zum Frühjahr 1942 auf über 1,1 Millionen Mann, was knapp 35 % des gesamten Ostheeres entsprach. Personeller Ersatz fehlte jedoch, sodass zwischen Herbst 1941 und April 1942 vorzeitig Rekruten und Personal aus der Wirtschaft eingezogen und rudimentär ausgebildet werden mussten. Noch drastischer zeigten sich wie gesehen die Ausfälle an Material, Fahrzeugen und Pferden, die gar nicht ausgeglichen werden konnten – bis Januar 1942 waren 90 % aller Panzer ausgefallen und nur noch 50 % der Flugzeuge einsatzbereit! Die Auffrischungen und Neubildungen bis Mai 1941 konnten nicht darüber hinwegtäuschen, dass das Ostheer in seiner Substanz getroffen war. All dies bewegte Hitler jedoch nicht zu einer strategischen Neuausrichtung. Er beharrte darauf, zuerst die Entscheidung im Osten herbeizuführen, bevor zur Peripheriestrategie gegen Großbritannien übergegangen werden sollte. Kontakte zu Subhas Chandra Bose und die Aufstellung der »Legion Freies Indien« änderten an dieser Schwerpunktbildung ebenso wenig wie die Versuche von Raschid Ali al-Gailani und dem Großmufti von Jerusalem, Haji Amin al-Husayni, eine arabische Bewegung zugunsten der Achsenmächte in Gang zu setzen.

Auf der anderen Seite waren die Winter- und Frühjahrskämpfe auch für die RKKA äußerst verlustreich verlaufen,

Žukov sprach später sogar von eigentlichen Pyrrhus-Siegen. Tatsächlich wollte Stalin – wie zuvor Hitler – um jeden Preis die gegnerische Niederlage erzwingen und ließ unaufhörlich auf der gesamten Frontbreite angreifen. Nun führten seine Führungsfehler dazu, dass die operativen Ziele nicht erreicht wurden und die sowjetischen Verbände einen hohen Blutzoll bezahlten. Die Offensive bei Ržev scheiterte im Februar, die versuchte Rückeroberung von Char'kov im Mai, beide Male waren mehrere Armeen eingekesselt und zerschlagen worden. Südlich von Leningrad ging die 2. Stoßarmee (Vlassov) verloren, ohne dass die Leningrader Blockade durchbrochen werden konnte. Auf Kerč endete die sowjetische Entlastungsoffensive für das belagerte Sevastopol' mit der Zerschlagung der drei beteiligten Armeen, die Festung selbst kapitulierte Anfang Juli. Die sowjetischen Gesamtverluste der ersten Jahreshälfte 1942 bezifferten sich so auf 1,4 Millionen Mann, hunderttausende waren in Gefangenschaft geraten. Mit dem Sieg in Tobruk nährte dies Hitlers Zuversicht, durch eine neuerliche Offensive doch noch die Entscheidung zu erlangen. Am 5. April erließ er die »Weisung Nr. 41« für das *Unternehmen Blau* (ab 30. Juni *Braunschweig*). Die Operationsziele verdeutlichen den deutschen Größenwahn. Hitler beabsichtigte die RKKA »endgültig« zu zerschlagen, die kriegswirtschaftlich wichtigen Ölfelder im Kaukasus *(Unternehmen Edelweiß)* zu erobern und dabei die türkische sowie iranische Grenze zu erreichen, um dann den letzten entscheidenden Stoß im Rücken der sowjetischen Linien gegen Moskau und den Ural führen zu können. Dafür standen bis Anfang Juni lediglich 2,75 Millionen deutsche und eine Million verbündete Soldaten zur Verfügung, deren Kampfkraft und Mobilisierungsgrad nur beschränkt wiederhergestellt war. Die RKKA zählte demgegenüber über 5,5 Millionen Soldaten im Feld plus zehn Feld- und eine Panzerarmee in Reserve. Anders als im Vorjahr erlaubten die eingeschränkten Kräfte und Mittel nur noch im Südabschnitt anzugreifen, während sich die Heeresgruppen Mitte und (vorläufig auch) Nord auf Abwehraufgaben konzentrieren sollten. Der deutschen Sommeroffensive 1942 lagen nicht nur Hitlers erneute Unterschätzung der sowjetischen Stärke und eine ungenügende logistische Vorbereitung zugrunde. Sie sollte auch nach einem komplizierten Phasenplan ablaufen und zunächst die Einnahme von Voronež, dann die Vernichtung der sowjetischen Verbände im Donbecken, danach eine Zangenoperation an die Volga mit der Einnahme Stalingrads sowie schließlich das Umschwenken nach Süden und die Offensive in den Kaukasus bringen.

Am 28. Juni begann die Heeresgruppe Süd (Bock) auf dem linken Angriffsflügel den Vorstoß mit der 4. Panzerarmee, der 2. Armee und der ungarischen 2. Armee (Armeegruppe Weichs), ab dem 30. Juni flankiert von der 6. Armee und unterstützt durch die Luftflotte 4 (Richthofen). Die geographischen Ziele konnten rasch erreicht werden, allerdings misslang die Vernichtung der sowjetischen Verbände. Diese hatten aus den Vorjahreskämpfen gelernt und großräumige Ausweichbewegungen durchgeführt. Hitler befahl daraufhin die Teilung der Heeresgruppe Süd in die nördliche Heeresgruppe B (Bock) und die südliche Heeresgruppe A (List). Die Zangenbewegung nach Süden gewann erneut rasch an Tiefe. Die sowjetischen Verbände konnten sich aber erneut der Einkesselung entziehen. Hinter der Volga und im Süden formierten die mit Reserven zusätzlich verstärkte Stalingradfront (Timošenko) und Nordkaukasusfront (Budënnyj) zwei Verteidigungsriegel, auch der Südfront (Malinovskij) war der Rückzug über den Don bei Rostov gelungen. Bock wurde daraufhin entlassen und durch Weichs ersetzt. Hitler missdeutete den geschickten sowjetischen Rückzug jedoch als Flucht einer bereits geschlagenen Armee und traf mit der »Weisung Nr. 45« vom 23. Juli seinen folgenschweren Entschluss: Stalingrad und der Kaukasus sollten nicht mehr nacheinander, sondern gleichzeitig in einer exzentrisch verlaufenden Offensive eingenommen werden, das Schwergewicht wurde auf Stalingrad verlagert. Damit überdehnte Hitler nicht nur die Nachschublinien, sondern verletzte auch das strategische Prinzip der Konzentration der Kräfte. Die Aufsplitterung der Offensive vergrößerte die Frontbreite von 800 auf über 4.000 km Länge. Eine solche Ausdehnung konnte die Luftflotte 4 nicht annähernd abdecken. Bald schon kam es zu Treibstoff-

und Munitionsmangel, auch fehlten die Kräfte zur Sicherung der auf mehrere hundert Kilometer gewachsenen Nordflanke. Die Heeresgruppe A erreichte zwar im August die Ölfelder von Maikop, den kaukasischen Gebirgskamm Elbrus und bis Anfang September den Terek, weiter reichten die Kräfte jedoch nicht. Die Einnahme wichtiger Ziele wie Batum, Tiflis sowie der Ölfelder von Groznyj und Baku scheiterten ebenso wie der Zugang zum Kaspischen Meer, womit auch die westalliierte Rüstungshilfe über den persischen Korridor nicht unterbunden wurde. Die Kaukasusoffensive war gescheitert und löste eine schwere deutsche Führungskrise aus. Hitler entließ den Generalstabschef des Heeres Halder sowie Generalfeldmarschall List und übernahm zwischenzeitlich selbst das Oberkommando über die Heeresgruppe A. Mit dem Chef des OKW Generalfeldmarschall Wilhelm Keitel und dem Chef des Wehrmachtführungsstabes General Alfred Jodl erwog er kurzzeitig sogar die Entlassung seiner engsten militärischen Mitarbeiter.

Derweil hatte sich die 6. Armee von General Friedrich Paulus mit Teilen der 4. Panzerarmee (Hoth) Stalingrad genähert und am 19. August den Angriff auf die Stadt begonnen. In wochenlangem verlustreichem Häuserkampf gelang bis November die Einnahme von 90 % der Stadt, die deutschen Verbände büßten dabei aber bis zu 75 % ihrer Kampfstärke ein. Stalingrad selbst war durch die Kämpfe völlig zerstört und voller Zivilisten, deren Evakuierung Stalin untersagt hatte. Dies erschwerte die Kampfführung zusätzlich und verursachte große Verluste unter der Zivilbevölkerung. Im Zentrum hielten Reste der 62. Armee (Čujkov) allerdings einen Brückenkopf über die Volga, während eine Streitmacht von über einer Million Mann für die seit September geplante Gegenoffensive zusammengezogen wurde. Diese setzte am 19. November ein. In einer großen Zangenbewegung *(Operation Uranus)* durchbrachen die Donfront (Rokossovskij) und Südwestfront (Vatutin) nordwestlich sowie die Stalingradfront (Erëmenko) südlich der Stadt die von rumänischen Verbänden gehaltenen Stellungen und kesselten in vier Tagen etwa 250.000 deutsche und rumänische Soldaten ein. Hitler verbot den – wenn überhaupt – bloß in den ersten Tagen möglichen Ausbruchversuch. Um keinen Preis wollte er das Prestigeziel – Stalins Stadt – aufgeben. Bestärkt wurde er durch die völlig überrissenen Zusicherungen Görings, die eingeschlossenen Verbände aus der Luft zu versorgen. Um die Lage wiederherzustellen, wurde die Heeresgruppe Don unter Generalfeldmarschall von Manstein gebildet. Ein Entsatzversuch der Armeegruppe Hoth *(Unternehmen Wintergewitter)* scheiterte jedoch am 12. Dezember 1942. Die am 16. Dezember eröffnete sowjetische Offensive am mittleren Don *(Operation Kleiner Saturn)* führte zur Vernichtung der italienischen 8. Armee (Gariboldi) und machte zusätzlich die Verlegung deutscher Kräfte zur Wiederherstellung der Front notwendig. Damit begann die Agonie der 6. Armee.

Als die letzten Teile der eingeschlossenen Verbände am 2. Februar 1943 kapitulierten, waren nur 25.000 Mann ausgeflogen worden. Lediglich etwa 110.000 Mann gingen in Kriegsgefangenschaft. Der große Rest war gefallen, an Krankheiten gestorben, verhungert oder erfroren. Stalingrad war ein Fanal und markierte die psychologische Wende des Krieges in Europa. Erstmals verlor die Wehrmacht eine gesamte Armee inklusive verbündeter Truppen und damit endgültig den Nimbus der Unbesiegbarkeit. Bis Frühjahr 1943 sollten die Truppen der Achse im Osten nochmals etwa 325.000 Mann verlieren. Die Niederlage wirkte sich auch innenpolitisch aus, schwand mit ihr doch auch das Vertrauen in das Regime sowie an den Mythos des »Führers«. Propagandistisch wirksam wandte sich Joseph Goebbels deshalb am 18. Februar 1943 an die Bevölkerung, um dem »Heldenopfer« von Stalingrad vermeintlich Sinn zu geben und den Glauben an den Endsieg mit der Verkündung des »Totalen Krieges« zu stärken.

3.5. Japans Ausgreifen in Ostasien und im Pazifik 1941 bis 1942

Der Weg nach Pearl Harbor

Der Krieg in China erfuhr bis zum Kriegseintritt der USA im Dezember 1941 keine strategischen Veränderungen. Die japanisch besetzten Gebiete und die Verbindungslinien wurden hauptsächlich durch Guerilla-Angriffe bedroht, die japanischen Streitkräfte suchten mit begrenzten Offensiven gegen die Truppen der GMD und KPC vorzugehen, so etwa in West-Hebei, Süd-Shanxi oder bei Changsha. Die Ausweitung bzw. Konsolidierung der Eroberungen gelang indes nicht. Nationalchina hatte bis dahin nur dank sowjetischer, britischer und amerikanischer Unterstützung überleben können. Dabei hatte es zwar einige taktische Erfolge verbuchen können, blieb insgesamt aber in der Defensive. Einschneidend war auf chinesischer Seite der Bruch der Einheitsfront von GMD und KPC. Schon 1940 hatten sich Rivalitäten zwischen den beiden Parteien gezeigt, im Januar 1941 war es schließlich zu offenen Kämpfen gekommen. Dabei vernichtete eine zahlenmäßig überlegene GMD-Armee (Shàngguān) Teile der kommunistischen Neuen Vierten Armee (Ye) in der Provinz Anhui (»Wannan-Zwischenfall«). Offiziell blieb die Einheitsfront zwar bis 1945 bestehen, faktisch bereiteten sich beide Seiten aber auf den kommenden Bürgerkrieg vor.

Der Zusammenbruch Frankreichs und der Niederlande, Italiens Kriegseintritt sowie die geschwächte britische Position veränderten die globale Situation 1940 tiefgreifend. Großbritannien hatte geplant, dass die gemeinsamen Interessen der Westmächte im Mittelmeer durch die französische Marine verteidigt würden, um sich mit der *Royal Navy* auf Singapur und den Kampf gegen Japan konzentrieren zu können. Nun sah es sich plötzlich in Europa und Asien im Kampf gegen mehrere Gegner gleichzeitig. Das schwache Vichy-Regime wiederum behielt zwar die französischen Überseekolonien, konnte sie aber kaum schützen. Japan hatte den Kriegsverlauf in Europa mit Interesse verfolgt und sah seine Chance gekommen. Der ungelöste Krieg in China belastete nicht nur die japanisch-amerikanischen Beziehungen, sondern verschlimmerte auch die problematische Versorgungslage der japanischen Militäroperationen. Vor allem aber stellte er eine so hohe wirtschaftliche Belastung dar, dass spätestens im Frühjahr 1942 der Staatsbankrott gedroht hätte. So nutzte Japan das Machtvakuum in Ost- und Südostasien, um seine Rohstoffprobleme zu lösen. Indochina kam dabei eine strategische Rolle zu, nicht nur um die Versorgung Nationalchinas zu unterbinden, sondern auch als Drehscheibe für das weitere japanische Ausgreifen. Nachdem Japan im September 1940 Nordindochina besetzt hatte, weitete es seine Truppenstationierungen im Juli 1941 mit deutscher Billigung und trotz amerikanischer Warnungen auf Südindochina aus. Damit erhielten die japanischen Streitkräfte Luftwaffenbasen, von denen aus sie die britischen, niederländischen und amerikanischen Stützpunkte von Singapur bis zu den Philippinen erreichen konnten. Zwei Monate zuvor hatte Japan im thailändisch-französischen Krieg vermittelt. Vichy-Frankreich wurde im Friedensschluss zu Gebietsabtretungen gezwungen. Das Königreich Thailand diente Japan als Basis seiner Expansionsabsichten nach Burma und beteiligte sich ab Dezember 1941 – allerdings notgedrungen und nicht uneingeschränkt (*Seri-Thai*-Bewegung) – an den Kriegshandlungen. Strategisch wichtiger war indes der im April 1941 abgeschlossene Neutralitätsvertrag mit der UdSSR. Japan gelang es damit, seine Isolierung im ostasiatisch-pazifischen Raum zu durchbrechen und sich nach dem Dreimächtepakt eine zweite Rückendeckung für die Expansionen in Südostasien zu schaffen.

Japans Vorpreschen ließ den amerikanischen Wirtschaftskrieg eskalieren. Zusätzlich zu den bereits ergriffenen Maßnahmen sperrten die USA, Großbritannien und Niederländisch-Indien Ende Juli 1941 japanische Guthaben und weiteten das Wirtschaftsembargo auf strategisch wichtige Rohstoffe wie Rohöl aus. Dies kam einem Ultimatum gleich, traf das Embargo die japanische Rüstungsindustrie doch in ihrem Lebensnerv: 80 % des Erdöls bezog sie aus den USA, auch Eisen, Blei und andere Metalle wurden mehrheitlich importiert. Die ausbleibenden Importe würden über kurz oder lang auch die militärischen Operationen zum Stehen bringen. Zudem verlangten die USA den japanischen Rückzug aus Indochina *und* China. Die japanische Führung war indes nicht bereit, Japans Hegemonialabsichten aufzugeben und Zugeständnisse einzugehen. Heer und Marine arbeiteten erste Kriegspläne aus und stimmten ihre Ziele in Südostasien aufeinander ab. Da die Marineführung die Erfolgsaussichten eines Krieges jedoch skeptisch beurteilte, suchte die japanische Regierung mit den USA einen Ausgleich. Dennoch trieb man die Kriegsvorbereitungen voran. Am 6. September 1941 wurde auf einer Kaiserlichen Konferenz erstmals der Kriegsbeschluss gefällt, am 5. November der Kriegsplan gebilligt und am 1. Dezember der Angriffsbefehl erteilt. Auf diesen hatte auch das Deutsche Reich ab Mitte 1941 zunehmend hingewirkt, obwohl Hitler anfangs vor einem solchen Schritt gewarnt und stattdessen militärische Operationen gegen britische und niederländische Kolonien gefordert hatte. Urheber dieses Strategiewechsels dürfte die deutsche Kriegsmarine gewesen sein, die sich in der Atlantikschlacht immer häufiger durch US-Kriegsschiffe bedroht sah *(shoot-on-sight-order)* und sich von einem Krieg im Pazifik Entlastung erhoffte. Die USA wiederum hatten bereits im Mai 1941 begonnen, China aufgrund des Leih- und Pachtgesetzes mit Kriegsmaterial und Versorgungsgütern zu unterstützen, im Juli 1941 folgte die Einrichtung einer Militärmission. Gleichzeitig wurde das neue Oberkommando im Fernen Osten unter General Douglas MacArthur aufgestellt und die Philippinen militärisch verstärkt. Auf diplomatischer Ebene zeigten beide Seiten wenig Bereitschaft zu Zugeständnissen. Auf amerikanische Forderungen reagierte Japan mit Gegenforderungen. Japanische Vorschläge für ein Gipfeltreffen zwischen Konoe und Roosevelt blieben ebenso erfolglos wie Vermittlungsversuche des amerikanischen Botschafters in Tōkyō, Joseph C. Grew, während US-Außenminister Cordell Hull für eine harte Haltung gegenüber Japan eintrat. Auch Jiang protestierte – von Churchill gestützt – gegen amerikanische Ausgleichsversuche, die sich mit hoher

Wahrscheinlichkeit zum Nachteil Chinas entwickelt hätten. Erschwerend kam hinzu, dass Konoe unter dem zunehmenden Konfliktdruck Mitte Oktober zurückgetreten war. An seine Stelle trat der bisherige Heeresminister und Hardliner General Tōjō, der Japan bis zu einem Rücktritt im Juli 1944 als faktischer Militärdiktator führen sollte. Auch innerhalb der japanischen Führung gab es schwere Differenzen bezüglich des weiteren Vorgehens. Während Tōjō die Kriegsvorbereitungen vorantrieb, bemühte sich der Außenminister Tōgō Shigenori um die Friedenswahrung. Einen von ihm erarbeiteten Kompromissvorschlag beantworteten die USA – davon ausgehend, dass der japanische Kriegsbeschluss endgültig war – mit der sogenannten Hull-Note vom 26. November 1941, die zehn harte Bestimmungen enthielt und kategorisch forderte, dass Japan alle seit 1931 eroberten Gebiete zu räumen habe. Die japanische Führung reagierte entsetzt. Sie sah sich darin bestätigt, dass weitere Verhandlungen sinnlos seien und suchte den Ausweg aus der wirtschaftlich und politisch desolaten Lage im Krieg.

Dem japanischen Kriegsentschluss war eine heftige Kontroverse über die strategische Ausrichtung des Kriegsplans vorausgegangen. Die Kernfrage betraf den Einsatz der Flotte im Pazifik. Der Oberbefehlshaber der Vereinigten Flotte, Admiral Yamamoto Isoroku, kannte als ehemaliger Marineattaché in Washington das amerikanische Potenzial und lehnte einen Krieg mit den USA ab. Nachdem die Entscheidung zum Krieg jedoch gefallen war, trat er als Verfechter eines Überraschungsangriffs auf den Flottenstützpunkt Pearl Harbor auf, dessen Durchführung er als Voraussetzung für den Erfolg der japanischen Offensive in Südostasien ansah. Gegen Widerstände im Admiralstab, der das Flottenschwergewicht in der Hauptoperation im Süden einsetzen wollte, gelang es Yamamoto, seinen Plan durchzubringen. So stach Ende November der japanische Angriffsverband aus sechs Flugzeugträgern mit über 400 Flugzeugen, zwei Schlachtschiffen, weiteren Hilfsschiffen sowie U-Booten von den Kurilen aus in See. Über den Nordpazifik und unter strikter Funkstille gelangte der von Vizeadmiral Nagumo Chūichi befehligte Verband von Norden her kommend unerkannt bis auf 200 Seemeilen an das Einsatzziel heran. Am 7. Dezember 1941 griffen japanische Bomber, Sturzkampfbomber und Torpedoflugzeuge Pearl Harbor an. Im Hafen lagen 94 Schiffe der US-Pazifikflotte eng zusammengedrängt an ihren Liegeplätzen oder im Trockendock, spezielle Sicherungs- oder Aufklärungsmaßnahmen waren keine ergriffen worden. Der japanische Überfall erfolgte in zwei Wellen und traf die Amerikaner völlig überraschend. Sechs der acht Schlachtschiffe sowie mehr als ein Dutzend weiterer Schiffe wurden versenkt oder stark beschädigt, fast 300 Flugzeuge konnten meist noch am Boden zerstört werden, über 3.500 Mann wurden getötet oder verwundet. Die japanischen Ausfälle waren sehr gering. Trotz des Erfolgs blieb der Überfall auf Pearl Harbor bloß ein taktischer Sieg. Das operative Ziel, die Zerschlagung der US-Pazifikflotte, war ebenso misslungen wie die Ausschaltung des Marinestützpunktes. Bis auf zwei Totalausfälle konnten alle Schlachtschiffe wieder repariert und weiterverwendet werden. Die Zerstörung der drei amerikanischen Flugzeugträger war ebenfalls nicht erreicht worden, weil sie zum Angriffszeitpunkt nicht im Hafen waren. Da ihr Aufenthaltsort unbekannt war, verzichtete Nagumo zudem auf die dritte Angriffswelle. Diese hätte die Hafenanlagen und Öltanks treffen sollen, womit Pearl Harbor als Marinestützpunkt zerschlagen worden wäre und die *US Navy* auf San Diego hätte zurückweichen müssen.

Damit war ein wichtiges Element in Yamamotos Angriffsplan nicht zur Ausführung gelangt. Ähnlich dem deutschen »Sichelschnittplan« von 1940 oder dem *Unternehmen Barbarossa* von 1941 hätte der Überfall auf Pearl Harbor Japans strategisches Problem in einem Krieg mit den USA operativ lösen sollen. Dabei verkannte das japanische Oberkommando, dass die Vernichtung der veralteten Pazifikflotte keineswegs kriegsentscheidend war. Die US-Atlantikflotte verfügte bereits über fünf moderne, leistungsfähigere Schlachtschiffe, auch der Ausbau der Trägerflotte war in vollem Gang. Noch stärker als die Fehleinschätzung der amerikanischen Rüstungskapazitäten fielen zunächst das politische und psychologische Element ins Gewicht. Tatsächlich hätte wohl nichts den Kriegswillen und den

Ruf nach Vergeltung in der amerikanischen Öffentlichkeit stärker anfachen können, als der an einem Sonntagmorgen erfolgte japanische Überfall ohne bzw. mit verspäteter Kriegserklärung. Roosevelt reagierte – flankiert von Churchill – am 8. Dezember denn auch scharf auf die »infame« Art des Angriffs und erklärte den Kriegszustand.

In diesem Zusammenhang tauchten gerne Verschwörungstheorien auf, wonach Roosevelt die Anzeichen auf einen japanischen Angriff bewusst ignoriert hätte, um den Krieg gegen Japan und letztlich auch gegen das Deutsche Reich rechtfertigen zu können; Letzteres hatte am 11. Dezember zusammen mit Italien den USA ebenfalls den Krieg erklärt. Für diese Theorien fehlen die Belege. Vielmehr müssen die beträchtlichen Defizite des amerikanischen Nachrichtendienstes in Kombination mit einer gewissen Fahrlässigkeit und einem trügerischen Überlegenheitsgefühl als Ursachen der fehlenden amerikanischen Bereitschaft ausgemacht werden. Dank Code-Entschlüsselung hatten der amerikanische Heeres- und Marinenachrichtendienst bereits seit über einem Jahr den japanischen Telegramm- und Funkverkehr mitgehört (MAGIC). So wusste man auf amerikanischer Seite, dass Japan zum Krieg rüstete, erwartete den japanischen Präventivschlag jedoch gegen die Philippinen oder die Marshallinseln. Alle Hinweise und Warnungen, die auf Pearl Harbor deuteten, wurden von den Verantwortlichen zerstreut. So wurde der Marinestützpunkt zwar gegen Sabotage und Spionage geschützt, nicht aber gegen einen Schlag aus der Luft.

Die japanische Invasion Südostasiens

Trotz der weitreichenden Folgen war der Angriff auf Pearl Harbor lediglich eine Teiloperation innerhalb einer gleichzeitig begonnenen großangelegten Überraschungsoffensive in Südostasien. Der Blick auf die gesamtstrategische Lage verdeutlicht dabei, in welchem Dilemma sich Japan befand. Die Hauptziele der Offensive waren Niederländisch-Indien sowie die briti-

schen Besitzungen Malaya, Singapur und Borneo. Dies wegen
der immensen Rohstoffvorräte an Erdöl, Kautschuk und Zinn
sowie aufgrund der militärstrategischen Bedeutung. Die als
uneinnehmbar geltende Festung Singapur bildete 1941 den
Hauptstützpunkt der britischen Marine in Asien. Zusammen
mit Malaya, Borneo und Niederländisch-Indien stellte es einen
bedeutenden Sperrriegel gegen jegliche japanische Expansionsbestrebungen dar. Als stärkste Bedrohung wurden hingegen
die amerikanischen Philippinen wahrgenommen, die durch ihre geographische Nähe zu Japan jegliche Verbindungslinien
und insbesondere die Handelszufuhr aus den eroberten Gebieten unterbrechen konnten. Wollte Japan deshalb in Südostasien
expandieren, musste es nicht nur gegen Großbritannien und
die Niederlande, sondern gleichzeitig auch gegen die USA vorgehen. Vor diesem Hintergrund entstand einer der komplexes-
ten Feldzugspläne des gesamten Zweiten Weltkriegs, an dessen
Ende Weite Teile Südostasiens japanisch besetzt waren. Entscheidend waren das Überraschungsmoment und das optima-
le Zusammenwirken der eingesetzten Kräfte in Raum und Zeit,
da am Boden bloß elf Divisionen eingesetzt wurden. Die
Hauptoffensive (Südoperation) begann kurz vor dem Angriff
auf Pearl Harbor mit gleichzeitigen Operationen gegen Malaya,
die Philippinen, Hongkong und Ozeanien. Schwergewichtig
sollte die 25. Armee (Yamashita) die malaiische Halbinsel hi-
nunter nach Singapur vorstoßen und die Festung mit ihrem
strategisch wichtigen Hafen einnehmen, während die 14. Armee (Homma) die Philippinen zu besetzen und dadurch die
östliche Flanke der Südoperation zu sichern hatte. Dieser ersten
Offensivwelle folgten die Operationen der 16. Armee (Imamura) gegen Niederländisch-Indien und der 15. Armee (Iida), die
von Thailand aus nach Burma vorstieß und das Land besetzte.
Die Landoperationen erfolgten in Kooperation mit Flieger- und
Seestreitkräften. Die Inseln Ozeaniens besaßen in erster Linie
operative Bedeutung für die Kaiserlich-japanische Marine, indem sie dieser als südöstlichste Eckpfeiler dienten.

Am 7. Dezember 1941 begannen die japanischen Streitkräfte
die Invasion Südostasiens mit amphibischen Aktionen von In-

dochina sowie Hainan aus und besetzten in rascher Folge Häfen und Küstenabschnitte in Südthailand und Nordostmalaya.
Nach kurzen Gefechten schloss Thailand ein gegenseitiges Beistandsabkommen mit Japan und wurde besetzt. Das britische
Oberkommando im Fernen Osten versuchte mit dem Anfang
Dezember in Singapur eingetroffenen Flottenverband *Force Z*
unter Admiral Tom Philipps die japanische Landung zurückzuschlagen, die Aktion verkam jedoch zum Desaster. Vor der
Küste Malayas versenkten japanische Flugzeuge am 10. Dezember das Schlachtschiff *Prince of Wales* und den Schlachtkreuzer *Repulse*. Mangelnde Operationserfahrungen Philipps, eine
nicht existente See-Luft-Koordination und vor allem die Unterschätzung der Reichweite und Schlagkraft der japanischen
Flugzeuge und Torpedos waren die Gründe für diese Niederlage. Nach Taranto und Pearl Harbor zeigte sich nun, dass Großkampfschiffe selbst auf See verwundbar aus der Luft waren.
Dies führte im weiteren Kriegsverlauf besonders auf amerikanischer Seite zu einer Verlagerung vom Schlachtschiff zum
Flugzeugträger als Hauptkampfmittel zur See. Auf Malaya
selbst waren die Alliierten zwar in der Überzahl, die japanischen Truppen machten dies durch bessere Führung, Ausrüstung, Initiative und vor allem durch ihre Kampferfahrungen
aus China wett. Zudem kontrollierten die japanischen Streitkräfte die See und besaßen die Luftüberlegenheit, was durch
die Zerstörung vieler britischer Flugzeuge am Boden zu Beginn
der Offensive noch verstärkt wurde. Der japanische Hauptstoß
nach Singapur verlief auf der westlichen Seite der Halbinsel
und konnte trotz zähen Widerstands der britischen, australischen und indischen Einheiten nicht aufgehalten werden. Mangelnde Geländekenntnisse, schlecht gewählte Verteidigungslinien und die – letztlich auch rassistisch begründete – Fehleinschätzung der japanischen Leistungsfähigkeit waren die
Hauptgründe dafür. Japanische Infanterie stieß auf Fahrrädern
schneller als erwartet durch den Dschungel vor, die zahlreichen
zerstörten Brücken wurden durch Pioniere der Angriffsformationen rasch repariert und verzögerten den japanischen Vorstoß kaum. Zur See und an Land überflügelt, zogen sich die al

liierten Verbände nach Singapur zurück und evakuierten Malaya bis Ende Januar 1942. Singapur war zu diesem Zeitpunkt personell zwar verstärkt worden, viele der Truppen waren aber nicht kampfbereit. Wie in Malaya war entscheidend, dass sich die japanischen Truppen auf einen Frontabschnitt konzentrierten und Erfolge sofort ausnutzten, während das britische Oberkommando die gesamte Küstenlinie verteidigen wollte und dem japanischen Hauptangriff keine Reserven entgegensetzen konnte. Am 15. Februar 1942 kapitulierte der britische Oberkommandierende Generalleutnant Arthur Percival mit seiner 62.000 Mann starken Besatzung. Nachdem Hongkong mit seiner kleinen britisch-kanadisch-indischen Garnison bereits am 25. Dezember 1941 gefallen war, ging mit Singapur die stärkste britische Festung in Asien verloren. Es war die größte Niederlage der britischen Militärgeschichte und zugleich ein gewaltiger Schlag gegen Großbritanniens Prestige in Asien sowie gegen die militärische Position der Alliierten. Insgesamt gerieten über 130.000 alliierte Soldaten in Kriegsgefangenschaft, während die japanische Armee gerade einmal 5.000 Verluste bezifferte. In Hongkong und Singapur kam es im Nachgang der Kämpfe zu Massakern an Verwundeten, Gefangenen und der chinesisch stämmigen Bevölkerung.

Der britische Zusammenbruch in Singapur wirkte sich auch auf Burma aus. Das japanische Oberkommando wollte anfangs lediglich den Süden besetzen, um eine Pufferzone gegen britische Offensiven aus Indien zu erhalten, die Burmastraße zu unterbrechen und Zugriff auf die reichen Bodenschätze zu erhalten. Der britische Widerstand krankte aber an den gleichen Problemen wie in Malaya und war so schwach, dass japanische Verbände weit in den Norden vorstießen und bis Mai 1942 fast das ganze Land besetzt hatten. Mit der Indischen Nationalarmee (Bose) und der Burmesischen Unabhängigkeitsarmee hatte sich Japan zudem die nationalen Unabhängigkeitsbestrebungen für die eigene Sache zunutze gemacht, in der Hoffnung, den Nimbus von Befreiern zu erhalten. Im März/April 1942 war zudem eine japanische Trägerflotte in den Indischen Ozean vorgestoßen, hatte schwere Angriffe auf britische Einrichtungen in

Ceylon und Häfen in Ostindien geflogen sowie mehrere britische Kriegsschiffe versenkt. Damit war nicht nur die britische Position in Indien, sondern langfristig – vor allem wegen der Ölversorgung aus dem Persischen Golf – auch die im Nahen Osten bedroht. Allerdings unterblieben weitere japanische Vorstöße wegen Kräfteverschleiß, Nachschubproblemen und zunehmender britischer Gegenwehr. Von Mai bis November 1942 erkämpften sich britische Einheiten die Einnahme Madagaskars gegen Vichy-Truppen *(Operation Ironclad)*, um einer etwaigen japanischen Invasion vorzubeugen. In Burma aber änderte auch das Eingreifen einer chinesischen Expeditionsarmee unter Generalleutnant Joseph Stilwell ab März nichts am Ausgang.[6] In China selbst hatten Jiangs Truppen hingegen ein weiteres japanisches Ausgreifen bei Changsha Mitte Januar 1942 verhindern können. Mit dem Kriegseintritt der USA war China allerdings zu einem Nebenkriegsschauplatz geworden, hatte sich das Schwergewicht des Krieges doch automatisch in den pazifischen Raum verlagert. Strategisch blieb die Region allerdings wichtig, band sie nicht zuletzt umfangreiche japanische Ressourcen. Gegen den Willen Churchills hatte Roosevelt Ende Dezember 1941 Chinas Aufnahme in den Kreis der Alliierten durchgesetzt, Jiang selbst wurde auf dem neu geschaffenen Kriegsschauplatz China-Burma-Indien zum Alliierten Oberbefehlshaber für China ernannt. Die USA unterstützten China deshalb weiterhin mit Krediten, Material und Verbänden, wie z. B. der *Flying Tigers*, die ab dem 20. Dezember 1941 die nationalchinesische Luftwaffe unterstützte. Der wichtigste chinesische Beitrag bestand im Gegenzug darin, möglichst viele japanische Kräfte zu binden und den Alliierten chinesische Flugplätze für Bomberoffensiven zur Verfügung zu stellen.

---

6 Stilwell war ab März 1942 Generalstabschef Jiangs. Er sollte die US-Militärhilfe koordinieren und die chinesische Schlagkraft steigern, primär aber dafür sorgen, dass die US-Prioritäten auch in China durchgesetzt würden. Unklare Kompetenzregelungen sowie gegenseitige persönliche Abneigungen verursachten bis zur Absetzung Stilwells 1944 zahlreiche Konflikte mit Jiang und verhinderten eine klare Prioritätensetzung in der Kriegsführung gegen Japan.

Auch auf den Philippinen zeigte sich, dass die alliierten Kommandeure 1941/42 unfähig zur Initiative waren und die japanischen Erfolge durch eine Reihe grober Fehlleistungen begünstigt wurden. Zumindest teilweise lag die Ursache dafür auch in einer rassistisch geprägten Unterschätzung des Gegners. So unterließ MacArthur trotz Kenntnis vom laufenden Angriff auf Pearl Harbor die Alarmierung seiner Truppen und ermöglichte dadurch, dass ein japanischer Luftschlag am selben Tag das Gros aller Flugzeuge der *US Far East Air Force* am Boden zerstören konnte. Bei den Landoperationen fehlte es ebenfalls an Entschlossenheit. Die am 10. Dezember mit zwei Divisionen eingeleitete japanische Invasion traf auf wenig Gegenwehr, obwohl die amerikanisch-philippinischen Verteidiger mehr als zehn Divisionen besaßen. Strategische Fehlbeurteilungen führten dazu, dass Verstärkungen zurückgehalten wurden und die Marine weder Schiffe noch Flugzeuge zur Verteidigung der Philippinen beisteuerte. So verfügte die japanische Armee über die uneingeschränkte Luft- und Seeüberlegenheit und konnte rasch Geländegewinne machen. MacArthur konzentrierte sich wegen der begrenzten Mittel und der Unmöglichkeit, die Philippinen als Ganzes zu verteidigen, auf die nördliche Insel Luzon mit der Inselfestung Corregidor bei Manila. Allerdings verteilte auch MacArthur seine Einheiten auf die gesamte Küste, wodurch er nicht mit Reserven auf japanische Durchbrüche reagieren konnte. Der japanische Hauptangriff erfolgte am 22. Dezember 1941 von Norden her, wurde durch Landungen im Süden und Südosten unterstützt und bedrohte so Manila von mehreren Seiten. Bereits zuvor waren die Südphilippinen besetzt worden. Die alliierten Verbände mussten sich im Januar 1942 auf die Halbinsel Bataan zurückziehen und kapitulierten am 9. April, Corregidor hielt sich noch bis Anfang Mai. Auf Bataan gerieten 12.000 Amerikaner und 66.000 Filipinos in Kriegsgefangenschaft. Nach Singapur die zweite schwere Niederlage im Pazifik, welche die alliierte Position nochmals deutlich schwächte. Von den Kriegsgefangenen starben etwa 16.000 auf dem sogenannten »Todesmarsch« von Bataan zur Eisenbahnverladestation San Fernando. MacArthur selbst war im März nach Australien ausgeflogen und zum Oberkommandierenden im Südwestpazifik ernannt worden. Auf den Philippinen selbst führte die philippinische Volksarmee unter Luis Taruc – eine kommunistische Widerstandsbewegung – den Kampf gegen die japanischen Invasoren bis zur alliierten Rückeroberung 1945 weiter.

Die Invasion Niederländisch-Indiens begann am 11. Januar 1942 mit Offensiven nach Niederländisch-Borneo und Celebes, nachdem bereits im Dezember 1941 das britische Nordborneo eingenommen worden war. Bis Ende Januar 1942 eroberten japanische amphibische Verbände in überschlagenden Offensiven Celebes, Niederländisch-Borneo und die Molukken, im Februar Sumatra. Diese Gebiete dienten als Basis für die weiteren japanischen Offensiven. Die schlecht ausgerüsteten niederländischen Besatzungstruppen brachten in eilig erfolgten Rekrutierungen etwa 120.000 Mann zusammen, ihnen mangelte es aber an adäquaten Luftstreitkräften. Ein im Januar gebildeter alliierter Flottenverband unter dem niederländischen Konteradmiral Karel Doorman versuchte die japanischen Seebewegungen zu stoppen, wurde in der Schlacht in der Javasee am 27./28. Februar 1942 allerdings vernichtend geschlagen. In rascher Folge eroberten japanische Truppen bis Anfang März Java, Bali und Timor, worauf Niederländisch-Indien am 8. März kapitulierte. Damit war das eigentliche Ziel der Südoperation, der Zugriff auf die reichen Bodenschätze zur Erlangung wirtschaftlicher Autarkie, erreicht. Die Offensive wurde im April mit dem Ausgreifen nach Neuguinea beendet, das aber nur im Norden besetzt werden konnte. Gleichwohl wurde damit der Anschluss an den japanischen Vorstoß nach Ozeanien erreicht, der von Dezember 1941 bis März 1942 wichtige vorgelagerte Positionen im Pazifik wie die US-Stützpunkte Guam und Wake, das Bismarck-Archipel und die Salomonen unter japanische Herrschaft brachte. Von besonderer Bedeutung sollte dabei die Einnahme Rabauls am 23. Januar 1942 sein, dessen Hafenstützpunkt in den folgenden Jahren zu einem strategischen Anker der japanischen Marine werden sollte.

Die japanische Großoffensive endete in einem Triumph. Innerhalb weniger Monate hatten die japanischen Streitkräfte die westlichen Kolonialmächte zerschlagen und weite Teile Südostasiens mit 450 Millionen Menschen unter ihre Kontrolle gebracht. Damit hatte Japan die größte Ausdehnung in seiner Geschichte erreicht und seine vitale Rohstoffgrundlage geschaffen. Gleichzeitig führten die relativ leichten japanischen Siege aber zu einer verhängnisvollen Überschätzung des eigenen Potenzials und zu überdimensionierten neuen Planungen. In einem »erweiterten Plan« fasste das japanische Oberkommando 1942 neue strategisch wichtige Ziele ins Auge, die zuvor nicht ernsthaft erwägt worden waren: Die bisherigen Eroberungen sollten auf den Südosten Neuguineas und das Fernziel Australien, das mit der Bombardierung von Darwin im Februar 1942 erstmals angegriffen wurde, sowie auf Hawaii und die Aleuten ausgedehnt werden. Gleichzeitig sollte der Griff nach Neukaledonien, den Fidschi-Inseln und Samoa folgen. Im Anschluss daran waren die Einnahme Ceylons und die Beherrschung des Indischen Ozeans, schließlich die Bedrohung der britischen Position in Indien geplant.

Weiter ausschlaggebend für diese Pläne war auch, dass sich die *US Navy* bis zu diesem Zeitpunkt nicht der erhofften Entscheidungsschlacht gestellt hatte und der sogenannte *Doolittle Raid* im April 1942. Der von US-Flugzeugträgern aus gestartete Bomberangriff auf japanische Städte war von geringer militärischer, jedoch hoher psychologischer Wirkung. Auf der Suche nach den notgelandeten US-Piloten führte die japanische Armee von Mai bis September 1942 eine brutale Vergeltungskampagne in den chinesischen Provinzen Zhejiang und Jiangxi durch. In deren Verlauf wurden nicht nur die von den Alliierten benutzten Flugplätze zerstört, sondern ganze Landstriche verwüstet, biologische Kampfmittel eingesetzt und 250.000 chinesische Zivilisten getötet (neben 70.000 chinesischen und 36.000 japanischen Soldaten). Der *Doolittle Raid* wirkte sich auch strategisch folgenschwer aus: Erst unter seinem Eindruck konnte Yamamoto gegen die Bedenken des Admiralstabs seine Idee durchsetzen, den Flottenstützpunkt Hawaii anzugreifen, um die *US Navy* so zur Entscheidungsschlacht zu zwingen. Der Grundstein hierfür sollte die Einnahme des US-Luftwaffenstützpunkts auf Midway bilden.

All dem lag die Grundproblematik zugrunde, dass die Kontrolle über das bis März 1942 eroberte Gebiet, die Sicherung der Transport- und Nachschublinien sowie der neue japanische Großraumplan die japanischen Kräfte bei weitem überspannte und die bereits arg strapazierten japanischen Streitkräfte zusätzlich zersplitterte. Darüber hinaus hatte die amerikanische Aufklärung den japanischen Marinecode entschlüsselt (MAGIC) und Midway als Angriffsziel ausgemacht. Dies sollte der *US Navy* erlauben, die Fehlleistung von Pearl Harbor zu korrigieren und dem Kriegsverlauf einen neuen Ausschlag zu geben.

3.6. Der Wechsel der Initiative in Europa und Afrika 1943

Zum Jahreswechsel 1942/43 hatten die Alliierten an allen Fronten außer in China und Burma die Initiative erlangt. Bei Guadalcanal und Midway wurde das japanische Ausgreifen gestoppt (vgl. 3.7), der deutsche Vormarsch endete in der Katastrophe von Stalingrad und vor el-Alamein, auch im Luft- und Seekrieg wirkte sich das alliierte Potenzial allmählich aus (vgl. 3.8 & 3.9). Das Jahr 1943 sollte den Achsenmächten weitere Rückschläge bringen und zum Verlust der Handlungsfreiheit führen.

NORDAFRIKA UND STRATEGISCHE WEICHENSTELLUNGEN DER ALLIIERTEN

In Afrika war die deutsch-italienische »Panzerarmee Afrika« (Rommel) nach Truppenverstärkungen im Frühjahr 1942 nochmals offensiv geworden und hatte im Juni mit der Eroberung Tobruks ihren letzten Sieg errungen. Der erhoffte Durchbruch an den Suez-Kanal misslang jedoch im Juli und Oktober bei el-

Alamein. Die kritische Versorgungslage, die Entkräftung der Truppen sowie detaillierte Informationen über Rommels Absichten (ULTRA) waren hierfür ausschlaggebend. Am 2. November ging die britische 8. Armee unter General Bernhard Montgomery in die Gegenoffensive, die bis Ende Januar 1943 zur Einnahme Libyens führte. Der britische Sieg hatte auch politisches Gewicht, war Churchill zu diesem Zeitpunkt innenpolitisch doch stark in Kritik geraten. Nach der Schlacht von el-Alamein war seine Position wieder gefestigt. Als zudem am 8. November 107.000 alliierte Soldaten unter General Dwight D. Eisenhower in Französisch-Marokko und Algerien landeten *(Operation Torch)*, fanden sich die deutschen und italienischen Verbände in einem Zweifrontenkrieg gegen einen an Material und Personal deutlich überlegenen Gegner wieder. Das Gros der 60.000 Mann starken Vichy-Truppen (Darlan) widersetzte sich nur kurz und schloss sich dann – wie die übrigen Vichy-Einheiten der Nordafrika-Armee – dem alliierten Vorstoß an. Inzwischen hatten sich die deutsch-italienischen Verbände nach Tunesien zurückgezogen, wo der alliierte Vormarsch stockte. Rommel forderte angesichts der Lage die Räumung Nordafrikas und wurde im März abberufen. Sein Nachfolger, Generaloberst Hans Jürgen von Arnim, kapitulierte am 13. Mai 1943 mit über 250.000 deutschen und italienischen Soldaten. Weil Hitler Nordafrika unbedingt halten wollte, hatte er zuvor noch massive Verstärkungen einfliegen lassen. Dadurch gerieten in diesem »zweiten Stalingrad« in Tunesien mehr deutsche und italienische Soldaten in Kriegsgefangenschaft als im Februar 1943 an der Volga, die italienische Armee war danach gebrochen.

Noch am 11. November 1942 hatten Hitler und Mussolini auf die alliierte Landung in Nordafrika reagiert, indem deutsche und italienische Verbände Südfrankreich und Korsika besetzten *(Unternehmen Anton)*. Das kleine Vichy-Heer wurde entwaffnet, Vichy-Frankreich endgültig zum Marionettenstaat. Nicht gelungen war hingegen die Inbesitznahme der französischen Flotte, die sich am 27. November in Toulon selbst versenkte. Der deutsch-italienische Coup änderte nichts an der Gesamtlage. Die alliierte Landung hatte die Achsenmächte völlig überrascht und alle Ziele erreicht. Sie brachte den Alliierten die Kontrolle über Nordafrika und das Mittelmeer sowie wertvolle Erkenntnisse für spätere amphibische Landungen. Auch kündigte sich dadurch die Eröffnung einer zweiten alliierten Front an. Der Erfolg konnte allerdings über eines nicht hinwegtäuschen: Es bestanden scharfe inneralliierte Meinungsverschiedenheiten über die strategische Ausrichtung. *Operation Torch* war lediglich ein Kompromiss, der Stalins Erwartungen keineswegs erfüllte und sein Misstrauen in die Westalliierten verstärkte – schließlich hatte Roosevelt im Mai 1942 bis Jahresende die Bildung der zweiten Front auf dem europäischen Kontinent in Aussicht gestellt, eine Zusage, auf die im August 1942 bloß der kläglich gescheiterte Landungsversuch bei Dieppe gefolgt war. Mit der Peripheriestrategie hatten sich also nochmals Churchill und der britische Standpunkt durchgesetzt. Auch gegenüber Roosevelt, der nach wie vor die Kanalüberquerung und die Eröffnung einer alliierten Front in Nordfrankreich *(Operation Roundup)* priorisierte.

Zur Bereinigung der Differenzen und um die künftige Strategie festzulegen, trafen sich Roosevelt und Churchill mit ihren Stabschefs Mitte Januar 1943 zur Konferenz von Casablanca *(Symbol)*. Dort fassten sie Grundsatzentscheide für die Landungen in Frankreich und auf Sizilien, beschlossen die Intensivierung des Seekriegs im Atlantik und erhöhten die Dringlichkeit materieller Unterstützung an die UdSSR. Die ebenfalls vereinbarte sofortige Ausweitung des strategischen Luftkriegs über Europa war auch als besänftigendes Signal an Stalin gedacht. Ferner setzten Planungen für die Offensive im Pazifik ein. Die Streitpunkte über die strategische Ausrichtung konnten jedoch erst im Mai auf der zweiten Washingtoner Konferenz *(Trident)* bereinigt werden. Dabei einigten sich Roosevelt und Churchill darauf, die Planung für die Invasion in Frankreich *(Operation Roundup)* weiter zu führen, die Landung selbst aber auf den 1. Mai 1944 zu verschieben. Die Landung auf Sizilien und die Offensive in Asien erhielten zunächst Vorrang. Im Gegenzug gab Churchill seine Idee einer Balkanoffensive auf, in deren Verlauf er einen Vorstoß bis zur Ostsee vorsah – eine Option

mit deutlicher Spitze gegen die UdSSR. Beide Konferenzen behandelten schwergewichtig militärisch-strategische Aspekte,
auch wenn bereits erste Überlegungen zu Nachkriegsplänen
diskutiert wurden. Folgenschwer wirkte sich indes die Forderung nach der »bedingungslosen Kapitulation« der Achsenmächte aus, die Roosevelt mit der Casablanca-Erklärung verkündete. Diese stellte die Weichen für die politischen Ziele der
Nachkriegszeit und markierte auf alliierter Seite einen wichtigen Schritt hin zum »Totalen Krieg« (vgl. 4). Stalin schloss sich
am 1. Mai 1943 der Casablanca-Erklärung an, nicht ohne seine
Enttäuschung über die erneute Verzögerung der alliierten
Westfront kundgetan zu haben. Auch dies blieb nicht ohne politische Folgen. Aus Sicht Stalins legitimierte letztlich die Tatsa-
che, dass die UdSSR nach ersten angloamerikanischen Zusagen
noch drei Jahre lang die Hauptlast des Krieges gegen die Wehrmacht tragen musste, die sowjetischen Ambitionen in Osteuropa. Die Westalliierten beanspruchten zwar ein Mitspracherecht
und pochten auf die Einhaltung der Atlantikcharta, setzten sich
machtpolitisch aber nicht durch. Großbritannien geriet dabei
zunehmend zwischen die amerikanisch-sowjetischen Positionen und stieg ab 1943 allmählich zum Juniorpartner in der alliierten Troika ab.

OSTEUROPÄISCHER KRIEGSSCHAUPLATZ

Der im Zuge der Stalingrader Gegenoffensive erfolgte Durchbruch *(Kleiner Saturn)* hatte die deutsche Südwestfront bis Ende
Dezember 1942 ins Wanken gebracht. Übermütig durch diesen
Erfolg und entgegen der Ansichten der Militärs wollte Stalin
die Heeresgruppe A mit einer gigantischen Offensive zweier
sowjetischer Fronten und der Schwarzmeergruppe im Kaukasus einkesseln und vernichten. Dies musste schon an den rea-
len Umweltbedingungen scheitern. Auch band die 6. Armee in
Stalingrad beträchtliche sowjetische Kräfte. Beides ermöglichte
der Heeresgruppe A, sich bis Februar 1943 über Rostov nach
Norden zurückzuziehen. Die Gesamtlage blieb für die Achsen-

mächte gleichwohl desolat. Die am 12. Januar 1943 nach Planungen der Marschälle Žukov und Vasilevskij mit fünf Fronten eröffnete sowjetische Großoffensive gegen die deutsche Donstellung hatte bis Ende Februar zu einem mehrere hundert Kilometer tiefen sowjetischen Einbruch und zur Vernichtung der ungarischen 2. Armee (Jány) geführt. Rostov, Char'kov, Belgorod und Kursk gingen verloren. Stalin wollte mehr und befahl die Zerschlagung der deutschen Verbände auf der Krim. In dieser Situation gelang es Manstein, dem Oberbefehlshaber der inzwischen mit Truppen verstärkten Heeresgruppe Don/Süd, Mitte Februar und Anfang März die drohende Einkesselung des deutschen Südflügels abzuwenden. In einer überraschenden Gegenoffensive in Richtung Char'kov und Belgorod (»Schlagen aus der Nachhand«/Rochade von Rostov) konnte der sowjetische Angriffskeil zerschlagen, das Gebiet bis zum mittleren Donec zurückerobert und bis zum Beginn der Schlammperiode wieder eine geschlossene Front gebildet werden. Die Verluste dieser Winter- und Frühjahrsoffensiven fielen auf beiden Seiten mit je 150.000 bis 160.000 Mann hoch aus. Dass es nach Stalingrad nicht auch an der deutschen Südwestfront zu einer Katastrophe gekommen war, verdankte die Wehrmacht zu einem guten Teil Stalins Führungsfehlern, der zu viel auf einmal erreichen wollte, den sowjetischen Schwierigkeiten, die Offensive über so lange Strecken aufrecht zu erhalten, sowie Manstein und den damals noch vorhandenen Reserven. Der deutsche Erfolg blieb letztlich aber ein operativer und wirkte sich nicht strategisch aus.

So stand die Wehrmacht im Frühling 1943 fast exakt wieder dort, wo sie ein Jahr zuvor die Sommeroffensive begonnen hatte. Die strategische Gesamtlage zeichnete sich hingegen deutlich negativer ab. Die Ende November 1942 begonnene und von Žukov geführte sowjetische Großoffensive der Kalininer und Westfront vor Moskau gegen die deutsche 9. Armee (Model) im mittleren Frontbereich bei Ržev war zwar gescheitert *(Operation Mars)*, womit auch der geplante Schlag gegen die Heeresgruppe Mitte *(Operation Jupiter)* vorläufig noch ausblieb. Der Kräfteverschleiß und fehlende Ressourcen hatten im nördlichen und mittleren Abschnitt bei Demjansk, Vjaz'ma und Řžev aber Frontrücknahmen notwendig gemacht. Bei Leningrad war der deutsche Blockadering im Januar 1943 durchbrochen worden *(Operation Iskra)*. Die verbündeten Armeen Rumäniens, Ungarns und Italiens hatten zudem vernichtende Verluste erlitten. Immer stärker drängten ihre Regierungen Hitler deshalb zu einem separaten Friedensschluss mit Stalin. Mussolini, immerhin der Hauptverbündete, zog im Frühjahr seine Truppen sogar ganz aus der UdSSR ab. Die sowjetischen Gegenoffensiven verdeutlichten andererseits die sowjetischen Fortschritte. Die sowjetische Kriegsindustrie hatte den Einbruch von 1941 wieder ausgeglichen, die Personalverluste waren durch neu aufgestellte Verbände ausgeglichen worden. Vor allem aber hatte die oberste Führung gelernt und eine beweglichere Operationsführung entwickelt. Stalin konnte zwar wie gesehen immer noch – ähnlich wie Hitler – militärisches Mikromanagement betreiben. Er hörte aber zunehmend stärker auf seine militärischen Berater in der Stavka, besonders auf Žukov und Vasilevskij, und überließ diesen die Planung und Koordination der Großoffensiven.

Im Frühjahr 1943 hatte der völlige Zusammenbruch des deutschen Südflügels noch einmal verhindert werden können. Auf deutscher Seite bestand sogar noch die Hoffnung, die UdSSR zu besiegen, bevor die Alliierten im Westen die zweite Front eröffneten. Um die Initiative wieder zurückzugewinnen und der RKKA die Kräfte für eine weit reichende Offensive zu nehmen, befahl Hitler im April 1943 eine Operation gegen den Frontbogen bei Kursk *(Unternehmen Zitadelle)*. Die geplante Zangenoperation mit Teilen der Heeresgruppen Mitte (9. Armee) und Süd (4. Panzerarmee, Armeeabteilung Kempf) sollte eine Demonstration der Stärke sein und »für die Welt wie ein Fanal wirken«[7]. Die für die Offensive zusammengezogenen Kräfte von 500.000 bis 780.000 Mann, knapp 3.000 Panzerfahrzeugen und etwa 1.800 Maschinen der Luftflotte 4 (Richthofen) standen einer sowjetischen Überzahl aus drei Fronten mit 1,4 bis zwei Millionen

---

7 So Hitler im Operationsbefehl Nr. 6 vom 15.4.1943.

Mann, etwa 5.000 Panzern und bis zu 3.200 Flugzeugen dreier Luftarmeen gegenüber, an Artillerie waren die sowjetischen Verbände fünffach überlegen. Durch Agentenberichte, britische Hinweise und Funkaufklärung kannte die sowjetische Seite zudem seit langem die deutschen Absichten. Die deutschen Angriffskeile stießen deshalb auf ein tief gestaffeltes sowjetisches Verteidigungssystem. Dessen Ausbau hatte Hitler selbst ermöglicht, indem er den Offensivbeginn verzögerte, bis die neuen schweren Panzertypen (*Panther, Tiger, Elefant*) an die Front gebracht worden waren. Mit deren Hilfe glaubte Hitler, den Angriff erfolgreich führen zu können, falsche Einsatztaktik und technische Kinderkrankheiten verursachten bei den teils direkt aus den Fabriken angelieferten Panzern indes hohe Ausfälle.

Am 5. Juli 1943 begann die Offensive, die zu keinem Zeitpunkt eine strategische Perspektive besaß. Die nördliche deutsche Angriffsgruppe lief sich rasch fest. Im Südabschnitt erreichte der Vorstoß am 12. Juli mit der Panzerschlacht bei Prochorovka seinen Höhepunkt. Diese wird bis heute häufig als größte und entscheidende Panzerschlacht des Krieges bezeichnet. Die neuere Forschung belegt hingegen, dass es sich dabei um einen bewusst konstruierten Mythos der sowjetischen Geschichtsschreibung handelt, um die horrenden Verluste zu kaschieren und die Führungsqualitäten von Politkommissar Nikita Chruščev hochzustilisieren. Tatsächlich verloren die sowjetischen Verbände über 320.000 Mann und 2.000 Panzer, die deutschen 54.000 Mann und rund 250 Panzer. Das quantitative Übergewicht der RKKA war jedoch bereits so erdrückend, dass sich dies nicht auswirkte. Entscheidend war, dass die deutschen Erfolge kaum mehr als taktische Ausmaße erlangten. Und dass die sowjetische Führung nicht mehr wie früher auf deutsche Angriffe reagierte, indem sie bloß Truppenverstärkungen ins Zentrum der Kämpfe schickte und dort aufrieb, sondern immer mehr auch großräumige Aktionen gegen die deutschen Flanken führte. Noch am Tag von Prochorovka eröffnete die Stavka im Raum Orël mit drei weiteren Fronten die *Operation Kutusov*, die bei der 2. Panzerarmee (Clößner) eine schwere Krise verursachte und die 9. Armee (Model) zum Abbruch des Angriffs zwang. Am 17. Juli begann der Angriff zweier Fronten gegen das Donecbecken, der von der Heeresgruppe Süd nur dank Truppenabzug aus dem Raum Char'kov aufgehalten werden konnte. Darauf löste die Stavka am 3. August die Hauptoffensive gegen die Heeresgruppe Süd aus *(Operation Rumjancev)*, die bis Ende August zur Rückeroberung von Belgorod und Char'kov führte. Zu diesem Zeitpunkt war *Zitadelle* von Hitler längst abgebrochen worden – nicht wie häufig behauptet wegen der alliierten Landung in Sizilien, sondern wegen der prekären Lage an der Ostfront.

Die von langer Hand geplante und im Rahmen der Kursker Kämpfe begonnene sowjetische Gegenoffensive zwang die Wehrmacht bis Jahresende zum weiträumigen Rückzug. Wie Stalin 1941 befahl Hitler nun ebenfalls die Taktik der verbrannten Erde, um dem Gegner keine kriegswichtigen Einrichtungen zu hinterlassen. Angesichts des besonderen Charakters des deutsch-sowjetischen Krieges ist klar, dass dieses Vorgehen nicht nur der militärischen, sondern auch der ideologisch motivierten Logik des Vernichtungskriegs entsprang. Dies und die improvisierte Einrichtung des Ostwalls *(»Panther-Stellung«)* – ab Frühjahr 1944 dann auch der sogenannten »Festen Plätze« – konnte den sowjetischen Vormarsch nur noch bedingt verzögern, geschweige denn aufhalten. Am mittleren Frontabschnitt nahmen sowjetische Verbände Smolensk und Roslavl' ein und standen Anfang Oktober in Weißrussland *(Operation Suvorov)*. Im Süden eroberte die RKKA bis September das Donecbecken und mit der Taman-Halbinsel den letzten deutschen Brückenkopf *(Gotenkopf)*. Anfang November gelang es, in (für beide Seiten) enorm verlustreichen Kämpfen den Dnepr auf breiter Front zu überschreiten, Kiev einzunehmen und bis Dezember 1943 zahlreiche strategische Brückenköpfe einzurichten. Diese sollten als Sprungbretter für die kommenden Offensiven dienen.

Am 10. Juli 1943 landeten Verbände der britischen 8. Armee
(Montgomery) und der 7. US-Armee (Patton) mit etwa 180.000
alliierten Soldaten überraschend auf Sizilien *(Operation Husky)*
und machten die zweite Front im Süden Europas zur Wirklichkeit. Ihnen gegenüber stand die italienische 6. Armee (Guzzo-
ni) mit 300.000 Mann und zwei deutschen Verbänden. Der alliierte Vorstoß kam rasch voran. Die Rivalität zwischen Patton
und Montgomery brachte es aber mit sich, dass die britischen
und US-Verbände ihre eigenen Feldzüge führten (»Wettlauf
nach Messina«). Die eilends auf vier Divisionen mit 45.000 Soldaten verstärkten deutschen Truppen unter General der Pan-
zertruppe Hans-Valentin Hube, dem Ende Juli auch die italienischen Verbände unterstellt wurden, konnten vor Messina eine neue Verteidigungsfront aufstellen. Ohne Luftunterstützung war die Insel aber nicht zu halten. Bis zum 17. August
gelang mit 40.000 deutschen und 62.000 italienischen Soldaten
die Räumung Siziliens.

Politisch zeitigte der alliierte Vormarsch gewichtige Folgen:
Am 25. Juli setzte der Faschistische Großrat Mussolini ab und
inhaftierte ihn. Die neue Militärregierung unter Marschall Pie-
tro Badoglio erklärte zwar umgehend, den Krieg auf Seiten der
Achse weiterzuführen, sondierte aber zugleich bei den Alliierten für den Frieden. Hitler selbst orderte nach Mussolinis Sturz
die Machtübernahme in Italien an und hatte dafür bereits seit
Anfang 1943 deutsche Truppen in Italien strategisch stationiert.
Als der Waffenstillstand am 8. September publik wurde, löste
Hitler die Okkupation Italiens aus *(Fall Achse)*. Unter dem Kommando der beiden Generalfeldmarschälle Rommel und Kesselring besetzten deutsche Truppen neuralgische Punkte und ent-
waffneten die italienischen Verbände. Der Zugriff auf die italienische Flotte misslang jedoch (vgl. 3.8) und in Griechenland
leisteten italienische Verbände heftigen Widerstand, was auf
Kefalonia zu einem Massaker an über 5.000 Italienern führte. In
Italien kam es ebenfalls zu deutschen (allerdings auch alliierten) Kriegsverbrechen und ersten Anti-Partisanenoperationen.

Zudem wurden über 500.000 italienische »Militärinternierte« – Hitler verwehrte den italienischen Soldaten den kriegsvölkerrechtlichen Schutz von Kriegsgefangenen – nach Deutschland verschleppt und dort als Arbeitssklaven in der Kriegswirtschaft eingesetzt. Am 12. September befreiten deutsche Fallschirmjäger ferner Mussolini, der am 23. September die *Reppublica Sociale Italiana* (Salò) ausrief, ein politisch wirkungsloser, ganz vom Deutschen Reich abhängiger Marionettenstaat.

Die bisherigen Erfolge in Sizilien bestärkten Roosevelt und Churchill im August 1943 auf der Konferenz von Quebec *(Quadrant)*, die geplanten Operationen auf das italienische Festland durchzuführen. Hierfür gingen am 3. September Verbände der britischen 8. Armee in Kalabrien *(Operation Baytown)* und am 9. September eine britische Division bei Taranto *(Operation Slapstick)* an Land. Am selben Tag folgte die Hauptlandung der 5. US-Armee von Generalleutnant Mark Clark bei Salerno *(Operation Avalanche)*, deren Ausweitung erst Mitte September und nach der verlustreichen Abwehr eines heftigen Gegenangriffs der deutschen 10. Armee (Vietinghoff) gelang. Zwei Tage später konnten sich die beiden alliierten Armeen vereinigen. Dies ermöglichte, den alliierten Vormarsch nach Norden zu erweitern und bis zum 1. Oktober Neapel zu befreien. Die Heeresgruppe C (Kesselring) hatte zu diesem Zeitpunkt eine Verteidigungslinie *(Gustav-Linie)* bezogen, die nördlich von Neapel quer durch Italien verlief und bis Frühjahr 1944 gehalten werden sollte.

3.7. Krieg in Ostasien und im Pazifik 1942 bis 1944 – Japan in der Defensive

Im Frühsommer 1942 hatte Japan alle seine mittelfristigen Ziele in Südostasien erreicht und wollte zur strategischen Defensive übergehen. Die Kaiserlich-japanische Marine sollte dabei das eroberte Gebiet vom Indischen Ozean über Neuguinea bis in den Westpazifik sichern. Dies überspannte die eigenen Kräfte. Der erste Rückschlag ereignete sich Anfang Mai 1942 in der Schlacht im Korallenmeer, als die Landung bei Port Moresby im

Südosten Neuguineas *(Operation Mo)* scheiterte. Diese hätte die Eroberung Neuguineas abschließen und Japan einen wichtigen Stützpunkt für das Ausgreifen nach Australien und in den Südostpazifik liefern sollen. Die amerikanische Funkaufklärung hatte die japanische Kräftemassierung aber dank Code-Entschlüsselung schon früh erkannt. Die Luft-See-Schlacht im Korallenmeer war zudem die erste Schlacht zwischen zwei Flotten, die über mehrere hundert Seemeilen Distanz ohne direkten Sichtkontakt geführt wurde. Ihre strategische Bedeutung für die Alliierten zeigte sich nicht nur in der gescheiterten Landung auf Port Moresby. Die japanische Flotte hatte hohe Ausfälle an Flugzeugbesatzungen sowie zwei schwer beschädigte Flugzeugträger zu beklagen, die einen Monat später bei Midway fehlen sollten.

Gezeitenwechsel bei Midway und Guadalcanal

Wie gesehen hatte sich die japanische Führung im Verlauf des Frühjahrs 1942 dazu entschieden, das japanische Vorfeld nach Osten zu erweitern. Wie zuvor die strategische Südexpansion sollte auch der japanische Vorstoß nach Westen in der See-Luft-Schlacht bei Midway Anfang Juni 1942 scheitern. Yamamoto plante, mit einem Trägerkampfverband (Nagumo) Midway anzugreifen, während einige hundert Seemeilen dahinter der Schlachtschiffverband (Yamamoto) und aus Südwesten die Landungsgruppe (Kondō) folgten. Gleichzeitig führte ein dritter Verband (Kakuta) einen Ablenkungsangriff gegen die Aleuten durch. Die Kräfteverteilung war in etwa ausgeglichen. Im Gegensatz zur japanischen Flotte verfügte die US-Flotte aber über Radar zur Luftraumüberwachung und konnte ihre Trägerflugzeuge mit Maschinen aus Midway – etwa Fernaufklärer des Typs *Catalina* – verstärken. Maßgeblich war auch die Funkaufklärung (MAGIC), die der *US Navy* ein genaues Lagebild über die Annäherung der japanischen Schiffe verschaffte. Gerade die Lokalisierung des Gegners wurde in dieser über weite Gefechtsdistanzen geführten Schlacht zum entscheidenden Kriterium. So glaubte die japanische Führung, dass sich einige der amerikanischen Flugzeugträger noch im Südpazifik befänden. Auch die amerikanischen Flugzeugverbände hatten Schwierigkeiten bei ihren Angriffen, die ein hohes Maß an Koordination zwischen See- und Luftverbänden erforderte. US-Torpedoflugzeuge erlitten deshalb hohe Verluste, als sie den japanischen Trägerverband alleine angriffen, weil die amerikanischen Begleitjäger und Sturzkampfbomber ihn nicht fanden. Die verlustreichen Angriffe der Torpedoflugzeuge ermöglichten andererseits indirekt den Erfolg, da sie die japanischen Abfangjäger in tiefer Höhe banden. Ohne deren Luftschirm konnte deshalb eine weitere Angriffswelle aus Sturzkampfbombern in wenigen Minuten drei japanische Flugzeugträger vernichten, die mangels Radar von der japanischen Flotte zu spät erkannt wurde – ein Glücksfall, der aufzeigt, wie sehr der Krieg als Kontingenzphänomen zu verstehen ist. Der letzte japanische Träger konnte sich zunächst retten, fiel später aber einem weiteren Luftangriff zum Opfer. Die japanischen Schlachtschiffe brachen den Angriff am 5. Juni ab. Die Schlacht bei Midway war für Japan eine militärische Katastrophe und leitete den Wendepunkt im Pazifikkrieg ein. Der Verlust aller vier eingesetzten Träger schwächte die Kaiserlich-japanische Marine lebensbedrohlich. Ihre Offensivkraft war damit gebrochen, auch hatte sie viele Flugzeuge verloren. Besonders schwer wogen die Pilotenausfälle. Die japanischen Streitkräfte hatten in den Jahren zuvor eine sehr sorgfältige und hochwertige Fliegerausbildung betrieben, um eine Pilotenelite heranzubilden. Diese konnte kurzfristig kaum ohne Qualitätseinbußen ersetzt werden. Das japanische Scheitern hatte viele Ursachen: Eine grundsätzliche Unterschätzung der amerikanischen Schlagkraft spielte ebenso eine Rolle wie militärische Fehlbeurteilungen, die Überdehnung der Fronten, die Zersplitterung der vorhandenen Mittel oder nachrichtendienstliche und technische Defizite.

Nach Midway gingen das Kräfteverhältnis und die Initiative auf die alliierte Seite über. Die Gegenoffensive im Südpazifik verlief aber nicht nach den Vorkriegsplänen (*Orange, Rainbow 5*). Die Verluste der *US Navy* sowie der geographischen Vorposten

(Philippinen, Guam) machten dies unmöglich. Auch verhinderte die *Europe-first*-Strategie noch den vollen Einsatz. Der Fokus lag zunächst auf dem Ausbau der Defensive und dem Schutz der Seehandelswege nach Australien. Mit der Aufteilung des pazifischen Kriegsschauplatzes in zwei amerikanische Kommandobereiche unterstrichen die USA jedoch ihre Kampfentschlossenheit und beanspruchten die inneralliierte Führungsrolle: Unter Admiral Chester Nimitz wurde das *Pacific Ocean Areas Command* und unter General Douglas MacArthur das *Southwest Pacific Area* eingerichtet, zu Letzterem gehörten auch die britischen, australischen, neuseeländischen und niederländischen Truppen vor Ort. Bereits Anfang August 1942 landete eine Division des *US Marine Corps* auf Guadalcanal und vier weiteren Salomonen-Inseln. Diese erste Offensive hatte noch wenig mit den späteren amphibischen Landungen gegen japanische Positionen gemein. Die Kaiserlich-japanische Marine operierte seit zwei Monaten in den östlichen Salomonen und beabsichtigte nach der Niederlage bei Midway, ihr Stützpunktnetz in Südostasien zu festigen. Auf Guadalcanal hatte sie dazu mit dem Bau einer Luftwaffenbasis begonnen (wovon selbst der Kaiserlich-japanische Heeresgeneralstab in Unkenntnis war). Damit drohte nicht nur der Verlust der Salomonen, sondern auch eine konkrete Gefährdung der alliierten Verbindungen nach Australien. Das US-Oberkommando entschloss sich deshalb zum raschen Gegenschlag auf Guadalcanal. Aus der taktisch überraschenden amerikanischen Landung entwickelte sich eine lange Abnutzungsschlacht. Die japanischen Streitkräfte reagierten mit See- und Luftschlägen, die aber durch die Abgeschiedenheit des Kampfgebietes erschwert wurden. Auch den Alliierten gelang es nicht, eine effektive Kontrolle zur See zu erlangen. Beide Seiten verstärkten zudem ihre Bodentruppen, die strategisch wichtigen Inseln wurden in einem verlustreichen Dschungelkrieg hart umkämpft. Als die Versorgung der Truppenverstärkungen nicht weiter aufrechterhalten werden konnte, entschied die japanische Führung im Februar 1943, die Inseln aufzugeben und die Truppen zu evakuieren. Zugleich wurde auch der Feldzug in Ostneuguinea abgebrochen.

Dort war der japanische Vorstoß bereits im Oktober 1942 an der australischen Gegenwehr gescheitert, bis Februar 1943 hielten jedoch japanische Verbände unter teils katastrophalen logistischen Bedingungen ihre Stellungen.

Beide Seiten verloren in der Schlacht um Guadalcanal Kriegsschiffe, Flugzeugträger und zahlreiche kleinere Schiffe sowie mehrere hundert Flugzeuge. Die alliierten Verluste beliefen sich auf über 7.000, die japanischen sogar auf mehr als 20.000 Tote. Strategisch verdeutlichte die Niederlage bei Guadalcanal und Neuguinea die Überdehnung der Fronten und die Überforderung der japanischen Kräfte. Zusammen mit dem gleichzeitigen japanischen Stillstand an den übrigen Fronten und der deutschen Niederlage in Stalingrad markierte dies nicht nur den Kulminationspunkt der japanischen Expansion, sondern wirkte wie ein Fanal für den Gesamtkrieg.

BEGINN DER ALLIIERTEN GEGENOFFENSIVEN

Wie auf dem europäischen Kriegsschauplatz gab es auch beim Vorgehen gegen Japan Unstimmigkeiten bei den Alliierten hinsichtlich der einzuschlagenden Strategie. In Asien war dies eine ausschließlich amerikanische Frage, zu schwach waren die britische und chinesische Position. Eine Offensive auf dem Kriegsschauplatz China-Burma-Indien unterblieb deshalb, auch wurde ein Angriff auf Niederländisch-Indien – die Rohstoffbasis Japans – nie in Betracht gezogen. Die alternative Nordoffensive, von Alaska aus über die Aleuten und Kurilen, schied aus geographisch-klimatischen Bedingungen und wegen fehlender sowjetischer Unterstützung aus. So blieben nur zwei Optionen übrig: Den eingeschlagenen Weg aus dem Südwestpazifik fortzusetzen oder über die kleinen Inseln des Zentralpazifiks auf Japan vorzustoßen. Beide Optionen verfolgten mit den Philippinen dasselbe strategische Zwischenziel, profitierten von überdehnten japanischen Frontlinien und konnten starke japanische Positionen durch Umgehung neutralisieren. Beide Optionen waren aber auch in besonderem Ausmaß – und

stärker als auf allen anderen Kriegsschauplätzen – von starker
Luftunterstützung abhängig. Nicht zuletzt bedeutete dies auch,
die Option der *US Army* (Südwesten) gegen die der *US Navy*
(Pazifik) auszuspielen. Schließlich entschied sich das US-Oberkommando für das parallele Vorgehen auf beiden Vormarsch-
linien. Die materielle alliierte Überlegenheit erlaubte dies. Für
den Entscheid zur Zangenoffensive sprach auch, dass die Offensiven an der Peripherie erfolgreich verlaufen waren und –
einmal begonnen – fast automatisch weiterliefen. Ein direktes
Vorgehen gegen Japan hätte hingegen einen ungewissen Neuanfang und zudem die Umgruppierung der eingesetzten Verbände mit entsprechend hohem logistischem Aufwand bedeu-
tet.

Am 30. Juni 1943 begann mit der Gegenoffensive im Süd-
west-Bereich von MacArthur *(Operation Cartwheel)* das erfolgreiche Beispiel einer triphibischen Operation. Ziel war es, den
japanischen Hafen- und Nachschubstützpunkt Rabaul zu neutralisieren. Zuvor war es im April in einer spektakulären Aktion dank MAGIC-Informationen gelungen, Yamamoto auf einem Inspektionsflug über Bougainville abzuschießen *(Operation Vengeance)*. In einer Reihe von Angriffen stießen amerikanische, australische und neuseeländische Truppen auf Neuguinea
und den Salomonen vor. Erstmals wandten die Alliierten dabei
die Taktik des »Inselspringens« an: Schwach verteidigte Inseln
wurden eingenommen und zu Luft- sowie Seestützpunkten
ausgebaut, starke japanische Stützpunkte hingegen umgangen
und durch die Trennung ihrer Versorgungslinien neutralisiert.
Als für die Kriegsführung revolutionär sollte sich auch der Aufbau einer US-Unterstützungsflotte *(US Fleet Train)* aus Tankern,
Truppentransportern, Landungsschiffen, Sturmbooten bis hin
zu schwimmenden Docks erweisen, die den US-Seestreitkräf-
ten ab 1943 einen weitreichenderen und flexibleren Einsatz ermöglichte, als es Japan je für möglich gehalten hatte. Das Kaiserlich-japanische Oberkommando beschloss im September
1943 angesichts der alliierten Offensiven, eine neue, »unbedingt
zu haltende Verteidigungszone« festzulegen. Diese zog sich
von Burma, Malaya über Westguinea und die Karolinen bis zu

den Kurilen, musste angesichts des alliierten Vormarschs aber laufend verkleinert werden. Bisherige japanische Schlüsselpositionen wie die Salomonen und Rabaul wurden dadurch zu Enklaven. Die massiven japanischen Truppenverstärkungen und Gegenschläge zur See konnten den alliierten Vormarsch lediglich verzögern. Bis Frühjahr 1944 gelang den Alliierten die Einnahme der Salomonen, West- und Zentralguineas sowie des Bismarck-Archipels. Der amphibische Vorstoß nach Nordwesten hatte zugleich Rabaul neutralisiert, wo die auf 90.000 Mann verstärkte japanische Garnison ab Mai 1944 festsaß.

Inzwischen war die US-Pazifikflotte unter Nimitz und Admiral Ernest King während des Novembers 1943 im Zentralpazifik ebenfalls zur Offensive übergegangen. Die neuen Flugzeugträger der *Essex*-Klasse dienten dabei als mobile Basiseinheiten und ermöglichten dem alliierten Menschen- und Materialstrom nun auch außerhalb der Reichweite landgestützter Flugzeuge zu agieren. Damit begann sich die alliierte Materialüberlegenheit auch im Pazifik operativ auszuwirken. Der erste Schlag erfolgte gegen die Gilbert- und Marshallinseln. Die kleinen, fast menschenleeren Inseln (häufig Atolle) waren nicht mit denen des Südpazifiks zu vergleichen. Sie boten der Kaiserlichjapanischen Marine zwar wichtige Luftstützpunkte, verfügten aber nur über kleine Garnisonen und waren kaum befestigt. Viel zu spät, erst 1943, hatten die japanischen Heeres- und Marinestreitkräfte mit dem Ausbau dieser äußersten Verteidigungslinie begonnen. Trotzdem oder gerade wegen ihrer geographischen Lage wurden die Inseln von den japanischen Truppen aufs Äußerste verteidigt. Die *US Navy* und das *US Marine Corps* wandten auf Tarawa (Gilbertinseln) im November 1943 erstmals neue Techniken und Taktiken für Landungen an: Speziell entwickelte amphibische Transport- und Fahrzeuglandungsschiffe beförderten Landungstruppen und Material, der amphibische Angriff selbst erfolgte dann mit Panzerlandungsschiffen, Infanterielandungsbooten und mit Amphibienpanzern unter Feuerunterstützung der Landungsschiffe sowie der trägergestützten Flieger. Die Verluste auf Tarawa fielen für amerikanische Verhältnisse mit 1.000 toten und 2.500 verwundeten Marineinfanteristen in drei Tagen hoch aus, die japanische Besatzung von 5.000 Mann wurde fast ganz aufgerieben. Der hohe Blutzoll für ein kleines Atoll schockierte die US-Führung und die Öffentlichkeit. Dieser erste Landungsangriff lieferte aber auch wichtige Erkenntnisse, die sich bereits bei der Landung auf Kwajalein (Marianen) im Januar 1944 durch geringere Verluste auszahlten. Mit Truk (Karolinen) gelang Ende April 1944 erneut – wie zuvor mit Rabaul – die Neutralisierung des nunmehr wichtigsten japanischen Stützpunktes im Zentralpazifik. Gleichzeitig zielte der alliierte U-Boot- und Handelskrieg auf die lebenswichtigen japanischen Nachschublinien, die ab 1944 nur noch eingeschränkt funktionierten (vgl. 3.8).

Im Verlauf des Jahres 1944 ging das strategische Gewicht ganz auf den Pazifik über. Mitte Juni 1944 erreichte der alliierte Vorstoß mit den Marianen-Inseln (Saipan) ein Kernstück der japanischen Verteidigungszone. Die japanische Gegenoffensive führte zur Schlacht in der Philippinensee vom 19./20. Juni 1944 und damit nach Midway zur zweiten entscheidenden Seeschlacht des Pazifikkrieges. Es sollte die letzte See-Luft-Schlacht des Krieges zwischen zwei symmetrischen Schlachtflotten werden und Japans Rolle als moderne Seemacht beenden. Unter dem Kommando von Vizeadmiral Ozawa Jisaburō sollte die japanische Einsatzflotte den alliierten Vorstoß abwehren. Die Überlegenheit der 5. US-Flotte (Spruance) war erdrückend. Dank großer Ausbildungsanstrengungen waren die US-Piloten besser ausgebildet und besaßen mit dem neuen Trägerflugzeug F6F *Hellcat* das leistungsfähigere Jagdflugzeug. Hinzu kamen weitere technologische Vorteile, etwa Radarlenkung für die Flugzeuge oder Flakgranaten mit Näherungszünder. Verstärkt wurde dies durch die Unerfahrenheit japanischer Piloten und operative Fehler. Zwar fand eine stärkere Koordination zwischen japanischen Heeres- und Marinefliegern statt als je zuvor, eine falsche Lagebeurteilung führte aber während der Schlacht zum Abzug mehrerer hundert Marineflieger nach Westneuguinea. Die japanischen Truppen leisteten zähen Widerstand, verloren aber über 450 Flugzeuge mit Besatzungen und drei Flugzeugträger. Währenddessen weiteten sich die Landungsoperationen von Saipan auf Guam und Tinian aus *(Operation Forager)*. In verlustreichen Kämpfen gelang bis Ende August die Einnahme der Inseln. Die US-Truppen hatten fast 6.900 Tote und über 19.000 Verwundete zu beklagen. Auf japanischer Seite waren die Zahlen mit 51.800 Toten, etwa 4.000 Verwundeten und wenigen hundert Gefangenen deutlich höher und zeigten, wie erbittert und ideologisiert der Kampf geführt wurde.

Die Marianen-Inseln bildeten für die US-Streitkräfte strategisch gesehen ein wichtiges Ziel, da mit ihrer Eroberung die japanischen Hauptinseln in die Reichweite der US-Langstreckenbomber gelangten (vgl. 3.9). Der Verlust der Marianen hatte auch zum Rücktritt Tōjōs geführt, sein Nachfolger wurde General Koiso Kuniaki. Ende Juli 1944 war die japanische Führung zudem gezwungen, die Verteidigungszone auf die Kurilen, die Philippinen, Taiwan sowie das japanische Mutterland und die südlich gelegenen Ryūkyū-Inseln zurückzunehmen. Zuvor hatten amerikanisch-australische Truppenverbände Neuguinea eingenommen und dort die japanische 18. Armee (Imamura) isoliert. Der nächste große alliierte Sprung zielte auf die Philippinen, wo die beiden Zangenoffensiven von Nimitz und MacArthur zusammentreffen sollten. Mit der Landung der 6. US-Armee (Krueger) bei Leyte begann am 20. Oktober die Rückeroberung. Zur Ablenkung und Verhinderung japanischer Fliegerverstärkungen hatten zuvor die *Royal Navy* im Indischen Ozean die Nikobaren und die *US-Navy* Taiwan angegriffen. Parallel zur Landung kam es vom 22. bis 25. Oktober im Golf von Leyte zur größten Seeschlacht der Geschichte mit 218 alliierten und 67 japanischen Schiffseinheiten. Mit der japanischen Trägerflotte (Ozawa), der Schlachtflotte (Kurita) und einer südlichen Kampfgruppe (Shima/Shōji) war fast die gesamte japanische Seestreitmacht eingesetzt. Ihr standen die 3. US-Flotte (Halsey), die 7. US-Flotte (Kinkaid) und die US-Trägerflotte (Mitcher) gegenüber. Wegen Treibstoffknappheit war die japanische Flotte zwischen Japan, Singapur und Niederländisch-Indien verteilt und operierte zudem nach einem komplizierten Plan *(Operation Sho-gō 1)*: Die Reste der Trägerflotte Ozawas sollten die 3. US-Flotte ködern, damit die japanischen Schlachtschiffe die US-Landung in der Bucht von Leyte angreifen konnten. Der Plan endete in einer Katastrophe. Vier Flugzeugträger, drei Schlachtschiffe – darunter das Superschlachtschiff *Musashi* – sowie sechs schwere Kreuzer gingen neben weiteren Schiffen verloren. Insgesamt waren das etwa 300.000 BRT und 10.000 Tote, die *US Navy* verlor nur kleinere Schiffseinheiten und etwa 1.500 Mann. Neben der Unterschätzung des Gegners hatten die wegen Treibstoffmangels eingeschränkte japanische Operationsfähigkeit sowie technische Defizite den Ausschlag gegeben, operierte die japanische Flotte ohne Radar zur Feindortung und Feuerlenkung doch über weite Strecken fast blind. Erstmals war es auch zum Einsatz von »Kamikaze«-Piloten *(Shimpū Tokkōtai)* gekommen. Ihr Einsatz war der prekären Pilotensituation geschuldet, aber auch das Resultat einer menschenverachtenden Betrachtung des Distanzproblems trägergestützter Flugzeuge: Ein Suizidangriff vergrößerte den Einsatzradius um mehr als das Doppelte. Militärisch blieben die »Kamikaze« indes wenig wirkungsvoll. Deutlich verlustreicher sollte sich die alliierte Bodenoffensive zur Rückeroberung der Philippinen zeigen, die bis Mitte 1945 andauerte (vgl. 3.11).

Stillstand auf dem Kriegsschauplatz China-Burma-Indien

Während die japanischen Positionen im Pazifik seit 1942 wankten, hielten sie sich in Burma und China bis 1944/45. Im Fall Chinas lag dies auch an der geschickten japanischen Blockade des geschrumpften GMD-Territoriums. Komplementär wirkte zudem die politische Strategie Japans in China. Die Kollaborationsregierung Wangs kontrollierte Ostchina zwar nur nominell, steuerte bis Kriegsende aber eine Million Soldaten bei, die im japanisch besetzten Gebiet als Hilfstruppen eingesetzt waren. Jiang wiederum verfolgte wie Mao eine Strategie des Abwartens, nachdem Ende 1942 klar geworden war, dass Japan an allen Fronten in die Defensive geraten war. Für Großbritannien und die USA blieb die Situation in China zwiespältig. Während Churchill dem chinesischen Kriegsschauplatz wenig Beachtung schenkte, sah Roosevelt in Jiang den lokalen Verbündeten, auch für die Zeit nach Japans Niederlage, wie etwa die ersten Kairoer Konferenz *(Sextant)* im November 1943 verdeutlichte. Logistisch war China nur schwer durch die Luftbrücke von Indien über den Himalaya zu unterstützen. Auch militärisch hegten die USA anfangs große Hoffnungen, die aber unerfüllt blieben. Jiangs Position stand geographisch, logistisch und wirtschaftlich unter Druck, seine Basis lag in wenig entwickelten Provinzen, eine Kriegswirtschaft fehlte. Korruption und Misswirtschaft schwächten seine Macht zusätzlich, viele Truppen standen unter dem Einfluss lokaler *Warlords*. Auch der eingefrorene innerchinesische Konflikt mit den Kommunisten verhinderte ein stärkeres Engagement Jiangs – und umgekehrt Maos – zugunsten der Alliierten. Den militärischen Tiefpunkt Jiangs markierte die durch die alliierte Wirtschaftskriegsführung ausgelöste, sehr erfolgreiche japanische Großoffensive *Ichi-gō*. In dieser größten japanischen Operation des ganzen Krieges in China stellten japanische Verbände mit über 500.000 Soldaten und 800 Panzern gegen 390.000 GMD-Truppen zwischen April und Dezember 1944 die Eisenbahnverbindung zwischen Beijing, Hankou, Kanton und Hanoi her, besetzten weite Teile Zentral- sowie Südchinas und schalteten die US-Luftbasen in Westchina aus. Die Offensive war ein operativer Erfolg und zerschlug die GMD-Armee. Die Verluste beliefen sich auf geschätzte mehrere hunderttausend Tote auf beiden Seiten und in der Zivilbevölkerung. Die Operation blieb wegen der Lage im Pazifik aber ohne Bedeutung für den Kriegsverlauf. Damit lag der Wert Chinas 1945 im Kampf gegen Japan einzig noch darin, eine Million japanischer Soldaten zu binden.

Alliierte Pläne zur Rückeroberung Burmas kamen 1942 auf. Der Krieg in Europa und im Pazifik besaß aber immer Vorrang, sodass nie genügend amphibische Mittel und Truppen zur Verfügung standen. Eine zaghafte erste britische Offensive in Nordwestburma scheiterte Anfang 1943 und führte dazu, dass weitere geplante Operationen abgesagt wurden. Alternative Luftangriffe oder Guerilla-Aktionen von speziellen *Long Range Penetration Groups (Chindits/Merrill's Marauders)* brachten ebenfalls nicht die gewünschten Erfolge. Während auf alliierter Seite unterschiedliche Interessen ein koordiniertes Vorgehen bis zur Bildung des gemeinsamen Südostasienkommandos unter Admiral Louis Mountbatten im Oktober 1943 verhinderten, war Burma aus japanischer Warte betrachtet der Ort, an dem die Strategie des äußeren Verteidigungsrings gelang. Unter dem nationalistischen Vorkriegspremier Ba Maw erhielt Burma – wie die Philippinen – im August 1943 nominell die Unabhängigkeit. Mit der im November 1943 formell anerkannten provisorischen Regierung des Freien Indiens *(Azad Hind)* von Subhas Chandras Bose kam ein weiterer Akteur hinzu. Zusammen mit Thailand beteiligten sich diese auf japanischer Seite mit ihren Armeen an den Kämpfen in Burma zwischen 1942 und 1945. Ironischerweise war es das japanische Oberkommando, das den Ausschlag für diese Niederlage gab. Trotz Bedenken eröffnete es im März 1944 übereilt und überlappend zur *Operation Ichi-gō* eine Offensive von Westburma nach Ostindien *(Operation U-gō)*. Der japanischen 15. Armee (Mutaguchi) gelang es mit der Indischen Nationalarmee zwar, die britischen und indischen Verbände bei Imphal und Kohima einzuschließen, die aber aus der Luft versorgt und mit Truppen verstärkt wurden. In fortwährenden Angriffen und durch Krankheiten, Hunger und Entkräftung erlitten die japanisch-nationalindischen Verbände bis Juli 1944 so hohe Verluste, dass sie sich unter Verlust von Material und Artillerie bis Ende 1944 an den Chindwin zurückziehen mussten. Die Operation endete in der größten japanischen Niederlage des Krieges zu Lande. Während es auf britisch-indischer Seite knapp 17.000 Mann Verluste gab, verlor die japanische 15. Armee über 60.000 Mann. Versuche Boses, in Indien trotzdem noch einen Aufstand gegen die Briten auszulösen, liefen ins Leere.

3.8. Der Krieg zur See

Die Bedeutung der globalen Dimension auf den Kriegsausgang zeigt sich ganz besonders im Seekrieg. Die beiden maritimen

Großmächte Großbritannien und die USA dominierten die Weltmeere mit den größten Flotten an Kriegs- und Handelsschiffen. Die Kontrolle über die weltweiten Schifffahrtswege verschaffte den Westalliierten einen grundlegenden wirtschaftlichen und strategischen Vorteil. Das weltweite Transportsystem bildete die Lebensadern für den interalliierten Austausch von Ressourcen aller Art – die globalen Luftversorgungslinien ergänzten dies bloß. Es ermöglichte darüber hinaus die militärische Handlungsfreiheit, Streitkräfte zu konzentrieren bzw. mit ihnen zu operieren, wo immer man dies wollte. Den Achsenmächten gelang es bis zuletzt nie, die alliierten Meerverbindungen zu trennen oder auch nur eine annähernd ähnliche Verbindung zur See herzustellen.

Der Überwasserkrieg im Atlantik, Mittelmeer und in der Arktik

Mit Kriegsbeginn 1939 nahm die *Royal Navy* ihre Blockadepolitik des Ersten Weltkrieges wieder auf. Langfristig entscheidender war hingegen der Einsatz der britischen Handelsmarine. Großbritannien verfügte mit den britischen Dominions über fast 30 % aller Handelsschiffe weltweit. Bis September 1940 stieg dieser Wert durch die Übernahme dänischer, norwegischer und niederländischer (später auch griechischer) Schiffe auf knapp 37 % an. Rechnet man noch die amerikanischen und brasilianischen Handelsschiffe dazu, besaßen die Westalliierten über 53 % der globalen Seetransportkapazitäten. Auf diese konzentrierte sich die deutsche Seekriegsstrategie. An Kriegsschiffen deutlich unterlegen, suchte die Kriegsmarine Großbritannien in einem Zufuhrkrieg (Tonnagekrieg) zu zermürben und zugleich die USA vom Krieg abzuhalten. Die Hauptaufgabe der Kriegsmarine lag darin, durch Verminung britischer Seehäfen und Versenkung von Handelsschiffen den für Großbritannien existenziellen Import zu unterbrechen. Dieser Absicht lag die einfache Rechnung zugrunde, dass Großbritannien innerhalb der Jahresfrist kapitulieren müsste, wenn monat-

lich 750.000 BRT Schiffsraum versenkt würden. Die dafür notwendigen Mittel konnten jedoch wegen anderer Rüstungs-
schwerpunkte nie erreicht werden. So besaß die Kriegsmarine
anstatt der notwendigen 300 U-Boote zu Kriegsbeginn nur 57,
von denen bloß 26 atlantiktauglich waren. Die U-Boot-Waffe
wurde zwar kontinuierlich ausgebaut, Anfang 1942 standen jedoch erst 249 U-Boote zur Verfügung; von diesen waren wegen
der Ausbildung und Instandhaltung aber nur etwas mehr als
ein Drittel operationell. Das Ausweichen auf den Handelskrieg
war nicht – wie manchmal behauptet – auf das fehlende Verständnis der Kontinentalmacht Deutschland für den Seekrieg
zurückzuführen, sondern schlicht der strategischen und quan-
titativen deutschen Unterlegenheit geschuldet. Im September
1939 war die Kriegsmarine noch nicht kriegsbereit, schon gar
nicht für den Kampf gegen die *Royal Navy*.

Die deutsche Seekriegsführung war bis Frühsommer 1940
von Einzelaktionen geprägt, da die *Royal Navy* die Seeverbindungen kontrollierte und die britische Blockade nur schwer zu
durchbrechen war. Zudem waren die wenigen Überwasserschiffe und U-Boote für eine direkte Konfrontation zu schwach.
Die Ausgangsbasis verbesserte sich erst im Sommer 1940, nachdem von Norwegen bis Frankreich die ganze Festlandküste in
deutsche Hände geraten war. Die neuen Stützpunkte ermöglichten den direkten Zugang zum Atlantik, erweiterten den
Einsatzradius und verkürzten Anmarschwege sowie Repara-
turzeiten. Zugleich konnten Flugzeuge die Wassereinheiten
besser und länger unterstützen. Hitlers Absicht, in spanischem
Hoheitsgebiet Marine- und Luftwaffenbasen zu errichten, hätte die britische Operationsfähigkeit im westlichen Mittelmeer
und die Lage im Atlantik schwer beeinträchtigt, scheiterte jedoch im Oktober 1940 an Francos Widerspruch. Nicht zuletzt
die schweren Verluste der Kriegsmarine in Norwegen hatten
aber verdeutlicht, dass an eine direkte Konfrontation mit der
Royal Navy weiterhin nicht zu denken war. Die Seekriegsleitung verfolgte deshalb das Ziel, neben der Versenkung von
Handelsschiffen vor allem das alliierte Zufuhrsystem maximal
zu stören. Dies sollte feindliche Kriegsschiffe binden, was wie-

derum Raum für eigene Operationen zu schaffen; keinesfalls sollten sich die wenigen Überwasserschiffe in Gefechte verwickeln lassen. Neben den U-Booten anerboten sich für diese Art des Handelskrieges mit Diversionswirkung wie schon im Ersten Weltkrieg Hilfskreuzer, die von 1940 bis 1943 im Atlantischen, Indischen und Pazifischen Ozean operierten. In dieser Zeit versenkten oder kaperten sie knapp 860.000 BRT, wurden aber durch verstärkte Geleitzüge, Aufklärungs- und nachrichtendienstliche Tätigkeiten (ULTRA) zunehmend neutralisiert. Anders als im Ersten Weltkrieg führte die Kriegsmarine im Nordmeer, Atlantik und Indischen Ozean den Handelskrieg auch mit schweren Kriegsschiffen. Trotz gewisser Einzelerfolge blieb diese Art der Kriegsführung ineffizient: 70 % aller versenkten Schiffstonnagen gingen auf das Konto der U-Boote, 13,4 % auf Luftangriffe, 6,5 % auf Minen und nur 10 % auf Überwassereinheiten. Zudem hatte die deutsche Überwasserflotte mit der Selbstversenkung des Panzerschiffs *Admiral Graf Spee* vor dem Río de la Plata bereits im Dezember 1939 einen ersten Rückschlag erlitten. Unbestritten ging von den schweren Überwassereinheiten aber eine große Diversionswirkung aus. So führte der Schwere Kreuzer *Admiral Scheer* zwischen Oktober 1940 und April 1941 erfolgreich Handelskrieg im Atlantik und Indischen Ozean, die Schlachtschiffe *Gneisenau* und *Scharnhorst* operierten von Januar bis März 1941 im Atlantik. Beide Unternehmungen erzielten mit insgesamt knapp 280.000 BRT relativ geringe Versenkungsziffern, banden aber beträchtliche alliierte Kräfte. In einer ähnlichen Operation *(Unternehmen Rheinübung)* sollten das neue Schlachtschiff *Bismarck* und der Schwere Kreuzer *Prinz Eugen* daran anknüpfen und den Druck auf das britische Seetransportsystem erhöhen. In der Meerenge zwischen Grönland und Island kam es zum Gefecht mit einem britischen Verband, in deren Verlauf die *Bismarck* den britischen Schlachtkreuzer *Hood* versenkte und das Schlachtschiff *Prince of Wales* schwer beschädigte, selbst aber ebenfalls Treffer erhielt und Treibstoff sowie Öl verlor. Beim Versuch, die französische Küste zu erreichen, wurde die *Bismarck* durch den Torpedotreffer eines Trägerflugzeugs manövrierunfähig gemacht – ein weiteres Beispiel für die Verwundbarkeit von Großkampfschiffen aus der Luft. Nach schwerem Beschuss durch eine überlegene britische Kampfgruppe sank das Schiff am 27. Mai 1941. Damit endeten zugleich die Atlantik-*Raids* der schweren Überwassereinheiten. In insgesamt nur sieben Unternehmungen hatten sie seit Kriegsbeginn bloß 350.000 BRT versenkt – dies stand in keinem Verhältnis zum hohen materiellen Aufwand für die Großkampfschiffe.

Hitler war ab diesem Zeitpunkt immer stärker gegen Einsätze der Kriegsschiffe im Atlantik, deren Stationierung in den Atlantikhäfen auch immer wieder Bombardements des *RAF Bomber Command* auf sich zogen. Im Februar 1942 befahl er deshalb und aus Angst vor einer alliierten Landung in Skandinavien die Verlegung der schweren Überwasserflotte nach Norwegen (»Kanaldurchbruch«). Vor allem aber konnten die Kriegsschiffe dort im Schutz der Luftwaffe operieren und als *Fleet in Being* eine ständige Bedrohung der alliierten Nordmeergeleitzüge darstellen. Ihre lediglich noch begrenzten Vorstöße blieben Einzelaktionen und brachten keine großen Erfolge mehr. Als deutlich wirkungsvoller erwiesen sich die U-Boot- und Flugzeug-Angriffe, die im Sommer 1942 sogar zu einem vorübergehenden Unterbruch der alliierten Hilfslieferungen führten.

Ihr letztes Schlachtschiff verlor die Kriegsmarine im November 1944, als die *Tirpitz* nach einem massiven britischen Luftangriff in Nordnorwegen sank. Den Offensivkampf führte die Kriegsmarine ab diesem Zeitpunkt nur noch mit kleinen Einheiten (Torpedo-/Schnellbooten) im Küstenvorfeld. In der Endphase des Krieges wurden die Überwassereinheiten in der Ostsee zusammengefasst. Dort unterstützten sie die Rückzugskämpfe des Heeres und – zusammen mit Schiffen der Handelsmarine – die Evakuation von mehr als zwei Millionen deutschen Soldaten und Zivilisten über die Ostsee.

Nach dem Ende der Atlantik-*Raids* für die Kriegsschiffe bildeten die U-Boote das Hauptkampfmittel des deutschen Seekrieges. Diese operierten nach dem vom Befehlshaber der U-Boote, Admiral Karl Dönitz, bezeichneten Prinzip des »ökonomischen U-Boot-Einsatzes«, das kurze Unternehmen mit möglichst geringen Verlusten bei größtmöglichen Versenkungen vorsah. Im Rahmen der verschärften Kriegsführung gegen Großbritannien war am 17. August 1940 der uneingeschränkte U-Boot-Krieg in britischen Gewässern eröffnet worden. Dank der neuen Atlantikhäfen und kürzerer Wege konnten die wenigen U-Boote erstmals, wenn auch in beschränktem Umfang, in der Rudeltaktik eingesetzt werden. Mehr als zwölf U-Boote waren aber trotzdem nie gleichzeitig im Operationsgebiet. Zudem verursachte die fehlende Luftaufklärung erhebliche Probleme bei der Ortung der Ziele, was erst ab 1941 durch die militärische Nutzung des Langstreckenflugzeugs Fw 200 *Condor* notdürftig gelöst wurde. Trotz höherer Versenkungsziffern ab Sommer 1940 erreichten diese mit durchschnittlich 360.000 BRT pro Monat nie das erhoffte Ausmaß. Die britischen Verluste an Schiffsraum waren aber so hoch, dass sie nicht mehr mit Neubauten ausgeglichen werden konnten und es zwischenzeitlich zu Versorgungskrisen in Großbritannien kam. Die angestrebte Kontrolle über die Schifffahrtsrouten und das vollständige Abschneiden der britischen Inseln vom Nachschub gelang indes nicht.

Die alliierte Situation verbesserte sich 1941. Entscheidend war dabei erstens der amerikanische Wille, den Atlantik als Einflussbereich zu verteidigen. Die USA verstärkten ihr Engagement für Großbritannien und erhöhten wie erwähnt die Wirtschaftshilfe, die militärisch-politische Kooperation und ihre Präsenz im Atlantik. Durch strategische Positionierungen sowie vermehrten Begleitschutz durch amerikanische Kriegsschiffe und Flugzeuge verdichtete sich das alliierte Beobachtungsnetz immer mehr. Noch vor dem offiziellen Kriegseintritt bekämpften amerikanische Schiffe aktiv deutsche Einheiten. Zweitens gelang Großbritannien ein gewaltiger Schritt vorwärts im »Geheimen Krieg«. Seit Frühjahr 1941 waren die deutschen U-Boot-Verluste rasch angestiegen. Aus einem dieser U-Boote konnte die *Royal Navy* Anfang Mai eine funktionstüchtige Enigma-Verschlüsselungsmaschine bergen. Ab August 1941 konnten die britischen Dechiffrierer deshalb den deutschen Funkverkehr mitverfolgen und ein Gesamtlagebild der eingesetzten deutschen Einheiten erstellen. Dies ermöglichte, die Konvois umzuleiten, die deutschen U-Boote mit flexibel zusammengestellten Jagdgruppen aus See- und Luftstreitkräften zu bekämpfen sowie die deutschen Versorgungsschiffe auszuschalten. Drittens zersplitterten neue Kriegsschauplätze die begrenzten Mittel der Kriegsmarine zusätzlich. Mit den Feldzügen auf dem Balkan und in Nordafrika wurden Schnell- und Minenräumboote sowie eine beträchtliche Anzahl U-Boote ins Mittelmeer überführt. Ab September 1941 unterstützten sie die italienische Marine, die seit Juni 1940 einen erfolglosen Seekrieg gegen die *Royal Navy* führte. Die Versenkung des Flugzeugträgers *Ark Royal* und des Schlachtschiffs *Barham* im November 1941 brachte zwischenzeitlich eine gewisse Entlastung. Bis zur Kapitulation 1943 gelang es aber bei steigenden, zunehmend auch durch die alliierte Luftüberlegenheit verursachten deutschen und italienischen Schiffsverlusten nie, den Nachschub über das Mittelmeer sicherzustellen.

Das Jahr 1942 brachte im Atlantik nochmals deutsche U-Boot-Erfolge und mit über 8,2 Millionen BRT die höchste Versenkungsrate des Krieges. Im Frühjahr eröffnete Dönitz eine erfolgreiche Offensive gegen die amerikanische Ostküste und im August eine gegen die alliierten Konvois im Nordatlantik, die von mehreren alliierten Schwachpunkten profitierten: Das Hauptaugenmerk der *US Navy* lag im Pazifik. In einer Mischung aus Fehlern, Unerfahrenheit und Nachlässigkeit unterblieb vor der Ostküste die U-Boot-Abwehr, sodass der Schiffsverkehr noch fast friedensmäßig verkehrte. Auch fehlte es an Geleitschiffen, da neben Großbritannien auch die UdSSR versorgt werden musste. Einschneidend wirkte sich ferner die Weiterentwicklung des deutschen Verschlüsselungssystems aus, wodurch die Alliierten den deutschen Funkverkehr zwischen Februar und Dezember 1942 nicht entziffern konnten. Schließlich stellte auch die außerhalb der Reichweite landgestützter alliierter Flugzeuge liegende Luftlücke über dem Mittelatlantik ein großes Problem dar. Wegen der ansteigenden Schiffsverluste machten Roosevelt und Churchill auf der Konferenz von Casablanca den Sieg über die U-Boot-Bedrohung zum wichtigsten strategischen Einzelziel. In den Geleitzugschlachten Anfang März 1943 verloren zwar nochmals vier alliierte Konvois nacheinander 20 % ihrer Schiffe, danach begannen die alliierten Maßnahmen jedoch zu wirken. Im Mai 1943 schloss sich der alliierte Luftschirm über dem Atlantik durch die steigende Anzahl britischer, später kanadischer und amerikanischer Langstreckenbomber und Begleitflugzeugträger. Spezielle *Hunting* bzw. *Support Groups* begleiteten die Konvois und jagten die U-Boote, neue Waffen kamen zum Einsatz *(Hedgehog)*. Von entscheidender Bedeutung war die Weiterentwicklung der Radar- und Sonartechnik sowie der Funkpeilung, wodurch die U-Boote viel genauer lokalisiert und auch nachts sowie bei schlechtem Wetter geortet werden konnten. Im Mai 1943 fielen die deutschen U-Boot-Verluste bei zunehmenden alliierten Schiffsbauten *(Liberty/Victory Ships)* so hoch aus, dass Dönitz – inzwischen Oberbefehlshaber der Kriegsmarine – den U-Boot-Krieg im Nordatlantik aussetzte, um die Kräfte für den Endkampf aufzusparen. Die U-Boote wichen auf den Südatlantik und den Indischen Ozean aus, auf Malaya wurde sogar ein deutscher U-Boot-Stützpunkt eingerichtet, um die Anfang 1943 aufgenommenen Rohmaterialfahrten mit italienischen und deutschen Transport-U-Booten auszubauen.

Ab Sommer 1943 nährten sich bei der Marineführung die Hoffnungen, dank neu entwickelter U-Boote (Typ XXI und XXIII) die Kriegswende doch noch herbeizuführen. Nur wenige Einheiten konnten jedoch gebaut und in den letzten Kriegswochen zum Einsatz gebracht werden. Das strategische Scheitern des deutschen U-Boot-Krieges zeigte sich nicht nur in der Produktionsschlacht, sondern auch bei den alliierten Landungen 1942 in Nordafrika, 1943 in Sizilien und auf dem italienischen Festland sowie 1944 in der Normandie und Südfrankreich, der die U-Boote machtlos gegenüber standen. Einschneidend wirkte die alliierte Invasion in der Normandie. Trotz fast 200 operationeller U-Boote konnte das Übersetzen der alliierten Landungsstreitmacht mit ihrem ungeheuren Materialstrom von Großbritannien auf den Kontinent nicht verhindert werden, was den Verlust der atlantischen U-Boot-Basen nach sich zog. In der Folge mussten die U-Boote nach Norwegen ausweichen und konzentrierten sich fortan auf britische Gewässer. Bei stetig hohen eigenen Verlusten blieben sie aber so gut wie wirkungslos: Seit September 1943 versenkten sie selten mehr als 50.000 BRT pro Monat. Die Alliierten setzten bis Kriegsende weiterhin erhebliche Ressourcen für Geleitschutz und U-Boot-Abwehr ein, konnten aufgrund der unangefochtenen Überlegenheit aber bereits Kräfte in den Indischen und Pazifischen Ozean verlegen.

Der deutsche U-Boot-Krieg kostete etwa 40.000 alliierte Seeleute das Leben. Von den gesamthaft 1.170 in Dienst gestellten Einheiten verlor die Kriegsmarine 757, womit die Verlustrate bei der U-Boot-Fronttruppe mit 29.000 Mann bei über 60 % lag.

DER SEEKRIEG IM PAZIFIK[8]

Der Krieg im Pazifik war in erster Linie ein Seekrieg. Obwohl die Seeverbindungswege von entscheidender Bedeutung waren, unternahm die Kaiserlich-japanische Marine – anders als die deutsche Kriegsmarine – nur schwache Versuche, einen Handelskrieg zu führen. Eine Blockade Australiens und Neuseelands kam nicht zustande. Auch wurde nie versucht, den pazifischen Handelsverkehr der USA ernsthaft zu bedrohen. Bis Februar 1945 gingen dort lediglich 280.000 BRT, im Indischen Ozean von 1942 bis 1944 etwa 500.000 BRT verloren. Die japanische Bedrohung war so gering, dass die *US Navy* das Begleitzugsystem im Pazifik ab 1943 sogar aussetzte.

---

8 Für den ereignisgeschichtlichen Verlauf siehe 3.5, 3.7, 3.11.

Das fast vollständige Fehlen eines japanischen Handelskrieges hat verschiedene Gründe: Eine Hauptursache liegt in der japanischen Seekriegsdoktrin, die im Sinne Mahans die Schlachtflotte und die Entscheidungsschlacht betonte. Dies führte beim japanischen Oberkommando zu einer außerordentlichen Geringschätzung der strategischen Auswirkung eines Handelskrieges. Dem U-Boot wurde lediglich eine Unterstützungsrolle im Rahmen der Schlachtflotte zugetraut. Der Überfall auf Pearl Harbor schien die nachrangige Bedeutung der U-Boote zu bestätigen, waren die 25 eingesetzten Einheiten doch mehr oder weniger wirkungslos geblieben. Eine zweite Ursache ist technologischer Natur. Die japanischen U-Boote waren wegen ihres angedachten Einsatzes gegen Schlachtschiffe im Vergleich mit verwandten deutschen und amerikanischen Booten (Typ VII/IX, *Gato*-Klasse) sehr groß und schwerfällig konzipiert. Dies machte sie verwundbar und verringerte ihre Produktionszahl, was die Kaiserlich-japanische Marine aber nicht davon abhielt, während des Krieges noch größere U-Boote zu entwickeln (AM-/*Sen-Toku*-Klasse). Auch fehlten leistungsfähige Suchradars. Militärisch sinnlos waren die ab Ende 1944 eingesetzten bemannten (Suizid-)Torpedos *(Kaiten)*. Die Alliierten verbesserten während des Krieges ihre U-Boot-Abwehr markant, nicht zuletzt dank des Wissenstransfers aus den Erfahrungen der Atlantikschlacht. Eine wichtige Rolle spielte die Decodierung des japanischen Funkverkehrs (MAGIC), dank der die alliierten Abfangquoten zwischen 1941 und 1944 fast verdreifacht werden konnten. Drittens wurde die Wirksamkeit der japanischen U-Boot-Flotte dadurch geschmälert, dass die U-Boote ab Mitte 1942 auch zur Versorgung der isolierten japanischen Inselstützpunkte verwendet wurden. Entscheidend für das Scheitern des Handelskrieges wirkte sich aber die Schwäche der japanischen Kriegsindustrie aus. Nur mit 48 großen und 15 mittleren U-Booten in den Krieg eingetreten, gelang es bis Kriegsende nicht, die Produktion neuer Einheiten markant zu steigern. Die japanische U-Boot-Flotte umfasste 1942 und 1943 nie mehr als 60 bis 70 Einheiten, ab 1944 übertrafen die Verluste die Neubauten um fast ein Drittel.

Von alliierter Seite hingegen wurde die japanische Handelsschifffahrt zu einem Hauptangriffsziel. Japan und seine Wirtschaft waren in hohem Maße von der Küsten- und Seeschiff-
fahrt abhängig. Mit den 1941/42 eroberten Gebieten hatte sich
das Kaiserreich zwar die Grundlage für die wirtschaftliche Autarkie geschaffen. Die Verwertung der neu gewonnenen Rohstoffe erforderte aber, dass neue Seehandelswege geschaffen
wurden, und dass diese geschützt werden konnten. Letzteres
geschah nicht. Dies mag umso erstaunlicher scheinen, weil Japan im Dezember 1939 über die weltweit drittgrößte Handelsflotte verfügte und mit 5,4 Millionen BRT Schiffsraum fast 9 %
der globalen Seetransportkapazitäten abdeckte. Bis Dezember
1941 wuchs diese Flotte auf 6,4 Millionen BRT an. Schwere Verluste im Südpazifik erhöhten die Ausfälle von 49.000 BRT im
Jahr 1941 auf 885.000 BRT im Jahr 1942. Diese Verluste stiegen
1943 und 1944 nochmals um je das Doppelte. Die japanische
Schiffsproduktion war zwischen 1941 und 1944 zwar auf das
sechseinhalbfache Volumen angestiegen, konnte die hohen
Ausfälle aber nicht ausgleichen. Am Ende des Krieges standen
den fast 3,5 Millionen BRT Neubauten über 8,1 Millionen BRT
Versenkungen gegenüber; 1945 besaß die japanische Handelsmarine gerade noch 15 % ihrer Schiffsraumkapazitäten von
1941. Die hohen Verluste an Handelsschiffen sind letztlich auch
der erwähnten japanischen Seekriegsdoktrin geschuldet. Wie
erwähnt, maß die japanische Admiralität dem Schutz der Handelsflotte keine hohe Priorität zu, erwartete allerdings irriger-
weise auch keinen alliierten Handelskrieg. Entsprechend gab es
kein Programm und kaum Mittel für den Bau von Geleitschutz-
schiffen. Bis Ende 1944 wurden nur 200 kleinere Schiffe, ein
Dutzend Begleitzerstörer und fünf Begleitflugzeugträger gebaut. Den Konvois fehlte es folglich an einem wirkungsvollen
Schutz, insbesondere aus der Luft, und an genügend U-Boot-
Abwehr. Zudem wurde erst im November 1943 ein Kommando
eingerichtet, das für die strategische Versorgung Japans verantwortlich war. Kompetenzstreitigkeiten zwischen Heer, Marine
und zivilen Behörden erschwerten jedoch den strategischen
Einsatz der Handelsflotte.

Einen wesentlichen Anteil am alliierten Sieg im Handelskrieg steuerten die amerikanischen U-Boote bei, versenkten sie
über den gesamten Krieg gerechnet doch etwa 60 % aller Schiffe. Auch waren sie bis 1944 das einzige Mittel, um die japanischen Nachschublinien anzugreifen. Ab Kriegsbeginn hatten
die USA deshalb den uneingeschränkten U-Boot-Krieg dekla-
riert. Im Dezember 1941 verfügte die *US Navy* erst über 111 ein-
satzbereite U-Boote, etwa die Hälfte davon operierte im Pazifik.
Diese Zahl stieg bis Anfang 1943 auf etwa 100, bis Kriegsende
auf knapp 170 Einheiten. Wie auch in anderen Bereichen konnten die USA ihr Potenzial bei den U-Booten erst ab 1943/44 voll
entfalten. Die weiten Distanzen von den Stützpunkten in Pearl
Harbor und Australien sowie ein wegen hoher Versagerquoten
veritables Torpedoproblem, das erst im Herbst 1943 gelöst werden konnte, verhinderten dies zuvor. Ab Ende 1943 begannen
die Operationen der amerikanischen U-Boote mit fast einer
Verdoppelung der Versenkungen eine hohe Wirkung auf den
japanischen Handelsverkehr zu zeigen. Bereits 1944 mussten
deswegen zahlreiche japanische Seetransportwege aufgegeben
werden. Die prekäre Lage der japanischen Handelsschifffahrt
verschlimmerte sich durch die Einnahme Luzons im Frühjahr
1945 zusätzlich, wurde damit doch die wichtige Versorgungslinie von Malaya und Niederländisch-Indien nach Japan unterbrochen. Wegen dieser Entwicklung kämpfte die japanische
Kriegswirtschaft bereits im Winter 1944/45 – noch vor Eröffnung der strategischen Bombenoffensive – mit gravierenden
Problemen. Die rasche Dislozierung japanischer Truppen zur
See war wegen der alliierten Überlegenheit sowieso schon erschwert, nun beeinträchtigte auch der Mangel an Flugbenzin
und Schweröl die militärischen Operationen. Der Rückgang an
Kohle, Eisen, Gummi und anderen Rohstoffen machte die
kriegswirtschaftlichen Anstrengungen Japans zunichte, selbst
bei den Nahrungsmitteln kam es zu Engpässen. Die technische
Qualität der amerikanischen U-Boote, die über einen weiten
Einsatzradius verfügten und mit hoher Überwassergeschwin-
digkeit fahren konnten, spielte dabei ebenso eine Rolle wie der
Übergang zur Rudeltaktik *(Wolfpack)* und die punktgenaue

Lenkung der U-Boote auf japanische Konvois durch nachrichtendienstliche Informationen (MAGIC). Unterstützt wurde die *US Navy* durch etwa 40 britische und niederländische U-Boote, die mehrheitlich im Rahmen der *British Eastern* bzw. *East Indies Fleet* sowie der *British Pacific Fleet* operierten. Die steigende Zahl an Einheiten ermöglichte es den alliierten U-Booten, den Handelskrieg zuletzt bis ins japanische Heimatgewässer auszudehnen und zugleich auch gegen die japanische Schlachtflotte vorzugehen. Amerikanische U-Boote versenkten während des Krieges mehrere schwere japanische Überwasserschiffe und spielten etwa in der Schlacht in der Philippinensee im Juni 1944 eine wichtige Rolle bei der Aufklärung und Zerschlagung der japanischen Flotte.

Dem amerikanischen U-Boot-Krieg fielen über 2.100 japanische Handelsschiffe zum Opfer. Von den über 230 in Dienst gestellten U-Booten verlor die *US Navy* 52. Damit lag die Verlustrate mit über 3.500 Mann bei etwa 22 % und gehörte zu den höchsten aller amerikanischen Waffengattungen.

3.9. Der strategische Luftkrieg

In der Zwischenkriegszeit hatten zahlreiche Luftkriegstheoretiker im strategischen Bombardement das Schlüsselelement zukünftiger Kriege erkannt, um die wirtschaftliche Kapazität eines Gegners und die Moral seiner Bevölkerung zu treffen. Insbesondere für die britische Militärdoktrin bekamen strategische Bombardements einen bedeutenden Stellenwert, bildeten sie doch neben den neuen Möglichkeiten in der Kriegsführung auch eine Alternative zum massiven kontinentalen Truppeneinsatz (Trenchard-Doktrin). Die ersten schweren Luftangriffe des Krieges erfolgten 1937 gegen Shanghai und Nanjing, 1939 gegen Warschau und 1940 gegen Rotterdam. Diese Bombardierungen waren operativer Natur, brachten allerdings bereits relativ hohe zivile Opferzahlen mit sich. Sie markierten aber noch nicht den Beginn der strategischen Flächenbombardements und der geplanten Terrorangriffe auf die Zivilbevölkerung *(moral bombing).* Die ersten strategischen Bombardierungen des Zweiten Weltkriegs führten japanische Flugzeuge aus, als sie 1940 über hundert Langstreckenangriffe auf Chongqing mit vermutlich über 10.000 Toten flogen. Aufgrund fehlender japanischer Mittel kam es in Asien erst 1942 auf amerikanische Initiative hin zu einem eigentlichen strategischen Luftkrieg. Der von den japanischen Marineluftstreitkräften nur mit zwei Flugbooten geführte Angriff auf Pearl Harbor im März 1942 *(Operation K)* und die Langstreckenbombardements auf australische Städte und Infrastrukturanlagen von Februar 1942 bis November 1943 besaßen hingegen nur vom Ansatz her strategischen Charakter. Letztere erzielten zwar große psychologische Wirkung *(Darwin panic)* und töteten hunderte von Menschen, blieben vom Umfang der eingesetzten Bomber und dem Schadensausmaß her aber weit unter den europäischen Dimensionen. Anders sah die Situation in Europa aus, wo mit der im Mai 1941 abgebrochenen »Luftschlacht um England« der erste strategische Luftfeldzug gescheitert war. Seit August 1940 hatte die deutsche Luftwaffe Angriffe auf ökonomische und militärische Ziele, später auf Städte und die Zivilbevölkerung in Großbritannien geflogen. Bereits am 11. Mai 1940 hatte die britische Regierung beschlossen, den strategischen Bombenkrieg auf das deutsche Hinterland zu eröffnen. Einen Tag danach bombardierte die RAF mit Mönchengladbach die erste deutsche Stadt, weitere Schläge auf Industrieanlagen im Ruhrgebiet folgten. Die Beweggründe hierfür und die Entwicklung bis Frühjahr 1941 werden im Kapitel 3.3 erörtert.

BOMBENKRIEG IN EUROPA

In den ersten Kriegsjahren begrenzten die Weite des Einsatzraumes, fehlende Mittel und die Angst vor einer Eskalation die strategische Bombenkriegsführung. Die *Blitz*-Monate gegen britische Städte und die britischen Vergeltungsangriffe schmälerten wie gesehen strategische und moralische Vorbehalte auf beiden Seiten. Unverändert schwierig blieben hingegen die geographischen und technischen Rahmenbedingungen. Dies galt vor allem für das *RAF Bomber Command*, das anders als die deutschen Bomber lange Anmarschwege über Feindgebiet bewältigen musste. Die RAF besaß zu diesem Zeitpunkt noch keine Jäger, die über solche Distanzen wirkungsvoll Geleitschutz fliegen konnten, zudem war es technisch schwierig, den Zielanflug der Bomber durch Funknavigationssysteme zu lenken. Die Folgen waren hohe Verluste und unwirksame Luftangriffe. Trotzdem blieben Langstreckenbombardierungen neben der Seeblockade für Großbritannien die einzige Möglichkeit, das Deutsche Reich direkt zu treffen. So verstärkte die RAF 1941 ihre Luftoffensiven auf deutsches Gebiet, konzentrierte sich dabei aber immer noch primär auf militärisch-wirtschaftliche Ziele. Technisch blieben auch diese Angriffe limitiert, was sich erst durch den Einsatz neuer schwerer Bomber (*Avro Lancaster, Handley Page Halifax*) mit höherer Bombenlast und größerer Reichweite ab Frühjahr 1942 änderte.

Eine neue Eskalationsstufe erlangte der Bombenkrieg am 14. Februar 1942, als das britische Kabinett die sogenannte *Area Bombing Directive* erließ. Mit dieser wurde das *Bomber Command* unter dem neuen Oberbefehlshaber *Air Marshal* Arthur Harris angewiesen, zum nächtlichen Flächenbombardement überzugehen. Die Angriffe sollten zudem die Moral der Zivilbevölkerung – insbesondere der Industriearbeiter – brechen, indem ihr Wohnraum zerstört wurde (*dehousing*-Konzept); hohe zivile Opfer wurden dabei bewusst in Kauf genommen. Daneben blieben das deutsche Verkehrsnetz und die Rüstungsproduktion wichtige Ziele der britischen Luftkriegsführung. Die britische Führung hatte sich nicht nur aus Vergeltung für Flächenbombardements entschieden. Ursprünglich Präzisionsangriffe auf Sicht fliegend, hatten sich die Tagesangriffe für das *Bomber Command* (das im Krieg fast 50 % des Flugpersonals verlor) als äußerst verlustreich erwiesen. Nachtangriffe verzeichneten andererseits eine viel zu geringe Trefferquote, erst 1943 sollte neue Radar- und Funkpeiltechnik diese erhöhen. Im Sommer 1941 hielt der sogenannte Butt-Bericht fest, dass nur ein Drittel aller Bomber ihr Ziel getroffen hätten. Ende 1941 hatten sich die Verluste des *Bomber Command* im Vergleich zum Vorjahr verdoppelt, ohne dass erkennbare Erfolge erzielt worden wären. Zweifel machten sich breit, ob das Deutsche Reich überhaupt in einer Luftoffensive besiegt werden könnte.

Vor diesem Hintergrund entwickelte Harris den Plan, die Wirkung auf das Ziel durch einen massierten Bomberstrom zu maximieren. Als Modellfall diente ihm der deutsche Angriff auf Coventry vom November 1940, aus dem die RAF ihre Lehren gezogen hatte: Um eine Stadt zu vernichten, reichten konventionelle Sprengbomben nicht aus, es brauchte auch Brandbomben. Ende März 1942 flog das *Bomber Command* einen ersten solchen Testangriff gegen die Zivilbevölkerung und legte Lübeck in Brand, Ende April ging Rostocks Altstadt in Flammen auf. Was aber fehlte, war eine spektakuläre Demonstration des Vernichtungspotenzials aus der Luft. Diese folgte Ende Mai 1942 mit dem ersten »1.000-Bomber-Einsatz« auf Köln (*Operation Millenium*), der unter Verwendung aller vorhandenen Flugzeuge zustande kam. In 90 Minuten fielen über 1.300 t Bomben und beschädigten oder zerstörten 13.000 Häuser, töteten 474 Menschen und machten 45.000 obdachlos. Ein ähnlich großer Angriff erfolgte zwei Tage später auf Essen, wurde aber zersprengt, ein dritter Großangriff traf Ende Juni Bremen. Vereinzelt gab es Proteste in Großbritannien gegen diese rücksichtslose, moralisch bedenkliche Bombardierung der deutschen Zivilbevölkerung. Angesichts der schwierigen Kriegslage verblassten sie jedoch. Zunächst verhinderten fehlende Kapazitäten des *Bomber Command* allerdings, die Bombenoffensive auf deutsche Städte kontinuierlich über längere Zeit fortzusetzen. Hitler reagierte mit Vergeltungsangriffen auf die britischen Bombardierungen und befahl ebenfalls, militärisch unwichtige, dafür kulturhistorisch wertvolle britische Städte wie Exeter, Bath, York oder Canterbury anzugreifen (»Baedeker«-Angriffe). Die Luftwaffe konnte der RAF allerdings nur wenig entgegensetzen. Das Gros ihrer Bomber wurde seit 1941 an der Ostfront oder in Nordafrika zur taktischen Heeresunterstützung eingesetzt. Zudem hatte die britische Flugzeugindustrie die deutschen Produktionszahlen bereits 1940/41 überflügelt.

1942 besaß die RAF die größere Bomberflotte und mehr schwere Langstreckenbomber, während der Luftwaffe bloß 30 bis maximal 130 mittlere Bomber pro Einsatz zur Verfügung standen. Die deutschen Bombardierungen machten deshalb nur einen Bruchteil dessen aus, was die RAF gegen Deutschland einsetzte: Insgesamt wurden 1942 rund 3.200 t Bomben auf britische Städte abgeworfen, auf deutsche hingegen über 47.000 t.

Ab Juli 1942 unterstützten US-Verbände das *Bomber Command* mit Tagangriffen auf Ziele in Nordfrankreich. Der Aufbau der 8. US-Luftflotte (Spaatz) erfolgte aber nur schleppend. Bis zum ersten amerikanischen Großangriff auf Ziele in Deutschland Ende Januar 1943 lag die Hauptlast des Kampfes deshalb weiterhin bei den britischen Bombern. Die *USAAF in Europe* verfolgte zwar dieselben strategischen Ziele wie die RAF, wandte jedoch eine andere Taktik an. Im Glauben, dass schwer bewaffnete Bomber in geschlossener Formation ohne Geleitschutz auskämen, flogen sie mit Bombergruppen von über 300 Maschinen Präzisionsbombenangriffe bei Tag, während das *Bomber Command* bei Nacht Flächenbombardierungen durchführte. Das arbeitsteilige Konzept der *Combined Bomber Offensive* (*»Bombing around the clock«*) wurde offiziell auf der Konferenz von Casablanca verabschiedet und war zugleich als Signal für die westalliierten Bemühungen an Stalin gedacht. Entscheidend war, dass die angloamerikanische Flugzeugproduktion längst auf Hochtouren lief und die materielle Grundlage für die alliierte Luftoffensive lieferte. Diese konzentrierte sich bis Mitte 1943 darauf, die militärische, industrielle und wirtschaftliche Struktur des Deutschen Reiches zu zerschlagen. Neben militärischen Anlagen, Rüstungszentren, Infrastrukturanlagen und wichtigen Verkehrsknotenpunkten blieb aber auch die Moral der Zivilbevölkerung ein wichtiges Ziel. Von März bis Juli 1943 flog das *Bomber Command* eine Offensive gegen das Ruhrgebiet und beeinträchtigte dadurch die deutsche Kriegsproduktion zwischenzeitlich erheblich, erlitt dabei mit 15 % Ausfällen aber auch hohe Verluste. Ende Juli begann mit der *Operation Gomorrha* eine mehrtägige Serie schwerer alliierter Bombenangriffe auf Hamburg. Der aufeinander abgestimmte Einsatz von insgesamt 9.000 t Spreng- und Brandbomben verursachte den bis dahin verheerendsten Feuersturm des ganzen Luftkriegs: Über 270.000 Häuser wurden zerstört, geschätzte 50.000 Menschen starben, über 100.000 wurden verletzt.

Entscheidend zum Durchkommen der Flugzeuge beigetragen hatten ihre Konzentration in Bomberströmen und der erstmalige Einsatz von Staniolstreifen, mit denen die Funkmessgeräte der deutschen Luftabwehr (Flak) und Jägerleitstellen außer Gefecht gesetzt wurden. Die deutsche Flakartillerie und Abfangjäger hatten den alliierten Bombern bis dahin erhebliche Verluste zugefügt. Dies galt insbesondere für die Nachtjagd, in der die Jäger anfangs entlang der sogenannten Kammhuber-Linie mithilfe von Funkfeuern, später mit Bordradar ausgestattet die heranfliegenden Bomber abfingen. Die alliierten Verluste konnten durch elektronische Gegenmaßnahmen zwar geschmälert werden, blieben tagsüber mangels Langstrecken-Begleitjägern jedoch relativ hoch. Dies bekamen insbesondere die amerikanischen Bomberverbände zu spüren. Sie waren im Verlauf des Jahres 1943 mit zusätzlichen Bombern des Typs B-17 und neuen B-24 (Liberator) verstärkt worden. Ihre Tagangriffe wiesen zwar eine relativ hohe Trefferquote auf, die Wirksamkeit blieb allerdings weit hinter den Erwartungen der Luftkriegstheoretiker zurück. Vollends gescheitert war zudem die »Selbstverteidigungsdoktrin«. Beim Angriff auf die kriegswichtigen Kugellagerfabriken in Schweinfurt und die Messerschmidt-Werke in Regensburg im August 1943 gingen 16 % der Bomber verloren, beim neuerlichen Angriff auf Schweinfurt im Oktober sogar über 20 %, fast die Hälfte aller Maschinen wurde beschädigt. Langstreckenangriffe ins Innere des Deutschen Reiches wurden daraufhin wegen der unhaltbaren Verluste vorläufig eingestellt. Bereits seit Mitte 1943 war zudem die deutsche Luftwaffe und die Jagdflugzeugproduktion zum strategischen Zwischenziel geworden (Operation Pointblank) – nicht zuletzt deshalb, um die für die bereits beschlossene Invasion notwendige Luftüberlegenheit herzustellen. In Italien hingegen hatten die alliierten Bombenangriffe ihre Wirkung nicht verfehlt, bis Ende 1943 etwa 60 % der italienischen Industriekapazität zerstört und die Moral der Zivilbevölkerung schwer geschädigt.

Die ihrerseits angeschlagene Moral der alliierten Bomberbesatzungen erlitt in der Schlacht um Berlin von November 1943 bis März 1944 einen weiteren Schlag. In 16 Großangriffen wurde ein Viertel von Berlin zerstört und 1,5 Millionen Menschen obdachlos gemacht. Das strategische Ziel von Harris, bis zum 1. April 1944 die deutsche Kapitulation zu erzwingen, scheiterte allerdings. Auch erlitten die Bomberverbände bei den Bombardements auf Berlin und andere Städte erneut hohe Ausfälle, im Angriff auf Nürnberg am 31. März 1944 über 20 %. Danach wurden die Bombardements auf deutsche Städte bis zum Herbst unterbrochen und das *Bomber Command* zur Vorbereitung der alliierten Landung in der Normandie auf Verkehrsverbindungen und Nachschubwege in Frankreich angesetzt. Letztlich löste sich das Problem der hohen alliierten Tagverluste erst, als ab 1944 *en masse* weitreichende Begleitjäger (P-51 *Mustang*, P-38 *Lightning* und P-47 *Thunderbolt*) eingesetzt werden konnten. Ab diesem Zeitpunkt begann sich auch die amerikanische Taktik der Präzisionsangriffe auszuzahlen. Mit der sogenannten »Big Week« vom 20. bis 25. Februar 1944 entschieden die Alliierten die Luftschlacht über dem Deutschen Reich. Bei Tag flogen die 8. US-Luftflotte (Doolittle) von Großbritannien und die 15. US-Luftflotte (Twining) von Italien aus eine Reihe von Luftangriffen auf ausgewählte Ziele der deutschen Flugzeugindustrie, bei Nacht bombardierte die RAF die Arbeiterviertel. Gleichzeitig wurde die Luftwaffe mit Angriffen auf Flugplätze und durch schwere Verluste bei den Jagdgeschwadern abgenutzt, sodass die Alliierten zunehmend die Lufthoheit auch über Deutschland erlangten. Danach folgten mit der Bombardierung von Nachschublinien, der Ölfelder im rumänischen Ploieşti und der Hydrierwerke ab April/Mai 1944 entscheidende Schläge gegen die Kraftstoffversorgung. Allein schon die Menge an Flugbenzin verringerte sich zwischen Juni und September 1944 um über 80 %. Der alliierte Bombenkrieg auf deutsche Städte hielt unvermindert bis in die Endphase des Krieges in Europa an. Er erreichte am 13./14. Februar 1945 mit der Bombardierung Dresdens mit schätzungsweise 35.000 bis 40.000 Toten einen letzten traurigen Höhepunkt. Gerade diese Bombardierungen der letzten Kriegsmonate waren aus militärischer und kriegswirtschaftlicher Sicht unnötig und sind deshalb schwer zu rechtfertigen.

Bombenkrieg gegen Japan

In Asien kam es aus den bereits erwähnten Gründen und wegen der Größe des Raums erst 1944 zum strategischen Bombenkrieg gegen Japan. Einzige Ausnahme bildete der bereits genannte *Doolittle Raid* im April 1942, der etwa 50 Menschen das Leben kostete, 400 verletzte, 200 Häuser zerstörte und die Mängel der japanischen Luftverteidigung offenlegte. Im Juni 1944 wurden wieder strategische Bombenangriffe auf Ziele in Japan, China, Manchukuo, Taiwan und Südostasien aufgenommen *(Operation Matterhorn)*. Möglich war dies durch die Konstruktion der neuen Langstreckenbomber B-29 *(Superfortress)* geworden. Organisatorisch waren sie in der 20. US-Luftflotte zusammengefasst und unterstanden direkt dem Oberbefehlshaber der USAAF (Arnold). Die B-29 konnten so im Rahmen des neu aufgestellten *XX Bomber Command* (Wolfe, später LeMay) losgelöst von taktischen Aufgaben von Flugplätzen in Westchina aus operieren. Logistische Probleme machten es jedoch unmöglich, die strategischen Bombenangriffe auf Japan aufrechtzuerhalten, da Flugbenzin und Bomben mittels Luftbrücke von Indien über den Himalaya nach Westchina geflogen werden mussten. Hinzu kamen technische und wetterbedingte Probleme sowie die lange Einsatzdistanz. Die Angriffe des *XX Bomber Command* besaßen zwar hohe Signalwirkung, blieben aber meist wenig effektiv und erreichten mit Kyūshū bloß die südliche Hauptinsel Japans. Erst durch die Eroberung der Marianen im Juli 1944 gelangte ganz Japan in die Reichweite der US-Langstreckenbomber. Die schwierigen Angriffe von China aus wurden dadurch unnötig. Ab dem 24. November 1944 begann das *XXI Bomber Command* (Hansell) die strategischen Bombenangriffe auf Japan, ihre Erfolge blieben jedoch zunächst bescheiden.

Dies änderte sich in der im Februar 1945 eröffneten neuen Luftoffensive gegen Tōkyō und weitere japanische Städte. Als neuer Befehlshaber des *XXI Bomber Command* gab LeMay das bisherige Angriffsverfahren aus großer Höhe auf und ordnete Flächenbombardements bei Nacht aus geringer Höhe an. Die Wirkung des Angriffs wurde durch den massiven Einsatz von Brandbomben zusätzlich erhöht, deren Zerstörungspotenzial bereits beim Angriff vom 18. Dezember 1944 auf das japanische Industriezentrum Hankou offenbar geworden war. Am 10. März 1945 starben beim zweiten Angriff auf Tōkyō – dem größten konventionellen Brandbombenangriff des Krieges – wohl über 100.000 Menschen, 40.000 Menschen wurden verletzt, über eine Million obdachlos. Es folgten weitere schwere Brandbombenangriffe auf Tōkyō und andere japanische Städte, parallel flog das *XXI Bomber Command* auch Präzisionsangriffe auf Flugplätze und Industrieziele. Die schwache japanische Luftverteidigung konnte den alliierten Bomberströmen, die ab April 1945 zusätzlich durch Begleitjäger von Iwojima aus geschützt wurden, nicht ernsthaft gefährlich werden. Fehlende Nachtkampffähigkeit, zunehmende Munitionsknappheit bei der Flak, Piloten- und Materialmangel für den Luftkampf sowie die schlechte Koordination zwischen Heeres- und Marineluftwaffe waren die Gründe hierfür. So verlor das *XXI Bomber Command* beim März-Angriff auf Tōkyō nur 14 von 334 B-29-Bombern.

Nach der Einnahme Okinawas intensivierten sich ab Mai 1945 die strategischen Brandbombenangriffe wieder und wurden im Juni/Juli auch auf japanische Kleinstädte ausgeweitet. Ergänzt wurden sie durch Luftschläge der 5. bzw. 3. US-Flotte (Spruance/Halsey). Auswertungen des europäischen Bombenkriegs hatten die Wirksamkeit von Angriffen auf das Transportwesen und die Nachschublinien belegt. Trotzdem wurden diese Erkenntnisse lange nicht beachtet, da Arnold und LeMay dadurch die strategische Luftoffensive geschwächt sahen. Erst ab März begann in Koordination mit der *US Navy* ein strategisches Seeminen-Unternehmen *(Operation Starvation)*, das den Handelskrieg der U-Boote ergänzte. In dessen Verlauf wurden bis Juli 1945 tausende von Seeminen um die japanischen Hauptinseln, später auch um die koreanische Halbinsel abgeworfen und Häfen und Seestraßen blockiert. Dies traf die japanische Küsten- und Handelsschifffahrt schwer. Ein Großteil der Schiffsverluste in den letzten Kriegsmonaten war darauf zurückzuführen. Im Zusammenwirken mit den Luftangriffen auf Rangierbahnhöfe, Brücken und weitere Transportziele hätte dies die Nahrungsmittelversorgung Japans wohl in Kürze ganz zusammenbrechen lassen.

Die Zerstörungsrate der Brandbombenangriffe war aufgrund der leicht entflammbaren japanischen Bauweise zudem weit höher als im Bombenkrieg über Deutschland. Insgesamt zerstörten die alliierten Bombardierungen 1944/45 über 30 % aller Gebäude in Japan, Städte wie Tōkyō, Kōbe oder Yokohama wurden bis zu über 50 % zerstört. Ende Juli 1945 lagen Japans Staatsstrukturen, seine Kriegsindustrie sowie das Kommunikations- und Transportsystem in Trümmern oder waren nachhaltig gelähmt. Wie in Europa kam es zu umfangreichen Evakuierungen der Zivilbevölkerung, vor allem von Kindern, aus den Städten. Die nur schwach ausgebildete japanische Zivilverteidigung blieb hingegen bis Kriegsende wirkungslos, fehlte es ihr doch an Strukturen, Personal, Mitteln und Schutzeinrichtungen.

Die seit Sommer 1945 begonnene Verstärkung der strategischen Luftoffensive durch Verbände kam nicht mehr voll zum Tragen. Die beiden Atombombenabwürfe auf Hiroshima am 6. und auf Nagasaki am 9. August 1945 änderten die Situation grundlegend und zwangen Japan zur Kapitulation (vgl. 3.11). Damit endete nicht nur der strategische Bombenkrieg, er kulminierte zudem in einer neuen Vernichtungsstufe. Die Bomben entfalteten durch die gewaltige Druckwelle, immense Hitze und Radioaktivität eine ungeheuerliche Zerstörungskraft: Wohl über 280.000 Menschen starben direkt oder an den Folgen der Bomben, mehr als 150.000 wurden verletzt. Über 80 % von Hiroshima und 50 % von Nagasaki wurden buchstäblich dem

Erdboden gleichgemacht, das Gebiet auf Jahre hinaus verseucht, mit Spätfolgen für Mensch und Umwelt.

3.10. Der Krieg in Europa 1944/45 – Sturm auf die »Festung Europa«

Das Jahr 1943 hatte wichtige alliierte Entscheidungen gebracht. Mit dem Irak, Bolivien, dem Iran und Kolumbien waren zudem neue Verbündete hinzugekommen, Italien hatte die Seite gewechselt, Brasilien und Mexiko beteiligten sich aktiv am Krieg. Auch politisch wurden die Weichen gestellt. Auf der Konferenz von Teheran (Eureka) vom 28. November bis 1. Dezember 1943 trafen Roosevelt, Churchill und Stalin erstmals gemeinsam zusammen. Die Westalliierten bestätigten die Pläne für die Landungen in Frankreich, Stalin sicherte den Kriegseintritt gegen Japan zu. Diskutiert wurden die Nachkriegspläne für das Deutsche Reich sowie der Status des Baltikums und Finnlands, Stalin ließ sich die Ostgrenze Polens entlang der Curzon-Linie bestätigen, es wurde die Unabhängigkeit des Irans für die Nachkriegszeit festgelegt und Marschall Josip Broz Tito als alliierter Oberbefehlshaber in Jugoslawien anerkannt.

Hitler hatte aus Angst vor der alliierten Landung bereits am 3. November 1943 das Schwergewicht der Kriegsführung in den Westen verlagert (»Weisung Nr. 51«), wo fortan der strategische Fokus lag. Gleichwohl standen Mitte 1944 immer noch 165 deutsche Divisionen im Osten, nur 60 in Frankreich und 27 in Italien. Zugleich nahmen die Konflikte innerhalb der Achse zu: Hitlers Treffen mit Verbündeten waren zunehmend von wutentbrannten Tiraden und Vorwürfen überschattet. Ab 1944 trat bei ihm deshalb die Hoffnung auf den erfolgreichen Einsatz der Wunderwaffen immer stärker in den Vordergrund (vgl. 4.4). Hitler war indes zu keinem militärischen oder politischen Kompromiss bereit. Vielmehr begann er damit, den größten Untergang aller Zeiten zu inszenieren. Neben der massiven Propaganda des Regimes propagierte auch die Wehrmachtführung, den Kampf unter allen Umständen fortzusetzen.

Der Jahresübergang 1943/44 stand im Zeichen einer grundsätzlichen Kräfteverlagerung. Das deutsche Ostheer hatte der RKKA in den Rückzugskämpfen zwar hohe Verluste zugefügt, erhielt aber selbst bis Frühjahr 1944 kaum mehr Ersatz. Den rund zwei Millionen deutschen und 137.000 verbündeten Soldaten stand mit über 6,4 Millionen Rotarmisten eine auch an Geschützen, Panzern und Flugzeugen massiv überlegene Streitmacht gegenüber.

Am 24. Dezember 1943 begann im Südabschnitt eine der größten sowjetischen Offensiven des Krieges, in deren Verlauf alle vier Ukrainischen Fronten sowie die 2. Weißrussische Front auf einer Breite von über 1.400 km in Richtung Schwarzes Meer gegen die deutschen Heeresgruppen Süd und A vorgingen. Die Stavka setzte über vier Millionen Rotarmisten und mehrere Panzerarmeen ein. In der Winteroperation erreichten sowjetische Verbände mit Sarny Anfang Januar 1944 polnisches Gebiet, bis Mitte Februar konnten bei Korsun'/Čerkassy über 55.000 deutsche Soldaten eingekesselt werden. Sowjetische Verbände stießen weiter in die Westukraine vor und verhinderten den Rückzug der deutschen Armeen, bei Kamenec-Podol'skij geriet die Masse der 1. Panzerarmee (Hube) in einen Kessel, aus dem sie allerdings ausbrechen konnte. Südlich davon gelang im Februar die Einnahme des rohstoffreichen Dneprbogens. Bis Mitte März erreichten die Angriffsspitzen den südlichen Bug, danach stießen sie auf Odessa vor. Die nahtlos daran anschließende Frühjahrsoperation führte vom 4. März bis Mitte April über den Dnestr und Pruth bis in die Karpaten, also auf rumänisches Gebiet. Damit war ein Keil zwischen die deutschen Verbände in Polen und Südrussland getrieben, der deutsche Südflügel zerschlagen. Den Abschluss bildeten die Einnahme der Krim und die weitgehende Vernichtung der dortigen deutschen 17. Armee (Jaenecke) Mitte Mai 1944.

Im Nordabschnitt begann am 14. Januar zwischen Leningrad und Nevel' ebenfalls eine Großoffensive. Drei sowjetische Fronten griffen die durch Abgaben an andere Fronten geschwächte

Heeresgruppe Nord (Küchler) an, deren Rückzug entgegen Hitlers Haltebefehl aber zu spät angeordnet wurde. Im Januar 1944 durchbrachen die sowjetischen Verbände die Front bei Leningrad und stießen bis Ende Februar ins Baltikum vor. Erst entlang der Narva und am Peipussee (*»Panther-Stellung«*) gelang es den deutschen Verbänden, die Verteidigungsfront wieder zu schließen. Anders als im Süden unterblieben tiefe sowjetische Durchbrüche. Im Bereich der Heeresgruppe Mitte scheiterten alle sowjetischen Angriffe. Hitler hatte bis dahin noch geglaubt, dass sich die sowjetischen Offensiven wegen Erschöpfung selbst abnützten. In der Tat waren die sowjetischen Verluste sehr hoch. In den Offensiven im Süden hatte die RKKA fast 1,2 Millionen Soldaten durch Tod und Verwundung verloren, im Norden über 310.000 Mann. Durch (Zwangs-)Rekrutierungen in den rückeroberten Gebieten konnte dies weitgehend ausgeglichen werden. Die Wehrmacht hatte ebenfalls Ausfälle von über einer Viertelmillion Soldaten. Angesichts der beschränkten Ressourcen war klar, dass die deutsche Front nicht mehr lange zu halten war.

Im Frühjahr 1944 entschieden Stalin und die Stavka, im Sommer eine strategische Offensive gegen die Heeresgruppe Mitte zu eröffnen (*Operation Bagration*), um Weißrussland zu befreien und den kürzesten Weg nach Deutschland frei zu machen. Die Heeresgruppe Mitte von Generalfeldmarschall Ernst Busch war zu diesem Zeitpunkt mit knapp 850.000 Mann (davon aber nur 500.000 an der Front) die größte der deutschen Heeresgruppen. Sie litt aber an Waffen- sowie Materialmangel und war deshalb – auch weil sie Hitlers Strategie der »Festen Plätze« verfangen war – kaum mehr zu mobiler Kampfführung fähig. Ihr standen vier sowjetische Fronten mit über 1,2 Millionen Mann und zehnfacher Überlegenheit an Panzern, Geschützen und Flugzeugen gegenüber. Am 22. Juni 1944 – zum dritten Jahrestag des deutschen Überfalls auf die UdSSR und als sich der Erfolg der alliierten Landung in Nordfrankreich bereits abzeichnete – eröffnete die Stavka ihre Großoffensive, mit der die »Agonie der deutschen Kriegsführung im Osten« (Hermann Gackenholz) begann. Vorausgegangen waren geschickte Täuschungsmanöver und die größte Partisanenoperation des Krieges. Die deutsche Führung wurde durch die Richtung, Stärke und Geschwindigkeit der sowjetischen Offensive überrascht. Die sowjetischen Verbände durchbrachen die deutsche Abwehrstellung und stießen durch die Lücken zwischen den »Festen Plätzen« hindurch, zahlreiche deutsche Verbände wurden eingekesselt und vernichtet, Vitebsk, Orša, Mogilev und Bobruisk in wenigen Tagen erobert. Stalin und die Stavka strebten keinen ordinären Sieg an – die Offensive war als »tiefe Operation« konzipiert, deren wichtigste Kriegslehre die Kombination des operativen Durchbruchs mit der Einkesselung des Gegners nach deutschem Vorbild war. Die sowjetischen Verbände preschten weiter nach Westen über die Beresina und nahmen am 3. Juli 1944 Minsk ein. Nach weniger als zwei Wochen war die Heeresgruppe Mitte de facto vernichtet: 28 Divisionen mit 350.000 Mann gingen verloren. Es war die größte Niederlage der deutschen Militärgeschichte, katastrophaler als Stalingrad. Übrig blieb eine 350 km breite Lücke in der deutschen Ostfront. Die sowjetischen Verbände stießen durch diese nach Vilnius, Lublin, Brest-Litowsk und Białystok vor. Sie wurden erst Anfang August durch Logistikprobleme und einen deutschen Gegenschlag vor Warschau gestoppt. Dies zum Leidwesen der polnischen *Armia Krajowa*, deren Aufstand gegen das deutsche Besatzungsregime ohne alliierte Unterstützung – Stalin unterließ Entlastungsangriffe – zum Scheitern verurteilt war. Am 2. Oktober kapitulierten die Reste, über 250.000 Polen waren tot.

Ähnlich erfolglos verlief auch der Umsturzversuch einer kleinen Gruppe von deutschen Widerstandskämpfern um Generalmajor Henning von Tresckow und Oberst i.G. Claus Schenk Graf von Stauffenberg im Rahmen des *Unternehmens Walküre* am 20. Juli 1944. Nach ersten gescheiterten Ansätzen im Zuge der Sudetenkrise 1938 (»Septemberverschwörung«) war der organisierte Widerstand gegen Hitler angesichts der politisch-militärischen Erfolge verstummt und hatte erst ab Herbst 1943 wieder Form angenommen. Scheitern sollte dieser letzte »Aufstand des Gewissens« am fehlenden Glück, an der zögerlichen Haltung wichtiger hoher Militärs, die den persönlichen

Treueid auf Hitler höher gewichteten als seine Verbrechen, und am fehlenden Rückhalt in der Bevölkerung und der Wehrmacht. Es kommt nicht von ungefähr, dass der Umsturzversuch in Berlin durch Wehrmachtseinheiten niedergeschlagen wurde und bei der Fronttruppe wirkungslos blieb. Hitlers Position war selbst im Sommer 1944 noch gefestigt. Mit diesem Problem hatten alle Widerstandsgruppen zu kämpfen – sozialdemokratisch-kommunistische (KPD, SPD, Gewerkschaften), intellektuelle *(Weiße Rose)*, nationalkonservative (Kreisauer Kreis, Goerdeler-Kreis), kirchliche und eben militärische.[9] Anders als in Italien unterblieb ein Umsturz, das NS-Regime reagierte mit einer innenpolitischen Terrorwelle.

Angesichts der Erfolge von *Bagration* hatten Stalin und die Stavka die Offensive ausgeweitet: Im Süden eroberte die 1. Ukrainische Front (Konev) bis Ende Juli Lemberg (Lwów), Przemyśl und Stanisławów. Bis August hatten die sowjetischen Verbände bei Sandomierz die Weichsel überschritten, südlich davon die Karpaten erreicht und die Heeresgruppe Nordukraine (Harpe) zerschlagen. Im Norden hatte die am 10. Juni 1944 in Karelien eröffnete Großoffensive den dreijährigen Stellungskrieg an der finnischen Front beendet und zu einem fast 300 km tiefen sowjetischen Vorstoß geführt. Finnland schloss deshalb am 19. September 1944 mit der UdSSR und Großbritannien einen Waffenstillstand, musste sich aber verpflichten, am Kampf gegen die deutsche Lappland-Armee mitzuwirken. Ab Juli rissen zudem die Offensiven der drei Baltischen Fronten die Abwehrfront der Heeresgruppe Nord (Schörner) auf. Durch die Vorstöße auf Memel (Klaipéda) und Riga wurde die Heeresgruppe Nord (ab Januar 1945 »Kurland«) Mitte Oktober im Kessel von Kurland eingeschlossen, wo ihre Reste bei Kriegsende kapitulierten. Bis Ende November 1944 war fast das gesamte Baltikum eingenommen. Ein weites Vordringen in Ostpreußen hatte zwar noch einmal verhindert werden können, dies änderte aber

---

9 Zu denen auch das 1943 unter sowjetischer Aufsicht gegründete »Nationalkomitee Freies Deutschland« und der »Bund Deutscher Offiziere« gehörten.

nichts daran, dass sowjetische Verbände die Reichsgrenze überschritten hatten und erstmals auf deutschem Gebiet standen.

Der nächste sowjetische Schlag erfolgte am 20. August 1944 gegen Rumänien, mit dem Ziel, die dortige Heeresgruppe Südukraine (Frießner) zu vernichten und die deutsch-rumänische Allianz aufzubrechen. Die Offensive der 2. (Malinovskij) und 3. Ukrainischen Front (Tolbuchin) gelangte rasch bis nach Südrumänien hinein. Bereits am 23. August wurden die neue deutsche 6. Armee (Fretter-Pico) und die neue 3. Rumänische Armee (Dumitrescu) südwestlich von Huşi/Chişinău eingekesselt und zerschlagen. 150.000 Soldaten waren tot, über 100.000 gefangengenommen und kurz nach *Bagration* die Katastrophe von Stalingrad zum zweiten Mal übertroffen worden. Am selben Tag kapitulierte Rumänien auf Geheiß König Michaels, Marschall Antonescu wurde festgenommen. Zwei Tage später erklärte das Land dem Deutschen Reich den Krieg. Am 8. September überschritten sowjetische Verbände die Grenze zu Bulgarien, das in der Folge ebenfalls die Seite wechselte, während die 1. Ukrainische Front (Konev) zur Unterstützung des – allerdings niedergeschlagenen – Slowakischen Nationalaufstands eine Offensive begann, die bis Ende Oktober die Einnahme der Karpatenpässe und den Einbruch in die Ostslowakei brachte. Die Lageentwicklung in Südosteuropa führte auch dazu, dass sich die deutsche Heeresgruppe E (Löhr) seit September 1944 aus Griechenland und Albanien zurückziehen musste, wollte sie nicht abgeschnitten werden. Trotz einer sowjetischen Offensive auf Belgrad und unter ständiger Bedrohung durch Titos Partisanenverbände gelang bis Januar 1945 der Rückzug auf die Drina-Linie in Zentraljugoslawien und bis April 1945 auf die kroatische Grenze – wie in der UdSSR und später in Italien nach dem Prinzip der »verbrannten Erde«. In Ungarn, das seit März 1944 von deutschen Truppen besetzt war *(Unternehmen Margarethe)*, hatte Horthy am 15. Oktober ebenfalls den Waffenstillstand verkündet, war dann aber in einer deutschen Kommandoaktion *(Unternehmen Panzerfaust)* entmachtet und durch den Pfeilkreuzler Ferenc Szálasi ersetzt worden, der den Kampf weiterführte. Die Verbände der 2. Ukrainischen Front waren zu

diesem Zeitpunkt bereits weit ins ungarische Hinterland vorgestoßen, hatten den deutsch-rumänischen Armeen in Ostun-
garn den Rückweg abgeschnitten und standen am 28. Oktober
80 km vor Budapest. Auf Drängen Stalins begann nahtlos die
Offensive auf die Stadt, die am 26. Dezember 1944 eingekesselt
wurde. Es folgte ein intensiver Belagerungs- und Stadtkampf,
ähnlich dem in Stalingrad, der starke Verwüstungen und hohe
zivile Opferzahlen verursachte. Obwohl die Schlacht um Budapest den Schwerpunkt der deutschen Operationen 1945 bildete
(Erdöl), konnte der Verlust der Stadt im Februar 1945 nicht verhindert werden.

DIE BEFREIUNG WESTEUROPAS

Um die deutsche Gustav-Linie umfassen zu können, eröffneten
die Alliierten am 22. Januar 1944 bei Anzio und Nettuno amphibische Landungen *(Operation Shingle)*. Sie verliefen anfangs wenig erfolgreich und litten unter unzureichender Truppenzufuhr.
Gleichzeitig hatte der alliierte Angriff gegen die zentralen deutschen Stellungen vor der Stadt und auf dem Monte Cassino begonnen. Die viermonatigen erbitterten Kämpfe forderten auf beiden Seiten hohe Verluste; auch etwa 300 Mönche und Flüchtlinge starben, als die Alliierten die Benediktinerabtei am 15. Februar 1944 in einem massiven Luftangriff fast vollständig zerstörten.
   Erst im Mai 1944 gelang der 5. US-Armee (Clark) der Durchbruch, in deren Rahmen neben angloamerikanischen auch kanadische, neuseeländische und indische Einheiten, das freifranzösische Expeditionskorps (Juin) und das polnische II. Korps
(Anders) zum Einsatz kamen.[10] Am 4. Juni standen die Alliierten in Rom, das zuvor zur offenen Stadt erklärt worden war
und dessen Einnahme prioritäres alliiertes Ziel war. Die deutschen Verbände hatten sich zuvor Schritt für Schritt nach Nord-
italien zurückgezogen: Im Juli 1944 konnte der alliierte Vor-

---

10   Ab September 1944 beteiligte sich auch das brasilianische Expeditions-
     korps (Mascarenhas de Morais) an den Kämpfen, was die hohen alliier-
     ten Verluste wenigstens quantitativ etwas ausglich.

marsch am Arno (Goten-Linie) kurzzeitig gestoppt werden, Ende 1944 verlief die Front entlang des Apennin, die alliierte Offensive im April/Mai 1945 führte nach La Spezia und in die Po-Ebene. Unterstützt wurden die Alliierten durch die zunehmend stärker agierende italienische *Resistenza*, die mit über 250.000 Kämpfern starke Wehrmachtskräfte band und mit der Gefangennahme Mussolinis am 28. April und Ermordung einen Coup landete. Am selben Tag kapitulierten die Reste der italienischen faschistischen Armee. Die deutsche Teilkapitulation vom 2. Mai 1945 – die einzige des Krieges – kam dank Geheimverhandlungen in Bern zustande *(Operation Sunrise)* und beendete den Krieg in Italien.

Der italienische Kriegsschauplatz verzeichnete mit über 300.000 alliierten und 430.000 deutschen Toten und Verwundeten für europäische Verhältnisse hohe Gesamtverluste, die vor allem auf das Gelände und den hartnäckigen deutschen Widerstand zurückzuführen waren. Daneben war Italien auch Schauplatz systematischer Terrorakte und Kriegsverbrechen durch Mussolinis Einheiten, SS und Wehrmacht sowie eines Partisanenkrieges, der ab Mitte 1944 voll entbrannte und vollends zum Bürgerkrieg verschmolz.

Die in Italien eröffnete »zweite Front« entsprach keineswegs Stalins Forderungen nach Entlastung der sowjetischen Kriegsanstrengungen. Erst die alliierte Landung in Nordfrankreich *(Operation Overlord)* änderte dies, an deren Vorbereitung das Oberkommando der alliierten Streitkräfte in Nordwesteuropa (Eisenhower) seit der Jahreswende 1943/44 arbeitete. Als das größte Landungsunternehmen des ganzen Krieges am 6. Juni 1944 *(D-Day)* begann, wurde die deutsche Abwehr völlig überrascht – geschickte Täuschungsmanöver hatten Hitler und den Oberbefehlshaber West, Generalfeldmarschall Rundstedt, glauben lassen, dass die Invasion nicht in der Normandie, sondern am Pas-de-Calais, der engsten Stelle des Ärmelkanals, erfolgen würde. Hitler reagierte dennoch erleichtert, glaubte er doch, nun die lang erhoffte Entscheidungsschlacht gegen die Westalliierten schlagen zu können. Hierfür war im November 1943 Generalfeldmarschall Rommel nach Nordfrankreich versetzt worden, um mit seiner Heeresgruppe B die Verteidigung zwischen Amsterdam und St. Nazaire zu organisieren. Diese sollte angelehnt an den »Atlantikwall« erfolgen, dessen Bau Mitte 1942 als Folge der gescheiterten alliierten Landung bei Dieppe von Hitler befohlen worden war. Der »Atlantikwall« bestand aus unterschiedlichen Befestigungsanlagen, Strandhindernissen und Minenfeldern. Trotz fieberhafter Bautätigkeit der Organisation Todt (und Zwangsarbeitern) blieb er Stückwerk und suggerierte bloß dank Goebbels Propagandakampagne die »Festung Europa«.

Die »Invasionsschlacht« gehört zu den größten Schlachten der Weltgeschichte und endete mit der Rückeroberung Frankreichs im September 1944. Eindrücklich manifestiert sie das überlegene Potenzial der Alliierten: Nach mehrwöchigen Luftangriffen auf das Verkehrsnetz im belgisch-französischen Hinterland sowie Aktionen von Sondereinsatzverbänden und der *Résistance* setzten in der Nacht vom 5. auf den 6. Juni 75 Konvois unter dem Schutz von über 1.200 Kriegsschiffen sowie über 10.000 Bombern und Jägern mehr oder weniger ungehindert über den Kanal; die 425 Flugzeuge der Luftflotte 3 (Sperrle) sowie die wenigen U-Boote und leichten Überwassereinheiten der Kriegsmarine waren wirkungslos. Begleitet durch Luftlandungen hatten am Abend des 6. Juni bereits über 130.000 Soldaten der ersten Welle fünf Landeköpfe gebildet, die – außer an Omaha Beach – auf fast keine Gegenwehr stießen und bis zum 10. Juni einen zusammenhängenden Brückenkopf bilden konnten. Über die künstlich angelegten *Mullberry*-Häfen wurden bis zum 12. Juni weitere 326.000 Soldaten, 104.000 t Nachschub und 54.000 Fahrzeuge nachgeführt. Ende Juni hatten bereits 1,5 Millionen alliierte Soldaten übergesetzt. Dieser Masse standen auf deutscher Seite nur 58 Divisionen höchst unterschiedlicher Qualität gegenüber. Die Panzereinheiten, die wegen operativer Meinungsverschiedenheiten im Hinterland verteilt worden waren, konnten wegen Treibstoffmangels und der alliierten Luftüberlegenheit nur tröpfchenweise in den Kampf geworfen werden; zudem behielt Hitler noch bis Juli Divisionen zurück, da er die Hauptlandung am Ärmelkanal erwartete.

Nach den raschen alliierten Anfangserfolgen verzögerte sich indes der alliierte Vorstoß. Es kam zu wochenlangen zähen und verlustreichen Kämpfen im unübersichtlichen normannischen Hinterland *(Bocage)*. Cherbourg konnte erst Ende Juni und Caen Mitte Juli (statt wie geplant am ersten Invasionstag) eingenommen werden. Der Durchbruch durch die deutschen Linien gelang erst Anfang August bei Avranches *(Operation Cobra)* durch die 3. US-Panzerarmee (Patton). Ein deutscher Gegenangriff der 5. Panzerarmee (Eberbach) scheiterte und führte zum Kessel von Falaise, in den auch die deutsche 7. Armee (Hausser) geriet. Das zögerliche alliierte Vorgehen ermöglichte zwar, dass bis zum 20. August viele eingeschlossene Einheiten ausbrechen konnten, allerdings unter Zurücklassung ihrer schweren Waffen und Ausrüstung.

Der Durchbruch bei Avranches und die Niederlage bei Falaise öffneten den Weg ins französische Hinterland. Die Alliierten gingen mit der britischen 21. Armeegruppe (Montgomery) und der 12. US-Armeegruppe (Bradley) zum Bewegungskrieg über. Auf deutscher Seite kam es im Westen erstmals zu Fluchtbewegungen, der Gesamtrückzug konnte improvisiert erst auf Höhe des ehemaligen Westwalls und an der belgisch-niederländischen Grenze gestoppt werden. Flankierend war am 15. August die 6. US-Armeegruppe (Devers) in Südfrankreich gelandet *(Operation Dragoon)*. Am 19. August begann zudem der breite Aufstand der 250.000 Männer und Frauen zählenden *Résistance*. Bis zum 25. August konnte Paris befreit, Anfang September Antwerpen eingenommen werden. Am 11. September vereinigten sich die beiden alliierten Stoßkeile bei Dijon, erste US-Einheiten erreichten am selben Tag bei Trier die deutsche Grenze. Über 350.000 deutsche Soldaten waren zu diesem Zeitpunkt in alliierte Gefangenschaft geraten. Die Invasionsschlacht hatte bis August schätzungsweise 55.000 deutsche und 65.000 alliierte Soldaten sowie 19.000 französische Zivilisten das Leben gekostet. Dass es entgegen der landläufigen Meinung kein »sauberer« Krieg war, veranschaulichen die Exzesse und Kriegsverbrechen auf beiden Seiten sowie deutsche Repressalien auf Aktionen der *Résistance*, wie etwa in Oradour-sur-Glane, wo am

10. Juni 1944 642 Menschen, mehrheitlich Frauen und Kinder, durch Waffen-SS-Angehörige ermordet wurden. Die deutschen Kriegsverbrechen waren zwar deutlich weniger radikal als in der UdSSR oder auf dem Balkan, sie trugen aber das gleiche Muster. Schließlich forderten, wie andernorts auch, blutige innerfranzösische Abrechnungen mit ehemaligen Kollaborateuren nach der Befreiung noch tausende von Menschenleben.

Einen Rückschlag erhielt der alliierte Vormarsch Ende September 1944 bei Arnheim *(Operation Market Garden)*. Im größten Luftlandeunternehmen des Krieges sollte die 1. Alliierte Luftlandearmee (Brereton) die Rheinbrücken einnehmen und der nachstoßenden britischen 2. Armee (Dempsey) dadurch ermöglichen, einen Brückenkopf auf dem östlichen Rheinufer zu errichten. Durch diesen hätte der alliierte Einmarsch ins Ruhrgebiet ermöglicht und der Krieg noch 1944 beendet werden sollen. Der risikoreiche Plan scheiterte an den zu ambitionierten Zielen und am unerwartet starken deutschen Widerstand. Die alliierten Verluste fielen mit über 15.000 Mann hoch aus und führten zum zwischenzeitigen Rückzug. Gleichzeitig war auch der alliierte Vorstoß an der Rurfront zum Stillstand gekommen (Schlacht im Hürtgenwald). Bis zum 21. Oktober gelang der 1. US-Armee (Hodges) mit Aachen die Einnahme der ersten deutschen Großstadt, Anfang November hatte die kanadische 1. Armee (Crerar) die Schlacht um die Scheldemündung entschieden. Letzteres machte die dringende Nachschubversorgung über den Hafen von Antwerpen möglich, war der alliierte Vormarsch zu diesem Zeitpunkt doch durch große Logistikprobleme verzögert worden. Die alliierte Offensive kam aber auch deshalb nur noch langsam und vorsichtig voran, weil die unerwarteten deutschen Gegenschläge bei den alliierten Truppen eine moralische Krise hervorgerufen hatten. Eisenhower wollte kein Risiko eingehen, auch wenn er die deutsche Offensivfähigkeit nur noch als gering einschätzte.

Die am 16. Dezember 1944 eröffnete deutsche Ardennenoffensive *(Unternehmen Wacht am Rhein/Herbstnebel)* auf Antwerpen kam für die Alliierten deshalb völlig überraschend. Angetreten war die Heeresgruppe B (Model) mit drei Armeen, deren

29 Divisionen – die meisten nicht voll alimentiert – jedoch nur mit Mühe und Not herangezogen werden konnten. Die Offensive begann wegen der alliierten Luftüberlegenheit bewusst bei schlechtem Wetter und war nach dem Vorbild von 1940 als Entscheidungsschlacht inszeniert – Hitler und das OKW glaubten immer noch, dass die »verweichlichten« Amerikaner im Fall einer Niederlage aufgeben würden. Die Offensive drang nicht einmal 50 km weit nach Westen vor und brach nach dem Wetterumschwung unter den alliierten Luftangriffen und wegen Treibstoffmangels am 27. Dezember 1944 zusammen. Bereits am 22. Dezember – rascher als von Model erwartet – hatte die alliierte Gegenoffensive eingesetzt, an der sich zuletzt etwa 33 Divisionen beteiligten. Bis zum 16. Januar war der deutsche Frontvorsprung eingedrückt und die ursprüngliche Frontlinie wieder hergestellt. Der alliierte Vorstoß war einige Wochen verzögert worden, die Wehrmacht hatte mit etwa 100.000 Mann, 600 Panzern und 1.600 Flugzeugen aber schwere Verluste erlitten und ihre letzte Panzerreserve verbraucht. Die Westfront stand vor dem Zusammenbruch.

ZUSAMMENBRUCH UND KAPITULATION DEUTSCHLANDS

Noch in den letzten Zügen der Ardennenoffensive begann am 12. Januar 1945 im Osten eine Großoffensive, an der sich zwischen Ostsee und Karpaten letztlich acht sowjetische Fronten beteiligten. In wenigen Tagen kam es zu tiefen operativen Durchbrüchen auf breiter Front, denen die Wehrmacht nach der Ardennenoffensive keine ausreichenden Reserven entgegenstellen konnte. Am 17. Januar war Warschau eingenommen, bis Ende Januar ging mit Schlesien das letzte intakte Industriegebiet verloren, Ostpreußen wurde abgeschnitten. Der sowjetische Vormarsch war von Exzessen gegen die Zivilbevölkerung begleitet und trieb seit Herbst 1944 Millionen deutscher Flüchtlinge westwärts, die nun nach Norden ausweichen mussten, in der Hoffnung über See evakuiert zu werden. Eine in Pommern eiligst aus Ersatz-, Polizei- und Volkssturmeinheiten aufgestellte Heeresgruppe Weichsel unter Heinrich Himmler blieb wirkungslos. Mitte und Ende März 1945 kapitulierten Kolberg und Danzig, am 9. April Königsberg. Nach wenigen Wochen war die deutsche mittlere Ostfront zusammengebrochen, sowjetische Verbände hatten Brückenköpfe über die Oder geschlagen und standen vor dem entscheidenden Schlag gegen Berlin.

Im Westen waren die Alliierten erst wieder am 8. Februar in eine Großoffensive übergegangen. Die deutsche Abwehrkraft bestand noch aus der Heeresgruppe H (Blaskowitz) in den Niederlanden und im Nordrheinland, der Heeresgruppe B (Model) im Ruhrgebiet und der Heeresgruppe G (Hausser) in Süddeutschland, die den Alliierten personell und an schwerem Kampfgerät aber weit unterlegen waren. Nach harten Kämpfen entlang der Rhein- und Rurlinie gelang im März bei Remagen (7.) und Wesel (24.) die Bildung von Brückenköpfen über den Rhein. Aus diesen heraus eröffneten die 12. US-Armeegruppe (Bradley) und die britische 21. Armeegruppe (Montgomery) mit je 1,3 Millionen Mann eine Zangenoperation gegen Models Heeresgruppe B, Anfang April waren etwa 325.000 Mann in diesem »Ruhr-Kessel« eingeschlossen. Angesichts der Lage hatte Hitler am 19. März den berüchtigten »Nero-Befehl« erlassen, wonach beim deutschen Rückzug alle Verkehrs-, Nachrichten-, Industrie- und Versorgungsanlagen zerstört werden sollten. Ohne Rücksicht auf die Zivilbevölkerung wollte Hitler die Taktik der verbrannten Erde im eigenen Land anwenden, der Befehl wurde allerdings nur teilweise umgesetzt.

Der alliierte Vormarsch im Westen war nicht mehr aufzuhalten, blieb aber hinter dem sowjetischen Tempo im Osten zurück. Dies lag an Eisenhowers vorsichtiger, systematischer Operationsführung, die auf möglichst geringe Verluste bedacht war und ein koordiniertes Vorgehen auf breiter Front vorsah: Bradleys Armeegruppe sollte durch Mitteldeutschland nach Leipzig und Dresden vormarschieren und sich dort mit den sowjetischen Angriffsspitzen vereinen. Montgomerys Armeegruppe sollte flankierend Richtung Hannover-Lübeck vorstoßen, um den Zugang zur Ostsee zu erringen und den deutschen Rückzug aus den Niederlanden und Dänemark zu verhindern, Devers' Armeegruppe an der Südflanke nach Österreich vordringen, um die deutsche »Alpenfestung« anzugreifen. Letztere stellte sich zwar als Phantom heraus, Eisenhower sah sie zu diesem Zeitpunkt aber noch als militärische Bedrohung an. Nur der politisch denkende Churchill drängte auf eine direkte Offensive nach Berlin und über die auf der Konferenz von Jalta festgelegten Grenzen hinaus, um ein Pfand für die Nachkriegsverhandlungen mit Stalin zu erhalten. Er konnte sich jedoch nicht gegen Roosevelt und Eisenhower durchsetzen.

Ab März 1945 stieß der westalliierte Vormarsch kaum noch auf Widerstand. Wie im Osten gab es auch im Westen fast keine zusammenhängende deutsche Verteidigungsfront mehr, sondern bloß noch einzelne Auffanglinien und Feste Plätze, und nur noch wenige einsatzfähige Verbände. Die Mehrheit bestand aus zusammengewürfelten Resten aus Heeres-, Luftwaffen- und sogar Marinetruppen, Waffen-SS, Volkssturm, Polizei- und HJ-Einheiten. Der Motorisierungsgrad war dramatisch gesunken, ebenso der Nachschub an die Front, eine koordinierte Führung inexistent. De facto befand sich die Wehrmacht im Auflösungsprozess. Trotz Durchhaltebefehlen und drakonischen Zwangsmaßnahmen (Fliegende Standgerichte) leistete die Truppe meist nur noch symbolisch Widerstand und blieb apathisch stehen, sobald der Zwang wegfiel. Fast nur noch fanatische Nationalsozialisten hielten am sinnlosen Kampf fest. Eine schwere Schuld trägt auch die Wehrmachtsführung, die bis zuletzt keinen Willen zur Kapitulation aufbrachte und in der Endphase nochmals über 530.000 Soldaten und unzählige Zivilisten für einen längst verlorenen Krieg opferte.

Im Osten scheiterte mit der Plattenseeoffensive *(Unternehmen Frühlingserwachen)* auf Budapest am 15. März 1945 die letzte deutsche Angriffsaktion. Einen Tag später eröffneten die 2. (Malinovskij) und 3. Ukrainische Front (Tolbuchin) die Schlacht um Wien, die bis Mitte April zum Verlust der Stadt und zur deutschen Aufgabe ganz Ungarns führte. Parallel dazu trieb Stalin seine Generale zur letzten Großoffensive auf Berlin an, die am 16. April mit Žukovs 1. Weißrussischen und

Konevs 1. Ukrainischen Front eröffnet wurde. Erst nach dreitägigem frontalem, sehr verlustreichem Anrennen durchbrachen Žukovs Verbände die deutschen Verteidigungsstellungen auf den Seelower Höhen (Heeresgruppe Weichsel) und stürmten nach Berlin weiter. Im südlichen Abschnitt gelang der Durchbruch durch die deutschen Linien an der Lausitzer Neiße auf Anhieb. Konevs Verbände gelangten bis zum 25. April bei Torgau an die Elbe, wo sich erstmals sowjetische Truppen und US-Truppen berührten. Am selben Tag schloss sich der Ring um Berlin.

Dort inszenierte Hitler im Angesicht des ideologischen Hauptgegners seinen Untergang. Kurzzeitig war mit der Nachricht von Roosevelts Tod am 12. April die Hoffnung auf ein neues »Mirakel des Hauses Brandenburg« aufgekeimt; die alliierte Allianz zerbrach an diesem Ereignis ebenso wenig wie an den offenkundigen politisch-ideologischen Differenzen. So hoffte Hitler auf den Entsatzangriff der an der Elbe gegen die US-Truppen aufgestellten 12. Armee (Wenck), die sich mit den Resten der 9. Armee (Busse) vereinigen sollte, oder auf die »Armeegruppe Steiner« und andere Verbände, die häufig bloß noch auf dem Papier bestanden. Derweil hatte in Berlin der Stadtkampf begonnen. Ab dem 26. April kämpften sich 500.000 Rotarmisten unter massivem Beschuss von Artillerie und Raketenwerfer ins Stadtzentrum vor. Hitler forderte auch in Berlin die Taktik der verbrannten Erde. Die von den alliierten Luftangriffen bereits gezeichnete Stadt wurde durch die Kämpfe weiter zerstört, die in den Kellern und Unterständen ausharrende Zivilbevölkerung kam zu Zehntausenden um oder wurde Opfer von Plünderungen und Vergewaltigungen. In der Trümmerlandschaft leisteten die zusammengewürfelten deutschen Kampfeinheiten aus Wehrmacht, Waffen-SS, Volkssturm und Hitlerjugend den sowjetischen Angreifern zähen, aber völlig sinnlosen Widerstand. Noch einmal hatte sich die perverse Logik der nationalsozialistischen Kampfkonzeption gezeigt, die keinen Ausweg zwischen Sieg oder Vernichtung offen ließ.

Erst Hitlers Suizid am 30. April 1945 im Bunker der Reichskanzlei beendete dies. Von der politischen und militärischen

Elite war nur Goebbels in Berlin geblieben. Er wählte am 1. Mai ebenfalls den Freitod mit seiner Familie. Am 2. Mai kapitulierte die Berliner Besatzung. Da Göring und Himmler bei Hitler in Ungnade gefallen waren, hatte er in seinem politischen Testament Dönitz zum Nachfolger bestimmt. Dieser ließ ab dem 3. Mai Verhandlungen über Teilkapitulationen mit den Westalliierten aufnehmen, um möglichst viele Soldaten und Flüchtlinge dem sowjetischen Einflussbereich zu entziehen. Dies gelang zunächst für die Truppen in den Niederlanden, Nordwestdeutschland und Dänemark (Heeresgruppe H) sowie in Bayern und Österreich (Heeresgruppen G und Süd). Nach sowjetischen Protesten forderte Eisenhower die bedingungslose deutsche Gesamtkapitulation an allen Fronten, die Generaloberst Alfred Jodl am 7. Mai 1945 in Reims unterzeichnete und die am 8. Mai in Kraft trat. Mit der Heeresgruppe Mitte (Schörner) kapitulierte am 11. Mai östlich von Prag der letzte deutsche Großverband. Der Krieg in Europa war damit beendet.

3.11. Das Kriegsende in Asien 1945

Zu Beginn des Jahres 1945 befand sich Japan in einer strategisch ausweglosen Lage. Der Kampf gegen die Alliierten um das japanische Mutterland war eine Frage der Zeit, das Deutsche Reich kämpfte in Europa um das Überleben und es drohte ein Kriegseintritt der UdSSR.

DER FALL BURMAS UND DIE RÜCKEROBERUNG DER PHILIPPINEN

Die Wirkung der nur zaghaft zugelassenen Unabhängigkeitsbewegungen in japanisch besetzten Gebieten Südostasiens verpuffte zunehmend. Die von Japan eingesetzten Marionettenregierungen verfügten kaum über Rückhalt in der Bevölkerung, die nach den japanischen Unabhängigkeitsversprechen fortgesetzte wirtschaftliche Ausbeutung trieb diese Gebiete auf alliierte Seite. Dies geschah etwa in Burma, wo der Vormarsch britischer, amerikanischer und chinesischer Verbände von einem nationalen Aufstand und dem Seitenwechsel der Burmesischen Unabhängigkeitsarmee profitieren konnte. Im April 1945 gelang es den Alliierten, die strategisch wichtige Versorgungslinie über die Burmastraße wieder zu öffnen. Bis Mai 1945 konnte fast das ganze Land von den Alliierten zurückerobert werden. Reste der zerschlagenen japanischen Regionalarmee Burma (Kimura) beendeten den Widerstand im August 1945. Die Planungen für eine weitere Landoffensive gegen Südburma und Thailand erübrigten sich wegen der japanischen Kapitulation.

Auch zur See stießen die Alliierten nach den Schlachten in der Philippinensee und bei Leyte unausweichlich vorwärts, ohne dass die Kaiserlich-japanische Marine dem noch etwas hätte entgegensetzen können. Nach einer Debatte über die strategische Ausrichtung der Offensive auf höchster alliierter Ebene erhielt die Rückeroberung der Philippinen Vorrang vor einer Landung auf Taiwan. Zum einen fühlte sich Roosevelt hierfür moralisch verpflichtet, gehörten die Philippinen zuvor doch zur US-Domäne. Zum anderen drängten viele amerikanische Militärs – besonders MacArthur – darauf, die Schmach von 1942 zu tilgen. Die Philippinen bildeten für beide Seiten eine Schlüsselposition. Für Japan, um die kriegswirtschaftlich wichtigen Seeverbindungen aufrecht zu erhalten, für die USA als Operationsbasis für das weitere Vorgehen. Bereits im Dezember 1944 hatten die Alliierten die Insel Mindoro eingenommen. Im Januar 1945 begann die Landung auf Luzon. Manila konnte zwar bereits Anfang Februar erreicht werden, wurde von der japanischen Garnison aber erbittert gehalten. Die Einnahme der Stadt gelang erst Anfang März und nur dank massivem Artilleriebeschuss, der – zusammen mit japanischen Gräueln – etwa 100.000 Filipinos das Leben kostete. Auch die Eroberung der restlichen Insel sollte mehrere Monate dauern. Der erbitterte Kampf verursachte alleine bei den US-Verbänden 145.000 Verluste. Die japanische 14. Regionalarmee (Yamashita) umfasste etwa 250.000 Mann, deren Kampfkraft aber bereits deutlich verringert war: Es fehlte an Nahrungsmitteln, Munition und Treibstoff für die wenigen Fahrzeuge. Aus der Luft wurden die japanischen Bodentruppen nur von 150 Flugzeugen unterstützt, die mehrheitlich noch vor der Landung vernichtet wurden. Marineunterstützung gab es keine. Yamashita nutzte aber die unwegsame Dschungel- und Berglandschaft als Rückzugsgebiet und hielt sich bis Kriegsende mit etwa 40.000 Mann in Nordluzon. Für den Kriegsverlauf war dies unbedeutend, auch wenn dadurch alliierte Kräfte gebunden wurden. Parallel zur Landung auf Luzon führten die Alliierten amphibische Angriffe auf mehrere philippinische Inseln durch. Die US-Verbände konnten dadurch ihre Fähigkeiten für amphibische Operationen – etwa die Luft-See-Koordination oder der Ausbau von Brückenköpfen – verbessern und wertvolle Erkenntnisse für die Vorbereitung der Landungen auf das japanische Mutterland gewinnen.

DIE LANDUNG ALLIIERTER TRUPPEN AUF IWOJIMA UND OKINAWA

Nimitz hatte zu diesem Zeitpunkt die Landung auf Iwojima bereits befohlen *(Operation Detachment)*. Die 700 Seemeilen südlich von Tōkyō liegende Insel beheimatete Fliegerstützpunkte für die japanische Heimatluftverteidigung und war unter Generalleutnant Kuribayashi Tadamichi zur Festung ausgebaut worden. Zur Vorbereitung der Operation hatten US-Bomber die Insel seit Dezember 1944 bombardiert. Am 19. Februar 1945 landeten 30.000 Marineinfanteristen des V. amphibischen Korps (Smith) nach dreitägiger intensiver Beschießung durch Flieger und Kriegsschiffe auf der Insel. Die 36 Tage dauernde Schlacht um Iwojima gehört zu den verlustreichsten Kämpfen des Pazifikkrieges. Sie hat sich besonders wegen der mit dem Pulitzer-Preis ausgezeichneten Fotografie von Joe Rosenthal *(Raising the Flag on Iwo Jima)* stark in das kollektive Gedächtnis der USA eingebrannt. Die japanischen Truppen waren gut positioniert und mit genügend Artillerie, Mörsern und MGs ausgerüstet. Das tiefe, unterirdische Befestigungs- und Tunnelsystem war über ein ausgefeiltes Netzwerk miteinander verbunden und verfügte über zahlreiche sich gegenseitig unterstützende Feuerstellungen. Der vorbereitende alliierte Beschuss hatte deshalb nur wenig Wirkung gezeigt. Zudem kämpften die Japaner fanatisch bis zum Tod. Von über 20.000 Soldaten gerieten nur 216 in alliierte Kriegsgefangenschaft, der Rest fiel oder beging Suizid. Auf amerikanischer Seite verursachte der brutale Nahkampf fast 7.000 Tote und über 17.000 Verwundete. Von Seiten der US-Militärführung war sogar der Einsatz von Gas erwogen worden. Die letzten japanischen Bunker fielen schließlich am 26. März.

Am selben Tag gingen erste US-Einheiten auf Okinawa an Land, der letzten japanischen Bastion im Pazifik. Wie Iwojima war auch Okinawa strategisch wichtig als Stützpunkt für die geplante Invasion Japans. Das eigentliche Unternehmen *(Operation Iceberg)* begann am 1. April 1945 nach schwerem Luft- und See-Bombardement mit der Landung von zwei Armeekorps. Die anfänglich etwa 180.000 Soldaten wurden fortlaufend verstärkt und umfassten zuletzt mit rückwärtigen Diensten, Bau- und Pioniertruppen über 450.000 Mann. Unterstützt wurden die Landungstruppen durch alliierte Flottenverbände mit über insgesamt 1.200 amerikanischen sowie britischen, kanadischen, australischen und neuseeländischen Schiffen *(British Pacific Fleet)*. Das japanische Hauptquartier betrachtete den Kampf um Okinawa als Entscheidungsschlacht. Es sollte noch einmal darum gehen, den alliierten Angriffsgeist zu zermürben, um dann aus einer vermeintlichen Position der Stärke einen Verhandlungsfrieden arrangieren zu können. Die angespannte Lage in China und Südostasien verhinderte aber die dafür notwendige Verstärkung der japanischen 32. Armee (Ushijima) auf Okinawa. Diese verfügte über knapp 120.000 Mann, darunter über 20 % kurzfristig zwangsrekrutierte Zivilisten. Die Landung verlief für die Alliierten unerwartet ohne Gegenwehr. Entsprechend der neuen japanischen Verteidigungsdoktrin konzentrierten sich die japanischen Verbände auf die Befestigungen im Landesinnern und ließen die Strände unverteidigt. Der japanische Gegenangriff sollte erst erfolgen, nachdem die alliierte Flotte durch japanische Luftangriffe zurückgeschlagen worden war. Die US-Landungseinheiten wiederum setzten als Reaktion auf Iwojima vermehrt Napalm, Flammenwerfer(-panzer) und Kampfpioniere ein, um die japanischen Stellungen auszuheben. Als sehr wichtig stellte sich auch die enge Koordination zwischen Infanterie und Panzern heraus. Die starken japanischen Verteidigungsanlagen konnten dennoch erst am 21. Juni durchbrochen werden, der letzte japanische Widerstand endete Ende Juni. Wie auf Iwojima kapitulierte nur ein Bruchteil der Garnison, etwa 7.400 Mann. Zusammen mit den zivilen Opfern starben auf Okinawa bis zu 150.000 Japaner durch die Kämpfe oder Suizid. Wie schon früher geschah es, dass japanische Offiziere ihren Soldaten und der Bevölkerung befahlen, sich durch Selbsttötung der Kapitulation zu entziehen. Die geringe Gefangenenquote war andererseits auch auf US-Gräueltaten zurückzuführen (vgl. 4.2).

Wirkungsvoller als die Inlandverteidigung der Bodentruppen waren die Kamikaze-Angriffe auf die alliierten Schiffe. Während der Schlacht um die Philippinensee aus einer Improvisation heraus entstanden und nur vereinzelt eingesetzt, war es bereits bei Luzon zum Einsatz zahlreicher Kamikaze-Piloten gekommen. Bei Okinawa führten Kaiserlich-japanische Marine- und Heeresflieger im Rahmen der japanischen Gegenoffensive *(Operation Ten-gō)* ab dem 7. April 1945 das massivste Kamikaze-Unternehmen der Geschichte durch. Bis Ende Juni flogen sie in acht Angriffswellen 1.900 Kamikaze-Einsätze, versenkten dabei 36 Schiffe und fügten der *US Navy* die höchsten Personalverluste des Krieges bei. Gleichwohl blieb dies strategisch wirkungslos. In der ersten Angriffswelle setzte die japanische Marineführung auch ihre letzten schweren Überwassereinheiten für ein Himmelfahrtskommando ein. Das Superschlachtschiff *Yamato*, bloß mit Treibstoff für die Anfahrt ausgestattet, sollte mit neun Begleitschiffen nach Okinawa vorstoßen. Der Verband wurde aber von einem amerikanischen U-Boot entdeckt und, ohne den notwendigen Luftschirm, zusammen mit fünf weiteren Schiffen durch Trägerflugzeuge versenkt.

Die Schlacht um Okinawa fiel für amerikanische Verhältnisse äußerst verlustreich aus und übertraf noch die Ausfälle von

Iwojima. Die Alliierten hatten insgesamt über 12.500 Tote bei den Landungstruppen und der Marine sowie über 37.000 Verwundete zu verzeichnen. Zwar hatte Japan seine letzten operativen Luft- und Seestreitkräfte verloren und seine Truppen in China und Südostasien waren isoliert. Der Krieg war freilich noch keineswegs gewonnen. Wie Premierminister Koiso hielt auch sein Nachfolger Admiral Suzuki Kantarō am Entschluss fest, den Kampf weiterzuführen. Getragen wurde er dabei von Hardlinern wie dem Heeresminister, General Anami Korechika, den Chefs des General- und Admiralstabs, General Umezu Yoshijirō und Admiral Toyoda Soemu, sowie dem Oberbefehlshaber der neu aufgestellten 1. Hauptarmee, Feldmarschall Sugiyama. Moderate Kräfte, zu denen Konoe, Außenminister Togo Shigenori und letztlich auch der Kaiser gehörten, versuchten derweil, seit der deutschen Kapitulation im Mai 1945 in verschiedenen Ländern für den Frieden zu sondieren. Große Hoffnung hegte diese »Friedensgruppe« in den ehemaligen US-Botschafter Grew und in die UdSSR, mit deren Vermittlung man glaubte, den Krieg doch noch gesichtswahrend beenden zu können. Die Alliierten gingen indessen angesichts des fanatischen japanischen Abwehrwillens und der hohen Verluste in den Schlachten um Iwojima und Okinawa bei der geplanten Invasion Japans *(Operation Downfall)* von einem Horrorszenario aus: Der Plan sah den Einsatz von insgesamt fünf Millionen Soldaten vor. Aufgrund der bisherigen Erfahrungen erwartete das US-Oberkommando einen rücksichtslosen, aufopfernden japanischen Verteidigungskampf. Alleine für die erste Phase ab November 1945, d. h. für die Einnahme der südlichen Hauptinsel Kyusyu, rechnete man mit mindestens 250.000 Toten und Verwundeten. General George C. Marshall erwog für die Landung deshalb den taktischen Einsatz von Atombomben. Selbst der Einsatz chemischer Waffen wurde erwogen. Für die zweite Phase ab März 1946, die Besetzung des japanischen Mutterlands, befürchtete man im schlimmsten Fall bis zu 1,5 Millionen Verluste.

Die neue japanische Strategie war nicht bloß der schweren militärischen Lage geschuldet, sondern wahrscheinlich auch eine Reaktion auf die angloamerikanisch-chinesische Forderung nach »bedingungsloser Kapitulation« mit all ihren territorialen, wirtschaftlichen und politischen Folgen, wie sie in der Potsdamer Erklärung vom 26. Juli 1945 zum Tragen kam. Japan sollte besetzt werden, ein demokratisches Regierungssystem erhalten und alle Überseebesitzungen verlieren. Die japanische Führung reagierte offiziell, indem sie diese Aufforderung ignorierte. Die japanische Kompromisslosigkeit ist zu diesem Zeitpunkt längst nicht mehr rational zu erklären. Wie das NS-Regime verschlossen sich auch die japanischen Militärs vor der Kriegsrealität und zogen den Untergang des Staates und der Bevölkerung der als unehrenhaft empfundenen Niederlage vor. Kulturelle Gründe spielten hierfür sicher eine gewichtige Rolle, insbesondere das mit der Person des göttlichen Kaisers verbundene *Kokutai*, das aus Sicht der japanischen Hardliner mit einer Niederlage unvereinbar war. Auch besetzten japanische Truppen zu diesem Zeitpunkt noch weite Teile Chinas, der Mandschurei, Korea und Südostasiens. Wirtschaftlich lag das Land jedoch darnieder. Sein Zusammenbruch war bloß noch eine Frage der Zeit. Trotzdem begann die japanische Militärführung Anfang 1945 damit, einen Plan zur Verteidigung Japans zu Wasser, am Boden und in der Luft auszuarbeiten (*Operation Ketsu-gō*). Dieser sah nochmals die Mobilisierung der letzten Mittel – mit Massenmobilisierung der Zivilbevölkerung – zur Abwehr der erwarteten alliierten Invasion vor und setzte dabei ganz bewusst auf massenhafte Suizidangriffe durch Kamikaze.

In dieser Lage hatte Harry S. Truman, der Nachfolger des im April verstorbenen Roosevelts, noch zu Beginn der Potsdamer Konferenz am 21. Juli 1945 von der Einsatzbereitschaft der Atombombe erfahren. Angesichts der ablehnenden Haltung der japanischen Regierung entschloss sich Truman nach anfänglichem Zögern für den Einsatz dieser Waffe, deren Wirkung selbst die Wissenschaftler des *Manhattan Project* um Robert Oppenheimer nicht ganz abschätzen konnten. Die Gründe für diesen Entschluss sind umstritten. Aus heutiger Sicht scheinen drei Motive ausschlaggebend gewesen zu sein: Erstens fühlte sich Truman wohl verpflichtet, den Endkampf abzukürzen und den Krieg möglichst rasch zu beenden. Angesichts der Kriegsmüdigkeit der eigenen Soldaten und der Bevölkerung in den USA musste eine Alternative zur langwierigen und verlustreichen Eroberung Japans gesucht werden. Vermutlich war der Einsatz der Atombombe zweitens auch als Machtdemonstration gegen die UdSSR gedacht. Der Kampf um die Nachkriegsordnung war zu diesem Zeitpunkt bereits entbrannt. In den Kriegsmonaten zuvor hatten sich die Gegensätze zwischen den Westalliierten und der UdSSR verstärkt. Mit der Atombombe präsentierten sich die USA als Supermacht, um die UdSSR vor einem weiteren Vorgehen in Asien abzuschrecken. Ein drittes Motiv bildete die eigene Bevölkerung. Ursprünglich war die Atombombe für den Einsatz gegen das Deutsche Reich geplant gewesen. Nach der deutschen Kapitulation befürchtete Truman, vor dem Kongress und der Wählerschaft die hohen Entwicklungskosten für eine Bombe rechtfertigen zu müssen, die nie eingesetzt worden war. Inwiefern dabei auch Beweggründe mitspielten, den Atombombeneinsatz als Experiment an echten Menschen durchzuführen und ob hierfür rassistische Gründe den Ausschlag gaben, wird kontrovers diskutiert.

Die bezüglich der Frage nach Krieg oder Frieden zerstrittene japanische Führung wurde vom Atombombenabwurf auf Hiroshima völlig überrascht. Die Mehrheit des japanischen Obersten Kriegsrates glaubte allerdings nach wie vor an die Möglichkeit, den Krieg militärisch und unter Bedingungen beenden zu können. Mitten in der hitzigen Debatte zwischen Gemäßigten und Hardlinern fiel die zweite Atombombe auf Nagasaki. Der atomare Doppelschlag vom 6. und 9. August 1945 wurde am 8. August noch durch die sowjetische Kriegserklärung verstärkt – ein wichtiger Beweggrund für die japanische Kapitulationsbereitschaft. Zwar sperrten sich Heeresminister Anami und die beiden Stabschefs Umezu und Toyoda immer noch dagegen, wobei auch die Angst vor sozialen Unruhen eine große

Rolle spielte. Nun aber setzte sich *Tennō* Hirohito durch und erklärte die Annahme des Friedens auf der Grundlage der Potsdamer Erklärung. In einer auf Tonband aufgenommenen Rede wandte sich der Kaiser am 15. August direkt an die Bevölkerung und verkündete das Kriegsende. Ein Putschversuch junger fanatischer Offiziere war kurz zuvor gescheitert. Am 2. September unterzeichneten Vertreter der japanischen Regierung und der Streitkräfte auf dem US-Schlachtschiff *Missouri* die Kapitulationsurkunde.

KRIEGSENDE IN CHINA UND SÜDOSTASIEN

Anders als in Europa, wo nach der Einnahme Berlins nur noch einige wenige isolierte Wehrmachtsteile außerhalb des deutschen Gebiets kämpften, standen in Asien selbst nach dem 15. August noch Millionen japanischer Soldaten in China, Südostasien und in den abgeschnittenen Pazifikinseln unter Waffen. Hinzu kam, dass in den japanisch besetzten Gebieten häufig ein politisches Machtvakuum oder zumindest unklare Verhältnisse herrschten.

In Indochina waren die japanischen Truppen im Frühjahr 1945 nochmals offensiv geworden. Da der japanische Oberbefehlshaber der Südarmee, Feldmarschall Terauchi Hisaichi, eine US-Invasion befürchtete und an der Neutralität der französischen Kolonialverwaltung zweifelte, besetzten japanische Truppen im März 1945 alle strategisch wichtigen Standorte und internierten die französischen Einheiten. Danach wurden die nominell unabhängigen Königreiche Kambodscha und Laos sowie das Kaiserreich Annam (Vietnam) eingerichtet. In Südostasien, wo das Südostasienkommando Mountbattens die Verantwortung hatte, herrschte eine gemischte Situation. Von Mai bis Juli 1945 hatten australische Verbände in mehreren amphibischen Landungen Britisch-Borneo mit den wichtigen Ölfeldern eingenommen. Malaya und Singapur bildeten als Kern der 750.000 Mann starken japanischen Südarmee hingegen einen Gürtel, der erst mit der Wiedereinnahme Singapurs im

September 1945 durchbrochen werden konnte *(Operation Tider-ace)*. Die geplante Folgeaktion gegen Malaya *(Operation Zipper)* wurde nicht mehr durchgeführt.

In China ergriffen japanische Truppen Anfang 1945 eben-falls noch einmal die Offensive. Die Einnahme der Eisenbahn-linie von Kanton nach Hanyang im Februar stärkte letztmalig die japanische Position in Südchina. Zwei große chinesische Operationen zwischen März und Juni 1945 führten aber zu er-heblichen Gebietsverlusten und zum Rückzug in Südchina. Dort kam es im August zu einer letzten, wegen der japanischen Kapitulation aber nicht mehr abgeschlossenen chinesischen Of-fensive.

Eine neue Lage, mit Auswirkungen in die Nachkriegszeit hi-nein, schuf letztlich die sowjetische Großoffensive in die Man-dschurei.[11] Die USA hatten lange darauf gedrängt, dass die UdSSR in den Krieg gegen Japan eintrat. Auf der Konferenz von Jalta im Februar 1945 hatte sich Stalin endlich dazu bereit erklärt, allerdings nur nach massiven Zugeständnissen der Westalliierten. Der UdSSR wurden Südsachalin, die Kurilen, Besatzungsrechte in Korea sowie die Wiederherstellung der im russisch-japanischen Krieg 1904/05 verloren gegangenen Rech-te und Gebiete in der Mandschurei zugesprochen – Letzteres unter Übergehung Chinas. Drei sowjetische Fronten (Vasilevs-kij) mit über 1,5 Millionen sowjetischen und mongolischen Sol-daten eröffneten am 9. August die Offensive. Die Kwantung-Armee (Yamada) umfasste etwa 600.000 Mann. Die japanischen Verbände wiesen teils nur wenig Kampferfahrung auf, waren in ihrer Mobilität und Kommunikationsfähigkeit eingeschränkt und an Panzern, Artillerie und Flugzeugen massiv unterlegen. Die überraschende und schnell vorgetragene sowjetische Um-fassungsoperation zeigte deutlich, wie sehr die RKKA vom deutschen »Blitzkrieg« gelernt und die Doktrin der »tiefen Ope-rationen« weiterentwickelt hatte. Anders als von der japani-schen Führung erhofft, konnten die sowjetischen Verbände die

---

11 Bekannt unter dem von Militärhistoriker David Glantz 1983 eingeführ-ten Codenamen »Auguststurm«.

Angriffsgeschwindigkeit aufrechterhalten bzw. sogar noch erhöhen: Luftlandetruppen nahmen wichtige Städte und Flugfelder ein, die vorpreschenden Panzer wurden aus der Luft mit Treibstoff versorgt. Die japanische Kapitulation begünstigte den sowjetischen Vormarsch, der Mitte August bereits bis tief nach Manchukuo hinein reichte. Am 20. August gelang der Zusammenschluss mit GMD-Verbänden bei Beijing. Parallel dazu waren sowjetische Verbände über Land und in amphibischen Aktionen nach Korea und Südsachalin vorgestoßen und hatten die Kurilen eingenommen. Die Landung von US-Truppen bei Inchon am 8. September beendete ein weiteres sowjetisches Ausgreifen in den Süden Koreas. Am 9. September kapitulierten die japanischen Verbände in China. Die gesamte Operation verursachte auf sowjetischer Seite 12.000 Tote und über 24.000 Verwundete, mehr als 80.000 japanische und verbündete Soldaten fielen. Etwa 600.000 Japaner wurden als Kriegsgefangene nach Sibirien gebracht, wo nochmals etwa 60.000 starben.

4. ZWEITER WELTKRIEG – »TOTALER KRIEG«?

Der Zweite Weltkrieg erlangte in vieler Hinsicht beispiellose Dimensionen. Er war in seinem geographischen Ausmaß umfassender als der Erste Weltkrieg, ein wirklich globaler Krieg. Doch begonnen hatte der Krieg mit räumlich begrenzten Aktionen, in China 1937, in der Mandschurei und Polen 1939. Entsprechend lag die Zahl der eingesetzten Streitkräfte anfangs tiefer als 1914. Im Verlauf des Krieges erreichte sie jedoch nie zuvor erlebte Höchstmaße: Die UdSSR mobilisierte insgesamt etwa 25 Millionen Soldaten (und Soldatinnen), das Deutsche Reich etwa 18 Millionen, die USA fast 16 Millionen, Nationalchina etwa 14 Millionen plus mehrere Millionen lokale kommunistische Kämpfer, Japan etwa zwölf Millionen, das *British Commonwealth of Nations* über elf Millionen. Die Ausweitung und Intensivierung des Krieges beeinflusste auch sein Wesen. Entscheidend war nicht nur die Leistung auf den Schlachtfeldern, sondern immer mehr auch diejenige in den Fabriken. So brachte der Zweite Weltkrieg einen direkteren Zugriff auf Industrie und Wirtschaft sowie eine stärkere Durchdringung der Gesellschaft mit sich als der Erste Weltkrieg – wenngleich von Land zu Land in sehr unterschiedlicher Intensität. Dennoch potenzierten Industrialisierung und Technologiefortschritt generell die Feuerkraft und führten letztlich, erst recht in Verbindung mit der Ideologisierung, zur bewussten Einbindung der Zivilbevölkerung in die Kriegshandlungen. Nicht nur übertraf das Ausmaß der Zerstörung alles Bisherige. Auch gehörten die Tötungen von Zivilisten nicht mehr nur als »Kollateralschäden« zur Kriegsrealität, sie waren zum integralen Bestandteil einer radikalisierten Kriegsstrategie geworden.

Der Begriff des »Totalen Krieges« versucht diese Entwicklung zu umschreiben. Erstmalig während des Ersten Weltkriegs aufgetaucht, erfuhr der Begriff in der Zwischenkriegszeit eine regelrechte Hochkonjunktur. Er prägte die Vorstellungen, Visionen und Befürchtungen der Militärs bei der Frage eines zukünftigen modernen Krieges zwischen den Großmächten, der – soweit war man sich einig – erneut »total« ausfallen würde. Mit Erich Ludendorffs Schrift *Der totale Krieg* von 1935 erhielt der Begriff zugleich seine ideengeschichtliche Unterfütterung. Im Zweiten Weltkrieg wurde er zum Schlagwort, das von nahezu allen beteiligten Nationen benutzt wurde, um radikalste Kriegsanstrengungen zu bezeichnen. Bekanntestes Beispiel hierfür bildet die erwähnte Sportpalastrede von Goebbels. Churchill und Roosevelt wiesen in ihren Reden schon früher auf die »totale« Mobilisierung aller Kräfte hin.

Was kennzeichnet nun diesen »Totalen Krieg«? Erstens werden in ihm gesellschaftsübergreifend alle personellen, materiellen und technischen Ressourcen zum Kriegszweck mobilisiert, zweitens werden diese Ressourcen der direkten Kontrolle der Staatsführung unterworfen, drittens werden immer mehr Menschen kriegerischer Gewalt ausgesetzt, und viertens verliert der Krieg jede räumliche, zeitliche, rechtliche und moralische Begrenzung. Im Kern läuft es darauf hinaus, dass die Trennung zwischen Front und Heimat, Militär und Zivil aufgelöst bzw. ignoriert wird. Die Zivilbevölkerung wird zugleich Subjekt *und* Objekt des Krieges. In letzter Konsequenz geht es nicht nur um die Erreichung konkreter militärischer Zwecke, sondern um die Vernichtung der gegnerischen Gesellschaft. Ein solcher »Totaler Krieg« weist nach Stig Förster idealtypisch vier Hauptkomponenten auf: Totale Kriegsziele, totale Kriegsmethoden, totale Mobilisierung und totale Kontrolle. Diese machen in ihrer Gesamtheit die Totalität aus und bewirken die Entgrenzung des Krieges, d. h. seine bisher als verbindlich betrachteten Beschränkungen verlieren ihre Gültigkeit.

Der hier skizzierte »Totale Krieg« stellt indes keine historische Realität dar. Er blieb über weite Strecken eine nationalromantische Imagination oder ein propagandistisches Strategem und ist am ehesten als idealtypisches Modell zu verstehen. Mit dessen Hilfe lässt sich feststellen, dass der Zweite Weltkrieg deutliche Ansätze eines »Totalen Krieges« in sich trug. Zugleich zeigt sich aber, dass selbst dieser Krieg nur tendenziell »total« geführt wurde: Der Totalisierungsgrad war bei den kriegsteilnehmenden Staaten sehr unterschiedlich ausgeprägt, es gab gegenläufige Tendenzen und in einigen Bereichen fiel der Zweite Weltkrieg sogar gemäßigter aus als der Erste Weltkrieg.

4.1. Totale Kriegsziele

Das erste Merkmal des »Totalen Krieges« zeigt sich in den totalen Kriegszielen. Diese gehen über die Erlangung bloßer territorialer oder ökonomischer Vorteile hinaus. Mit totalen Kriegszielen wird die maximale Vernichtung des Gegners angestrebt, d. h. die Zerschlagung seiner vitalen Ressourcen, die Zerstörung seines politischen Systems, seines Staatsgebildes und Gesellschaftssystems – im Extremfall bis hin zum Genozid. Daraus folgt, dass der Unterlegene nicht auf Forderungen des Siegers eingehen kann, da es am Ende eines »Totalen Krieges« keine Friedensverhandlungen, sondern nur die vollständige Zerstörung und Auflösung gibt.

Scheinbar offensichtlich verfolgte das **Deutsche Reich** totale Kriegsziele. Es führte einen Eroberungskrieg mit dem Ziel, »Lebensraum« für die »arische« Rasse zu gewinnen. Polen wurde ausradiert, sein Gebiet annektiert und seine Bevölkerung – insbesondere die jüdische – ausgebeutet oder ermordet. Auch im Krieg gegen die UdSSR ging es von Beginn an um mehr, als den Gegner bloß militärisch zu besiegen. Hitler beabsichtigte, den sowjetischen Staat und das politische System des Kommunismus zu zerschlagen, das eroberte Gebiet auszubeuten und weite Teile der sowjetischen Bevölkerung zu versklaven oder zu ermorden (»Generalplan Ost«). In seiner Radikalität kaum zu übertreffen ist dabei der Holocaust, Hitlers Plan, die europäischen Juden zu vernichten. Im Krieg gegen die Westmächte gab es indes keine totalen Ziele, die auf ähnliche Weise auf die Zerschlagung der Gesellschaftssysteme oder die physische Vernichtung der Menschen – mit Ausnahme der Juden – hinausliefen. Mit der Erringung einer deutschen Vormachtstellung in Mitteleuropa verfolgte Hitler anfangs sogar eine sehr traditionelle Absicht. Worin liegen also die Ursachen für die totalen

Kriegsziele? Unbestritten stellten Rassendogma, Sozialdarwinismus und Bellizismus im nationalsozialistischen Deutschland den Antrieb dar, den Krieg als notwendigen Existenzkampf und zum Selbstzweck zu führen. Im Sog dieser sich zunehmend radikalisierenden Kriegs- und Expansionspolitik wurden der Vernichtungskrieg und der Holocaust umgesetzt. Ein wichtiger Grund für die Radikalisierung der Kriegsziele liegt somit wohl in der Ideologisierung des Krieges.

Dies galt im Übrigen auch für andere Staaten. Die **UdSSR** hatte 1939/40 unter dem Schlagwort der Ausdehnung der »Front des Sozialismus« Eroberungskriege geführt, die eine Transformation der eroberten Gebiete zumindest implizierte und im Fall Polens sogar sehr brutal umsetzte. Mit dem Krieg gegen das Deutsche Reich änderten sich notgedrungen die Kriegsziele. Am Ende beabsichtigte Stalin sicherlich die Zerschlagung des in der sowjetischen Terminologie »faschistischen Regimes« und die sozialistische Transformation der Gesellschaften in den eroberten Gebieten. Dieser Systemwechsel in Osteuropa ist jedoch vielmehr aus der Dynamik des Krieges heraus entstanden und vor dem Hintergrund des beginnenden Kalten Krieges zu sehen. Die Zerschlagung des NS-Systems bildete jedenfalls – im Gegensatz zur Wiederherstellung der Grenzen von 1939/40 – kein klares, im Voraus festgelegtes Kriegsziel. Insgesamt blieb die sowjetische Kriegszielpolitik eher traditionell, ging es doch primär um territoriale Eroberungen und Reparationen.

Rassenideologische Aspekte radikalisierten auch die japanischen Kriegsziele. **Japan** verfolgte 1937 im Krieg gegen China noch unklare offizielle Ziele, reagierte die politische Führung doch zunächst bloß auf eigenmächtig erfolgte territoriale Eroberungen der Militärs vor Ort. Nach gescheiterten Vermittlungsversuchen verdeutlichte Konoe in Erklärungen vom 21. April und vom 22. Dezember 1938, dass Japans Ziel die »Zerstörung der chinesischen Nationalregierung« und die »völlige Ausrottung des antijapanischen Guomindang-Regimes« sei. Mit der »Neuen Ordnung in Ostasien« von 1938 und dem ab Mitte 1940 erklärten Aufbau einer »Großostasiatischen Wohlstandssphäre« verfolgte Japan schließlich auch eine Art Großraumplan, der gegen die westlichen Kolonialmächte und ihre Einflüsse gerichtet war, darüber hinaus aber diverse totale Ansätze in sich trug. Japans Großraumplanung diente in erster Linie wirtschaftlichen Zwecken, sah dafür die Unterwerfung ganz Ost- und Südostasiens unter japanische Herrschaft vor und beinhaltete starke Züge eines rassistischen Sendungsbewusstseins. Daraus folgte ein brutales und ausbeuterisches Vorgehen in den eroberten Gebieten. Mit der Einrichtung von Marionettenregierungen sowie kultureller und ethnischer Unterdrückung kam es auch zur Transformation bestehender Verhältnisse. Im Pazifischen Krieg gegen die Alliierten verfolgte Japan hingegen keineswegs totale Kriegsziele. Vielmehr hoffte es auf einen raschen militärischen Erfolg, der zu Verhandlungen und zur Beilegung des Konflikts führen werde.

Ein Zusammenhang zwischen Ideologie, Radikalisierung des Krieges und der Formulierung totaler Kriegsziele lässt sich selbst bei den Westalliierten feststellen. In **Großbritannien** wurde die Auseinandersetzung mit dem Deutschen Reich von Anfang an als *bellum iustum* verstanden, als Kampf zur Verteidigung der Demokratie. Auch die **USA** empfanden den Nationalsozialismus als das Böse schlechthin und als Existenzbedrohung für die Werte der »freien Welt«. Die mitunter wechselseitige Radikalisierung des Krieges verschärfte die Kriegsziele wohl zusätzlich. Gerade innenpolitisch vereitelten es die immensen Kriegsanstrengungen und die hohen Opferzahlen faktisch, lediglich begrenzte Kriegsziele anzustreben. So formulierten Roosevelt und Churchill in der Atlantikcharta von 1941 mit der »endgültigen Vernichtung der nationalsozialistischen Tyrannei« ein unmissverständlich totales Kriegsziel. Auf der Konferenz von Casablanca 1943 kam die Forderung nach der »bedingungslosen Kapitulation« der Achsenmächte dazu. Roosevelt verdeutlichte allerdings, dass es ausschließlich um die Beseitigung der zerstörerischen Ideologien und um die davon ausgehenden Kriegspotenziale, nicht aber um die Vernichtung der deutschen, italienischen und japanischen Bevölkerungen ging. Gleichwohl trug die damit eingeleitete »Tabula-rasa-Politik« (Gerhard Schreiber) eindeutig punitive Züge und verfolgte die Umgestaltung Japans und vor allem Deutschlands nach amerikanischer Façon. Konkret wird dies in den Beschlüssen von Jalta und Potsdam 1945 fassbar: Denazifizierung, Demilitarisierung, »Umerziehung« *(re-education)* bzw. Demokratisierung, Deindustrialisierung (Morgenthau-Plan), Reparationen, Kriegsverbrecherprozesse, die Teilung Deutschlands bzw. Europas und die geographische Beschränkung Japans auf das Mutterland waren darin anvisiert (und wurden teilweise auch umgesetzt).

4.2. Totale Kriegsmethoden

Das zweite Merkmal des »Totalen Krieges« bilden die totalen Kriegsmethoden. Sie veranschaulichen die Entgrenzung der Gewalt in aller Schärfe, werden im »Totalen Krieg« doch unter Missachtung des Kriegsvölkerrechts, moralischer Prinzipien und allgemeiner zivilisatorischer Werte rücksichtslos alle möglichen Mittel verwendet.

Der Grad der Radikalisierung des Zweiten Weltkrieges verdeutlicht sich bereits dadurch, dass in ihm kaum noch Regeln und Grenzen für die Kriegsführung (Haager und Genfer Konventionen) respektiert wurden. So wurden etwa der deutsche wie auch der amerikanische U-Boot-Krieg von Beginn an uneingeschränkt geführt. Wohl am extremsten zeigten sich die totalen Kriegsmethoden im Krieg des **Deutschen Reichs** gegen die **UdSSR**, der fast idealtypisch ideologische, rassistische und militärische Ziele miteinander verband. Sachzwänge radikalisierten diesen Krieg zwar auch. Die in Kapitel 3.4 geschilderten Beispiele der »verbrecherischen Befehle« und der Hungerstrategie illustrierten jedoch, dass das NS-Regime und die Wehrmacht diesen Krieg von Beginn an als rassenideologischen Raub- und Vernichtungskrieg führen wollten. Der »Generalplan Ost« sah die millionenfache Vertreibung sowjetischer Bürger und die Kolonisierung der westlichen UdSSR vor. Das brutale deutsche Besatzungsregime verursachte mehr Tote als die Kämpfe an der Front. Allein die hinter den Fronttruppen nachrückenden Einsatzgruppen der Sicherheitspolizei und des Sicherheitsdienstes ermordeten wohl bis zu 1,5 Millionen Menschen. Das eroberte Gebiet wurde zudem wirtschaftlich ausgebeutet, um den deutschen Lebensstandard aufrechtzuerhalten und um die gewaltigen Logistikprobleme des *Unternehmens Barbarossa* zu lösen. Hitler, die involvierten Stellen der NS-Bürokratie – etwa Göring (Vierjahresplanbehörde), Himmler, Alfred Rosenberg oder Herbert Backe – sowie die Wehrmachtsführung rechneten bei diesem »Kahlfraß« mit bis zu 30 Millionen Hungertoten. Kompetenzchaos und der aus deutscher Sicht ungünstige Kriegsverlauf verhinderten dies zwar, trotzdem fielen der deutschen Hungerpolitik über vier Millionen Sowjetbürger zum Opfer. Menschenverachtend war auch der Umgang mit den Kriegsgefangenen, denen der kriegsvölkerrechtlich anerkannte Schutz verwehrt wurde. Von den 5,3 Millionen gefangengenommenen Rotarmisten starben über drei Millionen. In besonderem Maße zielte die NS-Politik wie gesehen auf die jüdische Bevölkerung, deren physische Vernichtung seit Juli 1941 systematisch geplant (»Endlösung der Judenfrage«), auf der Wannseekonferenz am 20. Januar 1942 organisiert und mit den Gaskammern der Vernichtungslager ab 1942 industriell umgesetzt wurde. Über sechs Millionen Juden wurden schließlich im Holocaust ermordet.

Generell zeigte das deutsche Besatzungsregime in West- und Nordeuropa ein anderes Gesicht. Selbstredend gab es auch dort Ausbeutung, Zwangsrekrutierung, Kriegsgräuel gegenüber Kriegsgefangenen und Zivilisten sowie Judendeportationen – nicht zuletzt dank der Mithilfe verbündeter und kollaborierender Regierungen, wie häufig vergessen wird. Es fehlte aber die ideologisch motivierte Systematik der NS-Ostpolitik. Dies gilt selbst für den Klein- und Partisanenkrieg, der sich z. B. in Frankreich erst 1944 radikalisierte. Zwar gab es seit 1941 völkerrechtswidrige Befehle (»Nacht-und-Nebel-Erlass«, »Kommandobefehl«) und Massenerschießungen von Geiseln, anders als in der UdSSR fehlte aber der flächendeckende Terror.

Der deutsch-sowjetische Krieg verdeutlicht aber auch, wie stark die Gewaltspirale wechselseitig beschleunigt wurde. Die

Wehrmacht führte – einmal von Disziplinarstrafsachen abgesehen – einen Krieg im rechtsfreien Raum. Fronttruppen verübten ebenso Gräueltaten an sich ergebenden Rotarmisten wie an der Zivilbevölkerung. Dieses rücksichtslose Vorgehen stellte den Nährboden für den sowjetischen Widerstand dar. Zugleich erfuhr der Krieg auch durch sowjetische Gräuel wie die Erschießung von Kriegsgefangenen und die Verstümmelung ihrer Leichen eine Verrohung. Stalins Aufruf vom 3. Juli 1941 zum »Großen Vaterländischen Krieg« radikalisierte ihn weiter, wurde der Partisanenkrieg damit doch Teil der offiziellen sowjetischen Kriegsführung. Die Wehrmachtführung reagierte aus einer Mischung von Fanatismus und Hilflosigkeit mit äußerster Härte (z. B. »Geiselbefehl«). Letztlich führten beide Seiten einen ostentativ grausamen Krieg, in dem der Gegner nicht gefangengenommen, sondern gefoltert, getötet und verstümmelt wurde. Leidtragende war primär die Zivilbevölkerung, die ebenfalls von keiner Seite geschont wurde. Der Partisanenkrieg wurde auch in Jugoslawien, Frankreich oder Italien grausam geführt. In der UdSSR – teils auch in Jugoslawien – korrespondierte er zusätzlich mit ideologischen Absichten, die Grenzen zum Holocaust waren zumindest anfänglich fließend.

Die auf dem Vormarsch und Rückzug auf deutscher Seite angewandte Taktik der verbrannten Erde sprengte den Rahmen militärischer Notwendigkeiten ebenfalls bei weitem: In großem Stil wurden das zurückgelassene Gebiet verwüstet, die Lebensgrundlage der Zivilbevölkerung, Sakralbauten und kulturelle Einrichtungen zerstört, Kunstgegenstände und Sachwerte geraubt, die ansässigen Menschen zwangsdeportiert. Indes befahl auch Stalin im Rahmen des Rückzugs von 1941 die Taktik der verbrannten Erde (»Fackelmänner-Befehl«) und führte wie das NS-Regime 1945 (»Nero-Befehl«) im eigenen Land einen totalen, menschenverachtenden Krieg; die hohen sowjetischen Kriegsverluste sind deshalb nicht nur dem deutschen Vernichtungskrieg, sondern auch dem sowjetischen *guerre à outrance* geschuldet. Der sowjetische Vormarsch 1944/45 nach Deutschland war dann deutlich von Rache und Reparationsansprüchen angetrieben, die sich in den bereits erwähnten Plünderungen,

Raub, Zerstörungen, Massenvergewaltigungen und Deportationen äußerten. Sowjetische Kriegsverbrechen und Massaker an der Zivilbevölkerung gab es auch in Polen, dem Baltikum oder der Ukraine, wobei das Vorgehen des NKVD deutliche Parallelen zu den Verbrechen der Einsatzgruppen aufweist. Rache lässt sich als Motiv indes auch bei westalliierten Truppen feststellen, etwa bei der Erschießung deutscher Kriegsgefangener als Reaktion auf das Massaker von Malmedy.

Nicht nur der Krieg der beiden totalitären Weltanschauungen kannte totale Methoden. In Korea betrieb **Japan** seit jeher eine brutale Politik der Zwangsassimilierung, die alles Koreanische unterdrückte. Gräueltaten gegen die Zivilbevölkerung und Kriegsgefangene gehörten auch im sino-japanischen Krieg gewissermaßen zur Normalität. Dieser trug über weite Strecken den Charakter eines Exterminationskrieges, dem zwar die genozidale Intention und Planung fehlte, der von seiner Umsetzung und Wirkung her aber Parallelen zum deutschen Vorgehen aufwies. So leitete die 1938 zum Ziel erklärte Ausrottung der Guomindang auf japanischer Seite eine »Politik des Vernichtungskampfes« (Gottfried-Karl Kindermann) ein. In Erwartung eines langen Krieges und fortdauernden chinesischen Widerstandes traten für die japanische Heeresleitung Zermürbungs- und Terrorangriffe aus der Luft als wichtiges Mittel in den Vordergrund, um die Moral der Zivilbevölkerung und die nationalchinesische Wirtschaft zu treffen. Ab 1941 basierte Japans Säuberungsstrategie in den eroberten Gebieten dann auf der »Politik der dreifachen Auslöschung«, einer besonderen Art der »Taktik der verbrannten Erde«: Da im Guerillakrieg die Kombattanten nicht von der Bevölkerung unterschieden werden konnten, bestand das Ziel darin, einfach willkürlich »alles niederzumetzeln«, »alles niederzubrennen« und »alles zu plündern«. Massaker und Vergewaltigungen, Verwüstungen, Plünderungen und Raub begleiteten die Vergeltungskampagnen und entvölkerten ganze Landstriche. Vermutlich kostete dies über 2,5 bis vier Millionen Menschen das Leben, fast 20 Millionen flohen aus ihrem angestammten Gebiet. Der Mix aus Sicherheitserwägungen, Partisanenpsychose und Rassismus führte auch in Malaya, Burma oder auf den Philippinen zu Massakern an der Zivilbevölkerung. Mehrere Millionen Asiaten aus den von Japan eroberten Gebieten wurden zudem als Zwangsarbeiter unter erbärmlichen Verhältnissen und teils in Konzentrationslagern für die japanische Kriegswirtschaft, den Ausbau der Verkehrsinfrastruktur oder für militärische Arbeiten eingesetzt, hunderttausende starben. Wohl über 200.000 Frauen aus Korea, China und Indonesien wurden zwangsprostituiert und als »Trostfrauen« in Militärbordellen missbraucht. Auch alliierte Kriegsgefangene wurden Opfer japanischer Zwangsmaßnahmen und Verbrechen (*Death Railway*, Todesmärsche). Die systematische japanische Ausplünderung von Bodenschätzen und Nahrungsmittel führte in den eroberten Gebieten zu Hungersnöten und tötete ebenfalls Millionen Menschen.

Von äußerster Radikalität war indes auch die Kriegsführung **Chinas** geprägt. Sie traf japanische Kriegsgefangene und vermeintliche oder tatsächliche Kollaborateure, die gefoltert und massakriert wurden. Wie Stalin wandte Jiang zudem die Taktik der verbrannten Erde im eigenen Land an, z. B. durch die erwähnten Überflutungen, Zwangsevakuierungen oder durch Plünderung der Nahrungsgrundlage. Durch die so verursachten Hungersnöte und die Übergriffe wurde die chinesische Bevölkerung direkt und indirekt Opfer der Guomindang-Armee, während die chinesische Rote Armee viel stärker auf die Landbevölkerung Rücksicht nahm.

Die Totalisierungstendenz des Zweiten Weltkriegs zeigt sich auch im Einsatz von Massenvernichtungswaffen. Gleichzeitig wird deutlich, dass die technische Weiterentwicklung von Waffen den Krieg nicht zwangsläufig radikalisieren musste. Das NS-Regime verwendete Zyklon B in den Gaskammern der Vernichtungslager, anders als im Ersten Weltkrieg gab es auf den europäischen Kriegsschauplätzen aber keinen Giftgaseinsatz, obwohl Mitte 1944 in den Wehrmachtsarsenalen über 50.000 Tonnen Giftgas lagerten. Selbst in der Endphase des Krieges und trotz zunehmendem Mangel an konventionellen Mitteln blieb der Einsatz aus; möglicherweise aus logistischen Problemen und aus Angst vor alliierten Vergeltungsschlägen. Churchill sah nämlich schon 1940 vor, im Falle einer deutschen Invasion **Großbritanniens** Giftgas einzusetzen. Er drohte 1942 offen, dass ein deutscher Gas-Erstschlag – auch gegen die UdSSR – sofort britische Vergeltungsaktionen auf deutsche Städte nach sich ziehen würde, und wollte noch 1944 deutsche V-Waffen-Angriffe mit Gasangriffen gegen deutsche Städte vergelten; nur die mäßigende Wirkung seines Generalstabs und der USA verhinderten dies. Allerdings existierten ab April 1944 auch **US-Pläne**, die nach einem deutschen Gas-Ersteinsatz die Bombardierung von dreißig deutschen Großstädten mit Senfgas sowie Phosgen vorsah und dabei mit etwa 5,6 Millionen direkten und zwölf Millionen indirekten Opfern rechneten. Gegen Japan erwog die US-Militärführung 1945 sogar, Giftgas im Erstschlag zu verwenden.

Diesbezüglich war der Krieg in Asien deutlich radikaler. Giftgas kam auf Seite **Japans** etwa in den Schlachten von Wuhan und Changsha 1939, Yichang 1941, Changde 1943 und bei Imphal 1944 zum Einsatz und verursachte mehrere hunderttausend Opfer. Im Rahmen verschiedener Vergeltungskampagnen setzte das japanische Militär Milzbrand-, Cholera-, Typhus- oder Pest-Erreger in Städten, Seen und Flüssen frei, was ganze Landstriche verseuchte. Wie die deutschen SS-Ärzte in den KZ-Lagern experimentierten auch japanische Forschungseinheiten (z. B. Einheit 731) auf unmenschliche Weise mit biologischen und chemischen Mitteln an der Bevölkerung im besetzten China, Indochina, Indonesien und an alliierten Kriegsgefangenen.

Das grausame Verhalten von deutschen, japanischen, chinesischen oder sowjetischen Soldaten ist nicht nur auf die Ideologisierung, sondern auch auf eine sich durch den Krieg verstärkende Verrohung zurückzuführen. Rassismus und inhumane Ausbildungsmethoden verstärkten dies noch, sodass unter dem Stichwort der Disziplin fast jede Grausamkeit durchgeführt wurde. Dies wird etwa bei der Kwantung-Armee als Grund für die unbegreiflichen Gewalttaten im Nanjing-Massaker angenommen. Eine Verrohung der Sitten lässt sich indes auch auf **westalliierter Seite** feststellen: Churchill sprach ebenso wie deutsche und japanische Stellen von der »Ausrottung« des Gegners, die alliierte Kriegsführung gegen Japan war stark rassistisch geprägt. Genozidale Absichten waren darin zwar nicht enthalten. Allerdings gehörte die Geringschätzung der gegnerischen Zivilbevölkerung bis hin zur Banalisierung menschlichen Lebens zum Charakteristikum westalliierter Kriegsführung. Der strategische Luftkrieg führte dies schonungslos vor Augen. Sein Ziel lag darin, größtmögliche Schäden und Opferzahlen zu erzielen, politische, rechtliche und moralische Bedenken wurden dafür fallengelassen. Die Flächenbombardements wurden auch noch beibehalten, als Präzisionsangriffe technisch machbar und militärisch wirkungsvoller wurden. Das unkontrollierte Töten mit Giftgas wurde wie erwähnt zumindest erwogen, auch gegen Japan. Die radikalste Ausprägung stellte indes der doppelte amerikanische Atombombeneinsatz dar. Skrupel, diese Massenvernichtungswaffe gegen Zivilisten einzusetzen, gab es wie gesehen aus verschiedenen Gründen keine. Rassismus spielte dabei sicher eine Rolle und wirkte auch sonst als Treiber der Radikalisierung. Churchills Kriegspolitik verursachte 1943 in Bengalen wissentlich eine Hungersnot mit drei Millionen Toten (*Bengal Famine*), als er die von der dortigen Bevölkerung dringend benötigten Nahrungsmittel in britische Vorratsdepots umleiten ließ. Der brutale Umgang mit japanischen Kriegsgefangenen war ebenfalls stark rassistisch motiviert. Gleichzeitig kam es zu einer wechselseitigen Radikalisierung. Die grausame und fanatische japanische Kriegsführung führte bei vielen alliierten Soldaten zu Racheaktionen. Die geringen japanischen Gefangenenzahlen sind teils sicher auf das japanische Selbstverständnis zurückzuführen, Kapitulation als Schande zu betrachten, andererseits aber auch dem Rassismus alliierter Truppen geschuldet, die Japaner als Tiere und sogar »Untermenschen« (Niall Ferguson) betrachteten und ihnen deshalb eine völkerrechtskonforme Behandlung verwehrten – häufig wurden Kriegsgefangene nur als Ballast empfunden und umgebracht. Teilweise besaß dies systematische Züge, etwa bei der US-Propaganda oder bei amerikanischen Operationsbefehlen, die im Voraus dazu aufriefen, keine Gefangenen zu nehmen.

Der Zweite Weltkrieg war keineswegs ein völlig schrankenloser »Totaler Krieg«, wie etwa die Vorbehalte auf dem europäischen Kriegsschauplatz gegenüber dem Masseneinsatz von biologischen und chemischen Waffen verdeutlichen. Zu Beginn dominierten sogar räumlich begrenzte Feldzüge mit konventionellem Mitteleinsatz. Mit der Idee des schnellen und entscheidenden Bewegungskrieges (»Blitzkrieg«) existierte sogar durchaus ein Alternativkonzept zum »Totalen Krieg«. Schließlich erreichte die Radikalisierung des Krieges trotzdem eine neue Dimension – nicht nur hinsichtlich seiner Intension, sondern vor allem auch bezüglich seiner Extension. Der Zweite Weltkrieg wurde zuletzt, wenn auch in regional unterschiedlicher Ausprägung, tendenziell total geführt. Dies lag mitunter an der Ideologie als zentraler Determinante und den daraus abgeleiteten totalen Kriegszielen. Viel zur Radikalisierung beigetragen haben jedoch auch die Technologie, Industrialisierung und die Massenmobilisierung der Ressourcen, die den Krieg letztlich sprichwörtlich zur Auseinandersetzung ganzer Nationen machten.

4.3. Totale Mobilisierung

Das dritte Merkmal des »Totalen Krieges« stellt die totale Mobilisierung dar, d. h. die Bereitstellung und Nutzung aller personellen und materiellen Ressourcen von Staat, Gesellschaft und Wirtschaft zum Kriegszweck. Die totale Mobilisierung lässt zugleich die Trennung zwischen Streitkräften und Zivilbevölkerung verschwinden, da der Krieg durch die ganze Nation geführt wird. Das Problem liegt nach Stig Förster allerdings darin, dass es sich bei der totalen Mobilisierung – vielleicht noch deutlicher als bei den Zielen und Methoden – um ein Ideal handelt, dessen vollständige Umsetzung in der Praxis unmöglich blieb. Hoch entwickelte moderne Gesellschaften lassen sich schlichtweg nicht total mobilisieren, weil dies in Teilen der Bevölkerung auf Ablehnung stößt, die dafür notwendige Verwaltungsorganisation fehlt oder die am Markt orientierte Wirtschaft sich nur bedingt einbinden lässt.

So fiel denn der Mobilisierungsgrad in den beteiligten Ländern sehr unterschiedlich aus. Dass **Italien** und **China** bei einer kaum funktionierenden zentralen Verwaltungsorganisation und der nur schwachen industriellen Basis wenig oder gar nicht total mobilisierten, überrascht nicht. Erstaunlicherweise sträubte sich aber auch das **Deutsche Reich** lange gegen eine totale Mobilisierung. Dahinter stand Hitlers Furcht vor dem erneuten inneren Zusammenbruch wie im November 1918. Auch nährten die militärischen Anfangserfolge die Hoffnung, den Krieg trotz schmaler Machtbasis erfolgreich als »Weltblitzkrieg« führen zu können. Schließlich verhinderten strukturelle Defizite, Behördenchaos und Kompetenzstreitigkeiten eine totale Mobilisierung. Im Ergebnis resultierte daraus bis 1942 eine Art »Friedenswirtschaft im Kriege«, welche die deutsche Gesellschaft weit weniger beeinträchtigte als im Ersten Weltkrieg, sondern ihr im Gegenteil einen möglichst normalen Alltag gestatten sollte; erst ab 1943 gab es Einschränkungen bei der Strom- und Gasversorgung, die Konsumgüterproduktion blieb sogar bis Mitte 1944 relativ hoch. Auch fehlte eine wirtschaftliche Gesamtplanung. Während das NS-Regime der Aufrüstung seit 1933 Priorität einräumte, blieben der Agrarsektor oder die Wirtschaftsinfrastruktur unterentwickelt. Zudem wehrten sich gerade die privaten Großkonzerne gegen staatliche Zentralisierung. Erste organisatorische Reformen leitete Fritz Todt 1940 nach seiner Ernennung zum Rüstungsminister ein. Ein neu geschaffenes zentrales Lenkungsorgan sollte die Effizienz steigern und die Produktion auf die Kriegsbedürfnisse ausrichten, zahlreiche kriegsunwichtige Betriebe wurden eingestellt; massive staatlich verordnete Stilllegungen erfolgten aber nicht vor 1943. Erst seinem Nachfolger Albert Speer gelang es ab 1942, die sich gegenseitig konkurrierende militärische Kommandowirtschaft (Vierjahresplanbehörde, Wehrwirtschafts- und Rüstungsamt im OKW, Generalstäbe der Wehrmachtteile) einzudämmen, die Privatwirtschaft ganz einzubinden und die Kompetenzen des Reichsministeriums für Bewaffnung und Munition (ab 1943 Rüstung und Kriegsproduktion) auszuweiten. Dank zentraler Planung und Steuerung, Umstrukturierungen sowie Rationalisierungen konnte Speer die deutsche Kriegsproduktion zwischen Frühjahr 1942 und Sommer 1944 mehr als verdreifachen (»Rüstungswunder«). Die Maßnahmen blieben allerdings auf den Rüstungssektor und selbst dort auf bestimmte Zweige beschränkt. Die gleichzeitig propagierte »Kriegserzeugungsschlacht« litt unter fehlender Mechanisierung und Ressourcenmangel, sodass es sogar zu Ernterückgängen (Getreide, Kartoffeln) kam. Das Regime versuchte, die Versorgungsprobleme durch zunehmende Rationierungen, vor allem aber durch Ausbeutung der eroberten Gebiete auszugleichen. Ähnlich verhielt es sich in der Fiskalpolitik, wo Haushaltsdefizit und Staatsverschuldung primär durch die europaweite Konfiszierung jüdischen Vermögens und durch die in West- und Nordeuropa eingetriebenen Besatzungskosten aufgefangen wurden.

Deutlich wird der Zusammenhang zwischen NS-Wirtschaft und Ausbeutung auch bei der Mobilisierung personeller Ressourcen. Die vom »Generalbevollmächtigten für den Arbeitseinsatz« Fritz Sauckel organisierte Zwangsrekrutierung von fast 13,5 Millionen Fremd- und Ostarbeitern/innen, Kriegsgefangenen und KZ-Häftlingen, die in 30.000 Arbeitslagern unter unmenschlichen Bedingungen gehalten wurden, stellte einen deutlichen Radikalisierungsschub dar. Nur mit ihnen konnte der wegen der militärischen Rekrutierung virulente Arbeitskräftemangel ausgeglichen und die deutsche Kriegswirtschaft am Laufen gehalten werden. Hingegen fand die totale Mobilisierung der deutschen Bevölkerung entgegen der Propaganda bis Mitte 1944 nur beschränkt statt. Auf militärische Katastrophen wie Stalingrad oder Kursk folgten zwar Mobilisierungswellen, die aber rasch wieder verebbten. Insbesondere gilt dies für den Einbezug von Frauen in die Kriegswirtschaft (oder in die Wehrmacht), der aufgrund des NS-Rollenbildes bis 1943 fast ganz fehlte und 1945 mit gut 40 % immer noch geringer als im Ersten Weltkrieg ausfiel. Dies ist nur ein Beispiel für die »ökonomische Idiotie des Nationalsozialismus« (Mark Mazower), dessen Ideologie zugleich eines der wirtschaftlichen Haupthindernisse darstellte. Letztlich rang sich das Regime erst im Sommer 1944 zur totalen Mobilisierung durch. Die Rekrutierung von 1,5 Millionen Menschen für den Stellungsbau und acht Millionen für den Volkssturm, die Ausweitung der Dienstpflicht (Meldepflichtverordnung), die Erhöhung der Wochenarbeitszeit auf 70 Stunden, die Schließung von Kultureinrichtungen, Schulen und Universitäten, »Auskämmungsaktionen« und Urlaubssperren sowie ein radikales Vorgehen gegen »Wehrkraftzersetzung« und Bummelei in den Produktionsstätten erfolgten allerdings viel zu spät; Aufrufe Himmlers zur Partisanenkriegsführung (»Werwolf«) verhallten nahezu wirkungslos.

In **Japan** sind schon kurz nach dem Kriegsausbruch in China 1937 Bestrebungen erkennbar, frühere Planungen zur Mobilisierung der Gesellschaft radikaler umzusetzen und die Wirtschaft zu zentralisieren. Pluralismus, Rivalitäten und strukturelle Defizite beeinträchtigten die japanische Kriegswirtschaftspolitik aber stärker als in anderen kriegführenden Nationen und behinderten bis zuletzt die totale Mobilisierung. Der erste wichtige Schritt zur inneren Umstrukturierung erfolgte mit dem »Gesetz zur nationalen wirtschaftlichen Mobilisierung« vom März 1938. Die Regierung erhielt dadurch Sondervollmachten, um die Industrie ohne Budgetbeschränkung auf Kriegsproduktion auszurichten und die Materialverteilung, die Preisentwicklung, den Handel sowie die zivilen Betriebe zu kontrollieren. Diese Maßnahmen wurden nur im Ansatz umgesetzt, sodass die zweite Regierung Konoe 1940 einen neuerlichen Anlauf nahm. Mit der »Neuen Nationalen Organisation« *(Shintaisei)* sollte die Planwirtschaft realisiert und mit der Auflösung der Parteien und der Bildung der »Gesellschaft zur Förderung der Kaiserherrschaft« *(Taisei Yokusankai)* eine Art Einparteiensystem eingeführt werden. In der Realität verhinderten die pluralistische Herrschaftsstruktur, Bürokratie und vor allem die einflussreiche Großindustrie *(Zaibatsu)* die Entwicklung zur totalitären Regierung mit einer straffen staatsbürokratischen Planung und Kontrolle. Erst die ab August 1942 einset-

zenden US-Materialschlachten setzten ein Umdenken in Gang.
Ab 1943 gab es Bestrebungen zur Einführung eines zentralen
Rüstungsministeriums nach westlichem Vorbild. Dieses »Mu-
nitionsministerium« nahm seine Arbeit im Februar 1944 auf
und zeitigte im Flugzeugsektor mit dirigistischen Maßnahmen
und der konsequenten Ausrichtung auf das Endprodukt einigen Erfolg. Allerdings kam dies viel zu spät, hatte der Mangel
an Schiffsraum und Rohstoffen zu diesem Zeitpunkt doch bereits zu Nachschubproblemen geführt.

Die Hauptursache des wirtschaftlichen Kollapses Japans lag
neben dem administrativen Chaos vor allem in der Unfähig-
keit, die für einen modernen Krieg notwendigen Mittel zu mobilisieren. Schon vor dem Krieg gegen die USA war klar, dass
die Transportkapazitäten (vor allem Schiffsraum) nicht genüg-
ten, um die notwendigen Reis- und Rohstoffimporte nach Japan
sicherzustellen. Dennoch erhielt der Schiffsbau bis 1943 keine
Priorität. So ergab sich die absurde Situation, dass Japan 1941/42
zwar die kriegswichtigen Rohstoffgebiete eroberte und durch
die rücksichtslose Ausbeutung die Lager vor Ort füllte, die
Rohstoffe wegen fehlender Transportmittel aber kaum nutzen
konnte. Selbst auf dem Höhepunkt der japanischen Macht be-
trugen die Importe aus Südostasien nur gerade 15 % der Ge-
samteinfuhr. Die japanischen Produktionskapazitäten konnten
deshalb bereits 1942 nicht mehr voll ausgelastet werden und
führte durch Sparmaßnahmen zur Qualitätsminderung beim
Material: So fielen z. B. wegen Benzinminderwertigkeit oder
Fabrikationsmängel Ende 1944 mehr Flugzeuge durch Motor-
schaden als durch Feindeinwirkung aus.

Charakteristisch für die japanischen Mobilisierungsbemü-
hungen war schließlich auch, dass die Führungsschicht – ähnlich wie in China oder der UdSSR – keinerlei Rücksicht auf die
Bedürfnisse der Zivilbevölkerung nahm. Anders als im Deutschen Reich oder bei den Westmächten befürchtete die japanische Oligarchie wegen der halbfeudalen Gesellschaftsstruktur
keine sozialen oder politischen Unruhen. Die japanische Industrie kannte keine Arbeitszeitbeschränkung, die Arbeiter hatten
durchschnittlich 60- bis 80-Stunden-Wochen, die Arbeitspflicht

galt vom 12. Lebensjahr an. Der Ausbau der Rüstungsindustrie geschah auf Kosten der Konsumgüterbranche, im Verlauf des Krieges hatte die japanische Bevölkerung immer schärfere Rationierungen und Versorgungsengpässe zu ertragen. Um 1941 den Krieg gegen die USA führen zu können, wurde der Lebensstandard in den eroberten Gebieten und Japan nochmals drastisch gesenkt, obwohl Gebrauchsgüter und Reis bereits seit 1939 rationiert waren und schon Mangel an Alltagsartikeln herrschte. Ab Mitte 1944 fielen die Rationen sogar unter das Existenzminimum. Zugleich wurden auch die Kriegskosten stärker als in anderen Staaten auf die einfache Bevölkerung abgewälzt, die zur Zeichnung ungedeckter Staatsanleihen gezwungen wurde und indirekte Steuererhöhung erdulden musste. Während die Oberschicht kaum belangt wurde, konnten Mittelverdiener dadurch fast 40 % ihres Lohns verlieren. Das Lohnniveau wiederum sank während des Krieges um ein Drittel, während die Preise um das Dreifache stiegen. Widersprüchlich blieb zudem der Mobilisierungsgrad. Das Kriegsmobilisierungsgesetz von 1938 bzw. sein Ergänzungserlass zur nationalen Dienstpflicht 1939 ermöglichten den Zwangseinsatz ziviler Arbeiter in der Kriegsindustrie. Insgesamt wurden aber nur (und zeitlich befristet) 1,6 Millionen japanische Arbeiter dienstverpflichtet, während mehrere Millionen Chinesen und Koreaner Zwangsarbeitsdienst in japanischen Fabriken, Minen und Agrarbetrieben in Japan, Korea und der Mandschurei leisteten – die »Trostfrauen« nicht mitgerechnet.

Ab 1941/42 war die japanische Gesellschaft auf allen Hierarchiestufen durchorganisiert. Auf jeder politischen Ebene existierten Komitees, es gab Frauen- und Jugendorganisationen, die Haushalte waren in sogenannte »Nachbarschaftsgruppen« (*Tonarigumi*) zusammengefasst, die der Zivilverteidigung, Rationierungen, Sammlungen, aber auch zur gesellschaftlichen Kontrolle und Propaganda dienten. Dennoch verhinderte z. B. das traditionelle Gesellschaftsbild bis 1943 die Massenmobilisierung der Frauen für die Kriegswirtschaft. Bis Kriegsende sollte – auch bedingt durch den erhöhten Männerbedarf in den Streitkräften – der Frauenanteil aber auf bis zu 50 % aller Beschäftigten ansteigen, in der Landwirtschaft sogar zwei Drittel ausmachen. Auch verhinderte das beschränkte Rüstungsmaterial vorerst die totale Mobilisierung aller Wehrpflichtigen. Erst im Juni 1945 kam es angesichts der militärischen Bedrohungslage zur Massenmobilisierung aller Männer von 15 bis 60 und aller Frauen von 17 bis 40 Jahren, die mehrheitlich mit Bambusspeeren bewaffnet den Endkampf gegen die Alliierten führen sollten. Wie wenig die japanische Oligarchie bereit war, sich auf eine moderne Kriegsführung einzustellen, zeigt sich letztlich auch darin, dass die Oberschicht im Krieg trotz Arbeitskräftemangel über 600.000 Bedienstete hielt und noch 1944 aus der Vergnügungsindustrie 1,3 Millionen Menschen für die Kriegswirtschaft mobilisiert werden konnten.

Die alliierten Wirtschaftsanstrengungen übertrafen die der Achse bei weitem. Dabei konnten die Alliierten ab 1941 auf ein immenses Wirtschaftspotenzial und auf 75 % der globalen Personal- und Rohstoffreserven zurückgreifen. Am stärksten mobilisierte die **UdSSR** ihre Ressourcen. Die Leistungsfähigkeit der sowjetischen Kriegsindustrie ist umso bemerkenswerter, weil sie 1941 alle westlichen Territorien mit über 60 % der Kohle-, Eisen- und Stahl- sowie 50 % der Nahrungsmittelproduktion verlor. Der zentrale Vorsprung der UdSSR war systembedingt. Rückblickend sind die Fünfjahrespläne sogar als eines der wichtigsten Instrumente für die Vorbereitung der UdSSR auf den industrialisierten, »Totalen Krieg« zu beurteilen. Die sowjetische Planwirtschaft hatte bereits in den 1930er Jahren eine hohe Rohstoff- und Industriekonzentration (territoriale Produktionskomplexe/Kombinate) und damit den Ausbau der Rüstungsproduktion erzielt. Die verstaatlichte Rüstungsindustrie unterstand mehrheitlich der militärischen Kontrollaufsicht. Anders als in Deutschland ermöglichte dies eine nicht improvisierte und – trotz einiger Probleme – rasche Umstellung der Plan- auf die Kriegswirtschaft. Wichtig war auch, dass die UdSSR 1941 über 2.500 Rüstungsbetriebe und Millionen von Industriearbeitern in den Ural und Zentralasien evakuieren konnte. Dadurch blieb die sowjetische Kriegsindustrie im Kern intakt und konnte rasch wiederaufgebaut werden. Bereits 1942 übertraf der Rüstungsausstoß den des Vorjahres, im Durchschnitt fiel die sowjetische Waffenproduktion im Krieg fast doppelt so hoch aus wie in Deutschland. Das eigentliche Erfolgsrezept der sowjetischen Kriegswirtschaft lag in der effizienten (und den zivilen Belangen gegenüber rücksichtslosen) Nutzung der begrenzten Ressourcen für die (dank der US-Importe) auf wenige Produkte konzentrierte Rüstungsproduktion sowie in der konsequenten Massenproduktion. Anders als die deutsche und japanische Breitenrüstung, die unter anderem Standardisierungs- und Nachschubprobleme verursachte, konzentrierte sich die sowjetische Tiefenrüstung z. B. auf einzelne Flugzeug- und Panzertypen, die in wenigen großen Industriekomplexen in hoher Zahl gebaut wurden. Gleichwohl blieb die UdSSR wie Großbritannien auf Lieferungen von US-Gütern angewiesen, die 1943/44 ungefähr 15 % der sowjetischen Militärausgaben ausmachten.

Das sowjetische Produktionswunder basierte auf der rigorosen Ressourcenallokation und dem rücksichtslosen Einsatz aller Arbeitskräfte. Die kriegswirtschaftliche Mobilisierung begann bereits 1938/39. Es kam zu Versorgungsengpässen bei der Bevölkerung und zu einer Verschärfung der Arbeitsgesetze in Industrie und Kolchosen, die fast einer Militarisierung der Arbeiter gleichkam; der 12- bis 15-Stunden-Arbeitstag war die Regel. Ab 1941 gab es Rationierungen, deren Umfang vom Betätigungsfeld abhing – den größten Anteil an Lebensmitteln erhielten Soldaten und Industriearbeiter. Gleichzeitig wurde die Produktion von zivilen Gütern und Lebensmitteln auf ein Minimum beschränkt. Auch Kriegsgefangene, Häftlinge und zwei Millionen politisch unzuverlässig eingestufte Minderheiten (z. B. Krimtataren, Kalmücken, Volgadeutsche, Balten, Finnen) wurden in den GULag oder der sogenannten »Arbeitsarmee« als Zwangsarbeiter mobilisiert – unter schlimmsten Arbeitsbedingungen und mit hohen Sterberaten. Charakteristisch für die sowjetische Mobilisierung ist aber besonders der in allen übrigen Ländern unerreichte Masseneinsatz von Frauen – der nicht zuletzt auch durch die hohen militärischen Verluste 1941/42 und die dadurch notwendige Einziehung von Arbeitern in die RKKA bedingt war. Das Mobilisierungsgesetz von Februar 1942 dehnte die Dienstpflicht auf fast die gesamte arbeitsfähige Stadtbevölkerung aus, d. h. auf Männer zwischen 16 und 55 und Frauen zwischen 16 und 45 Jahren (ohne Studentinnen und Mütter mit Kindern unter acht Jahren). Im September 1942 wurde das Dienstpflichtalter für Frauen auf 50 Jahre erhöht. Im Krieg stieg der Frauenanteil in der sowjetischen Industrie dadurch auf durchschnittlich etwa 45 % aller Arbeitskräfte. In einigen Bereichen, etwa der Landwirtschaft oder der Kohle- und Schwerindustrie, lag er teils deutlich höher. Als einzige Nation rekrutierte die UdSSR seit 1941 in hoher Anzahl Frauen für die Streitkräfte. Von den 800.000 Soldatinnen kämpfte die Hälfte in Kampfeinheiten z. B. als Panzerfahrerin, Kampfpilotin oder Scharfschützin, weitere geschätzte 200.000 Frauen beteiligten sich am Partisanenkrieg. Die Phase der totalen Mobilisierung dauerte in der UdSSR bis 1943 an. Erst nach der Wende bei Stalingrad entspannte sich die Versorgungslage etwas, auch setzten erste Nachkriegsplanungen ein.

Den höchsten Mobilisierungsgrad nach der UdSSR verzeichnete **Großbritannien**. Im April 1939 führte das Land erstmals im Frieden die allgemeine Wehrpflicht ein (*Military Training Act)* und weitete diese im September 1939 auf alle Männer zwischen 18 und 41 aus (*National Service Act).* Im Frühjahr 1940 wurde die freiwillige Bürgerwehr *Local Defense Volunteers* (später *British Home Guard)* geschaffen, die insgesamt etwa 1,5 Millionen Uniformierte zum Schutz der britischen Heimateinrichtungen mobilisierte. Weitere 8,5 Millionen zivile Freiwillige traten während des Krieges dem *Civil Defence Service* bei. Im Dezember 1941 wurden auch Frauen zwischen 18 und 50 Jahren zu einem nationalen Dienst verpflichtet. Die vor dem Krieg nur schwach in die Wirtschaft integrierten Frauen sollten zunehmend für die Rüstungsindustrie mobilisiert werden. Ab Oktober 1942 wurden Frauen bis 45 Jahre, 1943 dann Frauen zwischen 19 und 50 Jahren zur Arbeit in Flugzeug- und Munitionsfabriken einberufen. Ihr Anteil stieg jedoch nicht über ein Drittel aller Industriearbeiter. Frauen leisteten in freiwilligen Organisationen oder im Luftschutz Dienst, traditionelle Geschlechterrollen verhinderten aber ihre breite militärische Verwendung. Der Arbeitermangel in der Kohleindustrie wurde ab 1943 durch den Einsatz von Wehrpflichtigen *(Bevin Boys)* aufgefangen. Begleitet wurde die gesellschaftliche Mobilisierung von einer sukzessiven Ausweitung der Regierungsgewalt und Lenkungsmaßnahmen, die das liberale britische Wirtschaftssystem in eine zentralisierte, dirigistische Kriegswirtschaft mit entsprechenden Plan- und Kontrollbehörden wandelte. Bei Kriegsbeginn wurden neue Ministerien gebildet, unter anderem für Kriegswirtschaft, Beschaffung, Ernährung, Heimatschutz, Produktion oder Brennstoffe und Energie. Weitreichende Befugnisse erhielt die Regierung durch die Notfallermächtigungsgesetze 1939 und 1940. Noch im September 1939 wurden die erste Kriegssteuer eingeführt und die Einkommenssteuern erhöht, im Juli 1940 ein nationales Streikverbot erlassen, die Wochenarbeitszeit auf 54 Stunden erhöht. Die Wirtschaftsproduktion wurde auf kriegsrelevante Produkte verlagert, der zivile Konsum von Nahrungs- und Versorgungsgütern durch Rationierungen stark beschnitten. Öffentliche Kampagnen forderten die Bevölkerung im Alltag zur Sparsamkeit und zum privaten Anbau von Lebensmitteln *(Victory Garden)* auf. Durch staatlich koordinierte Kontrollen sowie personelle Maßnahmen *(Women's Land Army*, Einsatz von Kriegsgefangenen) und Maschinenausbau sollte die Agrarproduktion angekurbelt und die Importabhängigkeit reduziert werden. Zudem konnte Großbritannien im beschränkten Maß immer noch auf sein Weltreich zurückgreifen, zumal im Commonwealth ähnliche Mobilisierungsanstrengungen getätigt wurden (Wehrpflicht in Kanada, Australien und Neuseeland; *Indian Army*; *Women's Land Army/Army Service*; *Commonwealth Air Training Plan;* hohe Industrieproduktion Kanadas). Gleichwohl blieb Großbritannien bis Kriegsende von amerikanischen Importen und Krediten abhängig.

Auch die **USA** durchliefen einen in vielerlei Hinsicht rigorosen Transformationsprozess und stehen wie kein anderes Land für die Mobilisierung großer materieller Ressourcen. Am Ende des Krieges hatte das Land die lange Dekade der Großen Depression überwunden und produzierte 40 % der weltweiten

Kriegsgüter. Die USA profitierten dabei von ihren riesigen materiellen und personellen Ressourcen, der geographisch günstigen (d. h. vor Angriffen sicheren) Lage und der klugen Wirtschaftspolitik Roosevelts, die eine Balance zwischen staatlichem Zwang und freiwilliger Kooperation der Wirtschaft vorsah. Zunächst verkündete Roosevelt 1939 den befristeten, Ende Mai 1941 den unbefristeten »nationalen Notstand«, was z. B. die staatliche Kontrolle von Industrie oder Rundfunk ermöglichte. Ebenso wurde der Behördenapparat ausgebaut: 1939 wurde das *War Resources Board* gebildet, um die Industrie auf den Kriegszustand vorzubereiten und kriegsnotwendige Investitionen zu forcieren, 1941 folgte das *Office of Production Management*, das 1942 durch das *War Production Board* ersetzt wurde. Roosevelt schuf weitere Lenkungsbehörden, um eine starke Kriegsverwaltung aufzubauen. Fehlende Koordination führte anfangs jedoch zu administrativem Chaos und zu enormen Problemen. Der Truman-Untersuchungsausschuss von 1941 erkannte etwa Mängel bei der Flugzeug- und Munitionsproduktion und leitete erste Maßnahmen ein. Institutionell optimierte das im Mai 1943 gebildete *Office of War Mobilization* die Koordination aller in die Kriegsmobilisierung involvierten Bundesbehörden sowie die Zusammenarbeit zwischen Militär und Wirtschaft.

Finanziert wurde der Krieg durch bedeutend höhere Steuern und aus freiwilligen Kriegsanleihen bzw. einer Siegesanleihe im Wert von über 185 Milliarden US-Dollar. Damit kurbelte der Staat das Wirtschaftswachstum durch erhöhte Kriegsanstrengungen an, die während des Krieges fast 90 % der Staatsausgaben ausmachten. Zu einem entscheidenden Kriterium für den Erfolg der amerikanischen Industriemobilisierung wurde die erwähnte Einbindung von mehreren hundert Wirtschaftsführern in die Lenkungsbehörden, wodurch ihre Erfahrungen aus der industriellen Massenproduktion (Fordismus) in die Kriegsproduktion einflossen. Auch unterhielt der Staat selbst nur einige Einrichtungen, etwa zur Produktion von Handelsschiffen, synthetischem Gummi oder Atomwaffen *(Manhattan Project)*. Die Rüstungsaufträge, die nicht von einem zivilen Amt, sondern von Heer und Marine direkt vergeben wurden, gingen an (meist große) Privatkonzerne; die daraus entstandene enge Zusammenarbeit zwischen militärischer und wirtschaftlicher Elite bildete den Grundstein für den späteren militärisch-industriellen Komplex der USA. Ein Teil der zivilen Industrie stellte 1941 auf Kriegsproduktion um, etwa die Motorenindustrie auf den Bau von Panzern, LKWs und Flugzeugen. Das Gros der Rüstungsindustrie wurde jedoch – staatlich gefördert durch verschiedene Anreize wie die Lockerung des Anti-Trust-Gesetzes – neu gebaut. In Kalifornien, im Nordwesten und Nordosten der USA entstanden so gewaltige Industriekomplexe. Diese veränderten neben der wirtschaftlichen auch die demographische Struktur der USA. Das *War Labour Board* mobilisierte im ganzen Land Arbeitskräfte. In umfangreichen Wanderungsbewegungen zogen zwischen 1940 und 1945 mehrere Millionen Arbeiter und weite Teile der afroamerikanischen Bevölkerung des Südens in die neuen Industriezentren. Die Migrationsströme verursachten teils heftige Spannungen und rassistische Unruhen, die das alte Problem der Rassendiskriminierung in der amerikanischen Gesellschaft erneut aufzeigten. Rassistische Vorbehalte im Kriegsministerium verhinderten auch den vorbehaltlosen Einsatz der afroamerikanischen und indigenen Bevölkerung in den Streitkräften.

Die personelle Mobilisierung sollte nach Roosevelt ebenfalls mit einem Minimum an Zwang auskommen und erreichte immense Ausmaße. Nach der wirtschaftlichen Krise der 1930er Jahre mit zuletzt zehn Millionen Arbeitslosen wurde bis Kriegsende nahezu Vollbeschäftigung erreicht. Die Anzahl aller in der Wirtschaft Beschäftigten wuchs während des Krieges sogar um fast 20 % auf 66 Millionen. Und dies, obwohl im September 1940 – wie in Großbritannien erstmals im Frieden – die Wehrpflicht für alle Männer zwischen 18 und 25 Jahren eingeführt *(Selective Service and Training Act)* und bis Kriegsende 16 Millionen Soldaten mobilisiert wurden. Bis zu zehn Millionen Freiwillige gehörten dem *Civil Defense Corps* oder der *Civil Air Patrol* an, die nach der Bildung des *Office of Civilian Defense* im Mai 1941 den Heimatschutz übernahmen. Wie in Großbritannien wurde die Agrarproduktion durch staatliche Subventionen, den Einsatz von Frauen und Jugendlichen *(Women's Land Army of America/Victory Farm Volunteers)*, hunderttausender Kriegsgefangener sowie durch eine Agrarkampagne *(Victory Garden)* vorangetrieben. Ein Abkommen mit Mexiko ermöglichte ab 1942 zudem den Einsatz von 220.000 mexikanischen Landarbeitern *(Bracero Program)*. Der Mangel an Arbeitskräften erforderte wie in anderen Ländern die Mobilisierung von Frauen und zog ab 1941 eine staatliche Werbekampagne nach sich *(Rosie the Riveter)*. Bis 1945 arbeiteten über 19 Millionen Frauen, fünf Millionen davon in der Kriegsindustrie. Der kriegsbedingte Einbruch in »Männerberufe« führte langfristig dazu, das tradierte Bild von der Rolle der Frau in der Gesellschaft zu hinterfragen. Kurzfristig wurden die Frauen auch in den USA nur als »Ersatzmann« und ihr Einsatz als zeitlich begrenzt verstanden. Dasselbe Rollenbild verhinderte den vollwertigen Einsatz der Frauen in den Streitkräften, wo sie – mit Ausnahme der *Women's Airforce Service Pilots* – hauptsächlich Hilfsfunktionen im Nachrichtendienst, in der Logistik, Sanität oder Militärverwaltung übernahmen. Insgesamt waren die Versuche der Regierung, im Innern einen sozialen Ausgleich und eine freiwillige Kooperation zu erlangen, von Erfolg gekrönt. Es galt die 48-Stunden-Woche, Gewerkschaften und Arbeiter unterstützten die Kriegsanstrengungen mehrheitlich, während des Krieges nahmen die Streiks deutlich ab. Die staatlichen Preis- und Lohnkontrollen verhinderten ebenso wie die Rationierungen ab 1942 die Inflationsgefahr. Obwohl praktisch alle nicht kriegsnotwendigen Produktionen (z. B. Hausratsgegenstände wie Kühlschränke oder Radios, PKWs) gedrosselt wurden, waren die Bedingungen für die Bevölkerung an der Heimatfront keineswegs total. Staatliche Kontrollen und Impulse führten dazu, dass die Löhne stärker als die Lebensunterhaltskosten stiegen. Der Lebensstandard wurde kaum beeinträchtigt, dank wachsender Kaufkraft nahm der Inlandsverbrauch während des Krieges sogar zu. Die amerikanische Gesellschaft kannte deshalb keine den anderen Hauptkriegsteilnehmern ähnlichen Entbehrungen.

Während des Krieges erlangte die US-Kriegswirtschaft eine nie zuvor erreichte Leistungskraft: Die amerikanische Gesamtproduktion war Ende 1942 gleich, 1944 doppelt so groß wie diejenige der Achsenmächte insgesamt. Die Industrieproduktion der USA erreichte 1944 235% des Vorkriegsniveaus, die Agrarproduktion erhöhte sich um ein Drittel. Der Ausstoß an Flugzeugen, Schiffen, Landungsfahrzeugen, LKWs lag höher als bei allen anderen Staaten, der an Panzern und Artilleriegeschützen wurde nur durch die UdSSR übertroffen. Am eindrücklichsten zeigt sich die Produktionsleistung bei den in amerikanischen und kanadischen Werften gebauten *Liberty* und *Victory Ships*, die zuletzt dank Rationalisierungsmaßnahmen serienmäßig innerhalb von 40 Tagen produziert wurden und im September 1943 bereits alle während des Krieges verlorenen alliierten Handelsschiffe ersetzt hatten. Die amerikanischen Produktionserfolge ermöglichten sogar, dass die USA nicht nur den eigenen Bedarf decken, sondern im Rahmen der *Lend-Lease*-Hilfsleistungen militärische Ausrüstung, Rohstoffe und Nahrungsmittel im Wert von 50 Milliarden US-Dollar an alliierte Staaten liefern konnte.

4.4. Totale Kontrolle

Das vierte und letzte Merkmal des »Totalen Krieges« machte die totale Kontrolle aus. Diese hängt eng mit der totalen Mobilisierung einer Gesellschaft zusammen, bildet sie doch gewissermaßen die Bedingung dafür. In einem »Totalen Krieg« bedarf es nämlich einer zentral gelenkten Organisation, um jeden Widerstand gegen die Kriegsmobilisierung zu brechen sowie alle Aspekte des privaten und öffentlichen Lebens zielgerichtet zum Zweck der Kriegsführung zu kanalisieren. Dies geschieht mit Propaganda, Zensur und Zwang. Letzteres tritt am offenkundigsten in Form der Wehrpflicht auf. Diese wurde wie gesehen bei allen Kriegsnationen zur Regel, ebenso wie die Mobilisierung von Zwangsarbeitern, wenn auch in deutlich unterschiedlicher Ausprägung. In allen Staaten wurden Zensur und Propaganda verwendet. Bei Letzterer kamen neben traditionellen Formen (Presse, Plakate) verstärkt neue Medien (Rundfunk,

Wochenschauen, Film) zum Einsatz. Auch verstärkte die Kriegspropaganda überall Nationalismus und Hass – sowohl die deutsche, sowjetische, japanische als auch angloamerikanische Propaganda entwertete und entmenschlichte den Gegner.

Auch bei der totalen Kontrolle zeigt sich letztlich jedoch das Problem, dass es diese in der Realität nicht geben kann, sie vielmehr im Verlauf eines »Totalen Krieges« – bedingt durch die Zerstörungen und den Verlust der Kontrollinstrumente – immer stärker abnimmt. Nach Stig Förster existiert zudem der Widerspruch, dass die totale Kontrolle der totalen Mobilisierung entgegensteht und deshalb häufig zu einem »totalen Chaos« führt.

Augenscheinlich wird dies beim **Deutschen Reich**. Der totalitäre NS-Staat hatte die deutsche Gesellschaft sowie das Alltagsleben weitgehend durchdrungen. NS-Organisationen wie die SA/SS, Deutsche Arbeitsfront, das NS-Kraftfahrerkorps, die NS-Frauenschaft oder die Verbände der Studenten, Ärzte, Lehrer, Beamten und Juristen dienten der »geistigen Mobilisierung« der gesamten »Volksgemeinschaft«, deren Gleichschaltung durch die zunehmende Uniformierung verschiedener Lebensbereiche auch äußerlich sichtbar wurde. Der Staat drang selbst in den Privat- und Freizeitbereich vor, z. B. mit der Gesellschaft »Kraft durch Freude«. Durch Hitlerjugend und Reichsarbeitsdienst konnte das Regime dank Mitglieds- bzw. Dienstpflicht ab 1935/36 weite Teile der Jugend ideologisch sozialisieren und in den NS-Staat einbinden, was sich nicht zuletzt ab 1942 in der Transformation des Offizierskorps zu einem nationalsozialistisch geprägten Führerkorps bemerkbar machte.

Macht- und Mobilisierungsgrundlage des NS-Regimes bildeten der seit 1933 systematisch aufgebaute Propaganda- und Unterdrückungsapparat. Schon vor dem Krieg kontrollierte das »Reichsministerium für Volksaufklärung und Propaganda« die Kultur- und Medienlandschaft und benutzte Presse, Rundfunk (»Volksempfänger«) und Film zur Indoktrinierung der Gesellschaft. Ab 1939 richtete sich die Kriegspropaganda vor allem auf den äußeren Gegner. Nach innen schürte sie aber auch Ressentiments sowie Ängste, rief zum Sammeln und Spenden auf und vermittelte Verhaltensregeln des Alltags (»Feind hört mit«). Mit der Sicherheitspolizei (Geheimer Staatspolizei), SS und Sicherheitsdienst besaß auch der Gewaltapparat – ab September 1939 im Reichssicherheitshauptamt konzentriert – im Innern große Wirksamkeit. Schon bei Kriegsbeginn hatte das Regime Verbote, Überwachung und Gewaltwillkür ausgeweitet. Erst ab 1943 kam es jedoch zu einer bedeutenden Verschärfung des Terrors im Innern. Durch die massive Unterdrückung jeder Kritik und eine beispiellose Propagandakampagne sollte die Akzeptanz der Bevölkerung für den »Totalen Krieg« erzwungen und mit einprägsamen Durchhalteparolen, dem Glauben an die »Wunderwaffen« oder gezielten Falschmeldungen zu Höchstleistungen animiert werden – im Osten des Reichs gekoppelt mit der bewusst geschürten Angst vor dem bolschewistischen Gegner. Gleichzeitig verschärfte das Regime das Kriegsstrafrecht in der Wehrmacht *und* an der Heimatfront (Volksgerichtshof). Todesurteile wegen Defätismus und Wehrkraftzersetzung verzeichneten ab 1942 einen rapiden Anstieg, selbst Flüsterwitze und die Verbreitung von Gerüchten zogen drakonische Strafen nach sich. Nach dem missglückten Attentat vom 20. Juli 1944 kam es nochmals zu einer neuen Welle der Repression. Gleichzeitig verstärkte sich der ideologische Zugriff auf die Wehrmacht, etwa durch die Ernennung Himmlers zum »Befehlshaber des Ersatzheers und Chef der Heeresrüstung«; die Funktion des für die politische Erziehung der Truppe zuständigen NS-Führungsoffiziers war bereits 1943 eingeführt worden. Der letzte erfolglose Versuch des Regimes, die Kontrolle zu behalten, erfolgte im Frühjahr 1945 mit der Ausrufung des Standrechts und der Einrichtung eines »Fliegenden Standgerichtes« für Wehrmachts- und SS-Angehörige.

Trotz dieser Maßnahmen förderten Doppelspurigkeiten in der polykratischen NS-Herrschaftsstruktur mit ihrem Nebeneinander von Partei, Behörden, SS sowie Wehrmacht das institutionelle Chaos und verhinderte dadurch selbst im Deutschen Reich die totale Überwachung. Der Zwang schuf Opposition, die sich etwa in den Widerstandsgruppen formierte oder in nichtkonformem Verhalten und passiver Resistenz zeigte.

Hamstereinkäufe und Schwarzmarkt durchbrachen trotz Straf-androhungen und Propaganda die staatliche Lenkung. Selbst institutionell kam es zu Kontrollverlust: Speers Maßnahmen dezentralisierten gegen Kriegsende nicht nur die bestehende Rüstungsorganisation, sondern auch die Kontrollverantwor-tung. Der Zusammenbruch der Strukturen und mangelhafte Führungsinstrumente führten bei der Wehrmacht zudem da-zu, dass sie ab 1944 keinen Überblick mehr über die militäri-schen Verluste und den Zustand ihrer Verbände hatte.

Japan sah sich mit ähnlichen Herausforderungen konfron-tiert. Dort leistete der 1937 begonnene Krieg gegen China wie gesehen der weiteren Militarisierung und Reglementierung Vorschub: Im Juli 1938 wurden die Gewerkschaften aufgelöst und die Arbeiter in der »Föderation für patriotischen Dienst in der Industrie« *(Dai Nippon Sangyō Hōkokukai)* zwangsweise zu-sammengefasst, 1940 zudem die Parteien aufgelöst und die Ein-heitspartei *Taisei Yokusankai* gebildet. So etablierte sich in Japan eine Art Staatssozialismus mit strenger nationaler Indoktrina-tion, Zensur und polizeistaatlichen Methoden, der schließlich alle Aspekte des öffentlichen und privaten Lebens durchdrang. Konoes Politik der Gleichschaltung stand aber auf schwächeren Füßen als in Deutschland. Japans Herrschaftsstruktur war zu keinem Zeitpunkt totalitär, sondern oligarchisch und pluralis-tisch: Es gab keine Massenbewegung und keine absolute Macht-stellung wie bei Hitler, dafür starken Widerstand von Bürokra-tie und Wirtschaft. Beispielhaft zeigt sich dies bei Tōjō, der zu-gleich Premierminister, Kriegsminister sowie (ab Februar 1944) Oberbefehlshaber des Heeres und damit mächtiger als jeder ja-panische Politiker zuvor war. Trotzdem verweigerte ihm das Parlament 1943 zunächst größere Vollmachten und beschränk-te später seine Kompetenzen. Auch der Terrorapparat aus Mili-tär- und »Sonderpolizei« *(Kempeitai* und *Tokkō)* war nicht annä-hernd so mächtig wie der deutsche (oder sowjetische). Mit den erwähnten »Nachbarschaftsgruppen« existierte dafür ein enges Geflecht der sozialen Kontrolle. Zugleich förderten die *Taisei Yo-kusankai* und die auf der Grundlage des nationalen Mobilisie-rungsgesetzes von 1938 geschaffene »Bewegung der nationalen geistigen Mobilisierung« *(Kokumin Seishin Sōdōin Undo)* die »Mobilisierung des Volkswillens« durch die Verstaatlichung der Medien und den Zusammenschluss sozialer und kultureller Einrichtungen, Universitäten sowie verschiedener Berufs-, Frauen- und Jugendorganisationen. Die gleichzeitig massiv betriebene Propagandakampagne rief zur Leistungssteigerung in allen Bereichen, zu Sparsamkeit, öffentlichen Sammlungen, Spendenaktionen und Patriotismus auf. Systematisch wurde der Glaube an die besondere Mission der überlegenen japanischen Rasse indoktriniert und die Rechtschaffenheit der »nationalen Sendung« (Yamato-Geist) im »heiligen Krieg« gegen den westlichen Kolonialismus betont, der den Pazifischen Krieg zu einem Akt der Selbstverteidigung machte. Gleichschaltung und politische Überwachung verhinderten jeden sichtbaren Protest oder Streiks. Allerdings quittierte die Bevölkerung die vordergründig totale Kontrolle in der zweiten Kriegshälfte – verstärkt durch den Lebensmittelmangel und die erodierende Lebensgrundlage – durch zunehmende Lethargie und eine sinkende Arbeitsmoral. Dies galt erst recht für die okkupierten Länder, wo die – allerdings halbherzig betriebenen – ideologischen, politischen und wirtschaftlichen Bemühungen Japans zur Einbindung an der Komplexität der Großostasiatischen Wohlstandssphäre (über 70 Sprachen und Dialekte) und vor allem an der rücksichtslosen Ausbeutung von Menschen und Ressourcen scheiterten.

Die **UdSSR** vereinigte hinsichtlich der totalen Kontrolle in gewisser Weise die deutschen und japanischen Möglichkeiten. Der dem Sowjetstaat immanente militarisierte Sozialismus verwischte die Grenzen zwischen Krieg und Frieden bzw. zwischen Zivilbevölkerung und Militär; entsprechend stark ausgeprägt waren die Kontroll- und Zwangsinstrumente. Bereits im Bürgerkrieg bestanden Konzepte, die das Land in ein »Militärlager« (Michail Frunze) verwandeln sollten und auf die Stalin sich in seinen Kriegsreden 1941 bezog. Die Mobilisierung aller Ressourcen basierte wie in keinem anderen Land auf Indoktrination, Propaganda und Terror. Dies galt wie gesehen für die Industrie- und Agrarproduktion, für das Ausmaß an Zwangsarbeit und Zwangsdeportationen; der staatliche Terrorapparat aus Geheimpolizei, GPU und NKVD überwachte, verschleppte, folterte und ermordete unzählige Menschen. Das Gleiche galt auch für die Mobilisierung der Streitkräfte. Keine andere Armee des Zweiten Weltkrieges kannte eine höhere Desertionsrate. Über 400.000 Soldaten und Offiziere wurden in Strafbataillone versetzt, Kriegstribunale verurteilten fast eine Million Rotarmisten, Angehörige abtrünniger Offiziere gerieten in Sippenhaft. Im Juli 1941 wurden die kurz zuvor aufgelösten, für die politische Erziehung zuständigen Politkommissare wieder eingeführt, von denen 1943 bereits etwa 240.000 im Einsatz waren. Wie in anderen Ländern auch, verstärkte der Krieg die ideologischen Antriebe. Spezifisch sowjetisch war dabei die völlige Neuausrichtung der Propaganda. Mit Beginn des deutsch-sowjetischen Krieges trat der Sozialismus nicht bloß hinter den gelegentlich früher schon instrumentalisierten Patriotismus zurück, sondern wurde vollständig durch diesen abgelöst. Der Appell an die nationale Loyalität sollte die Massen mehr bewegen als das sozialistische Revolutionsideal. Auch knüpfte Stalin mit dem Begriff des »Vaterländischen Krieges« bewusst an historische Traditionen an und erinnerte sehr geschickt an den Widerstand gegen Napoleon 1812. Durch Presse, Rundfunk und Literaten wie Il'ja Ėrenburg entfaltete die Propaganda beträchtliche Wirkung. Große Bedeutung erhielt auch der Film, dessen propagandistische Nutzung sich aufgrund der inhaltlichen ideologischen Kontinuität geradezu anerbot und dabei sogar die analogen Tendenzen im Deutschen Reich und der USA übertraf.[12]

Daneben gab es auch Entwicklungen, die der totalen Kontrolle entgegenliefen. Ein kulturpolitischer Bruch stellte etwa das gelockerte Verbot der Religionsausübung dar. Es gibt auch Beispiele dafür, dass Stalin freiwillig Kompetenzen abgab, etwa nach den militärischen Katastrophen des ersten Kriegsjahres an den Generalstab. Meist sind die Widersprüche jedoch

---

12 So konnten z. B. die noch vor dem Krieg gedrehten Filme über Aleksandr Nevskij, Suvorov oder Peter den Großen unverändert für die Kriegspropaganda verwendet werden.

strukturell bedingt. Die Zentralisierung führte z. B. automatisch zu einer Machtkonzentration bei den höchsten Entscheidungsträgern im Zentralkomitee, häufig bei Stalin selbst. Der Verwaltungsapparat wurde dadurch bereits ein Stück weit ausgehebelt. Als 1941 wichtige Behörden evakuiert werden mussten, löste sich die ordentliche Hierarchie weiter auf. Irreguläre Machtfülle, Willkür und Fehlentscheidungen nahmen damit zu. Kurzum: Die funktionale Aufgaben- und Kompetenztrennung wich dem Führerprinzip. Stalin fällte einsame Entscheide, die widerspruchslos ausgeführt werden sollten, ohne dass er die Umsetzung kontrollieren konnte. Beispielhaft zeigt dies die Lebensmittelversorgung, die wegen fehlender Planungen 1941 nur improvisiert erfolgte. Der Lebensmittelmangel veränderte zudem die bisherige zentralstaatliche Versorgungspolitik dahingehend, dass die Produktion und Verteilung von Nahrungsmitteln (außer Brot) nach zentraler Vorgabe neu dezentral erfolgen sollte. In der Praxis führte dies zu räumlichen und zeitlichen Schwankungen sowie – wegen der weitverbreiteten Korruption – zu Misswirtschaft. Widersprüchlich blieb auch der Terrorapparat. Obwohl die stalinistische Gewalt aus dem Anspruch heraus entstand, Kontrolle und Ordnung herzustellen, gelang gerade dies nicht flächendeckend. Der bürokratische Apparat war schlicht zu klein und das Land mit seinen zahlreichen Bevölkerungsgruppen zu groß. Stalins Paranoia sowie die stetige Suche nach Saboteuren und Feinden führte vielmehr dazu, dass Überwachung und Repression willkürliche Züge annahmen und schließlich ein Klima des Terrors und der Angst schufen, das weit in den Machtapparat hinauf wirkte.

In **Großbritannien** und den **USA**, aber auch in den Staaten des *British Commonwealth*, unterschied sich die staatliche Lenkung und Kontrolle in vielerlei Hinsicht vom bisher Erwähnten. Auch die Demokratien schränkten wie gesehen den Freihandel und die Marktwirtschaft ein. Großbritannien wählte wie gesehen einen dirigistischen Ansatz, die USA eine Strategie der Partizipation. In beiden Staaten kam es zum Ausbau der staatlichen Plan- und Kontrollbehörden, Notstandsgesetze schränkten das öffentliche und private Leben ein. Der staatliche

Zugriff auf die Menschen verstärkte sich, etwa durch Steuern und Preiskontrollen, durch Umverteilung und Zwangsdienst von Arbeitskräften, Einführung von Identitätskarten, Verdunkelung oder Einschränkung der Meinungsäußerungsfreiheit. Zudem wurden Wehrpflicht und Wirtschaftsregulationen bedeutend früher eingeführt als im Ersten Weltkrieg. Die Öffentlichkeit in den westalliierten Staaten war durch all diese Maßnahmen zwar gelenkt, blieb aber weitgehend demokratisch. Im Gegensatz zu Großbritannien, wo die Parlamentswahlen ausgesetzt wurden, fanden in den USA im November 1944 sogar Präsidentschaftswahlen statt. In Großbritannien stärkte der Zweite Weltkrieg trotz Beschränkungen die Arbeiterbewegung und bereitete den Wohlfahrtsstaat vor *(Beveridge Report)*. Die Kriegswirtschaft war nur dank enger Kooperation von Regierung, Unternehmen und Gewerkschaften erfolgreich.

Wie schnell dies auseinanderbrechen konnte, zeigen die Minenstreiks von 1942 und 1943 in den USA. Die (gesetzlich nicht verbotenen) Streiks nahmen während des Krieges insgesamt zwar ab und konnten durch das *National War Labor Board* in der Regel rasch beendet werden. Gleichwohl sind sie Ausdruck schwelender sozialer Konflikte, deren Ursache vor allem in der ungerechten Vermögensverteilung (hohe Unternehmensgewinne bei geringerer Lohnentwicklung) lag. Rassistische Spannungen verschärften die Situation wie gesehen zusätzlich. Rassismus und eine weit verbreitete Angst vor Sabotageaktionen führte auch zur Verletzung von Bürgerrechten. Etwa 120.000 US-Bürger japanischer Abstammung und japanische Staatsangehörige wurden aus dem Gebiet der Westküste verwiesen und in Internierungslager *(War Relocation Centers)* gebracht. Kanada, Australien und Großbritannien kannten ebenfalls solche Lager. Deutsche und Italiener bzw. US-Bürger solcher Abstammung wurden teils auch umgesiedelt, es gab aber bis auf wenige tausend Internierte keine analogen Zwangsmaßnahmen.

Hohe Bedeutung erlangte die Propaganda, die wie erwähnt in einigen Bereichen ähnliche Totalisierungstendenzen wie im Deutschen Reich oder der UdSSR erlangte. Großbritannien richtete im September 1939 wieder ein Informationsministerium ein. In den USA gab es seit Juli 1941 das für Propaganda und Geheimdienstaktivitäten zuständige *Office of the Coordinator of Information*, ab Juni 1942 dann ein eigenständiges Propagandaministerium *(Office of War Information)*. Ihre Aufgaben bestanden vor allem darin, nach innen die totale Mobilisierung der Gesellschaft für den Krieg zu fördern und die Moral zu stärken, nach außen betrieben sie Kriegspropaganda und Desinformation. In Großbritannien spielte etwa die BBC durch ihre Rundfunksendungen und Wochenschauen eine wichtige Rolle, erreichte sie damit doch weite Teile außerhalb der Mittelklasse und schuf ein nationales Gemeinschaftsgefühl. Lange unterschätzt blieb auch die Wirkung der Geheimsender auf die Bevölkerung im besetzten Europa und selbst in Deutschland – 1945 betrieb allein Großbritannien 48 davon. Wegen Roosevelts zwischen Zwang und Kooperation ausbalancierter Wirtschaftspolitik war die Propaganda für die USA besonders wichtig. Roosevelt selbst startete z. B. im Mai 1941 eine riesige Werbekampagne zur Zeichnung von Kriegsanleihen. Das *Office of War Information* rief die Bevölkerung mit Plakaten, Propagandaveranstaltungen und Ausstellungen dazu auf, in allen Bereichen die Kriegsanstrengungen zu unterstützen (z. B. Recycling, Sparen, Verhindern von Gerüchten und *careless talk*). Die Medien kooperierten und setzten die Zensurvorgaben in Presse, Rundfunksendungen und Wochenschauen freiwillig um. Eine wichtige Rolle spielte auch Hollywood, das die Aufmerksamkeit der Öffentlichkeit mit Hilfe von Stars, Filmen und Cartoons (z. B. Walt Disney, *Private SNAFU*) auf die Belange der Propaganda lenkte.

5. Das Ende und Erbe des Zweiten Weltkrieges

Die deutsche und japanische Kapitulation am 8. Mai bzw. 2. September 1945 bedeutete das formelle Ende der größten Katastrophe des 20. Jahrhunderts. Die Achsenmächte waren bei der geplanten Errichtung einer neuen Weltordnung gescheitert. Die Bilanz dieses in weiten Teilen »total« geführten Krieges, der zumindest dem Deutschen Reich eine buchstäblich »totale Niederlage« bereitete, ist beispiellos. Wie einleitend erwähnt, starben den Schätzungen zufolge rund 60 Millionen Menschen – viermal mehr als im Ersten Weltkrieg und mehrheitlich Zivilisten. Am meisten Tote beklagte die UdSSR mit geschätzten 27 Millionen (acht bis 13 Millionen Soldaten), gefolgt von China mit geschätzten 21 Millionen (etwa drei Millionen Soldaten), das Deutsche Reich mit sieben Millionen (5,3 Millionen Soldaten), Polen mit über sechs Millionen und Japan mit drei Millionen. Für Südostasien sind die Opferzahlen nur annähernd bekannt. Vermutlich forderte die japanische Besatzung unter der Zivilbevölkerung in Niederländisch-Indien drei bis vier Millionen Tote, in Indochina zwei Millionen, auf den Philippinen bis zu einer Million und in Korea etwa eine halbe Million Tote. Durch Hunger und Krankheiten starben in Britisch-Indien insgesamt vermutlich bis zu vier Millionen Menschen. Durch Guerilla- und Vergeltungsmaßnahmen wurden zwischen 1941 und 1945 in Jugoslawien über eine Million, in Griechenland bis zu 800.000 Menschen getötet. Der Krieg produzierte auch immense Flüchtlingsströme. Zwischen 1944 und 1947 flohen etwa zwölf Millionen Deutsche aus dem Osten, etwa 600.000 davon starben. Hunderttausende wurden durch die neuen Grenzziehungen in Finnland, Italien, Jugoslawien und Osteuropa vertrieben. Um einiges höher liegt die Zahl in China, wo schätzungsweise 100 Millionen Menschen aus ihrem angestammten Gebiet vertrieben wurden. Ferner sind auch die Zwangsarbeiter zu berücksichtigen, von denen es bei Kriegsende 7,8 Millionen in Deutschland und 2,1 Millionen in Japan gab.

Hoch waren auch die materiellen Schäden. Weite Teile Europas und Asiens waren in einem bislang unerreichten Ausmaß verwüstet. Millionen von Gebäuden und Wohnungen waren zerstört worden, was nach Kriegsende zu einer massiven Wohnungsnot führte. Zerstört waren auch Verkehrsinfrastruktur, Industrie und überhaupt die Volkswirtschaften. Die vollumfängliche materielle Kapitalvernichtung und die volkswirtschaftlichen Verluste können nur annähernd geschätzt werden. Im Osten Deutschlands und in Österreich führte die RKKA eine »Demontagepolitik« durch, die ganze Regionen deindustrialisierte. Andererseits brachte der Zweite Weltkrieg auch wichtige technische und wissenschaftliche Innovationen hervor: Atomkraft, Radar oder Düsenantrieb als wichtige Anschübe für die moderne Luft- und Raumfahrtentwicklung, neue Medikamente (Penicillin) und medizinische Verfahren, elektronische Datenverarbeitung und Computertechnologie, Massenproduktionstechniken oder synthetische Nahrungsmittel und Bekleidung. Vom Krieg als wesentlichem Antreiber zivilisatorischen Fortschritts zu sprechen, ginge indes zu weit. Häufig bewegten sich die Forschungen in einem ethischen Spannungsfeld oder gingen weit darüber hinaus, wie etwa die deutschen und japanischen Menschenversuche, die sich in erster Linie durch Sadismus und Brutalität auszeichneten, aber nur von sehr geringem oder gar keinem wissenschaftlichen Wert waren.

So war der Zweite Weltkrieg denn auch eine ethisch-moralische Katastrophe. Dies gilt besonders für das Deutsche Reich und seinen rassenideologischen Vernichtungskrieg gegen Juden, Slawen, ethnische Minderheiten, Behinderte, Homosexuelle und andere als »minderwertig« kategorisierte Menschen. Stark rassistisch und von hoher systematischer Brutalität geprägt war auch die japanische Kriegsführung. Die Entgrenzung der Gewalt im »Totalen Krieg« ließ aber wie gesehen zuweilen auch auf alliierter Seite kriegsvölkerrechtliche Normen und moralische Vorbehalte in den Hintergrund treten. Im strategischen Luftkrieg gegen deutsche und japanische Städte starben wohl über eine Million Zivilisten, mehrere Millionen Menschen wurden in China und Bengalen als »Kollateralschaden«

Opfer kühl, zuweilen zynisch, kalkulierter alliierter Kriegsanstrengungen. Den alliierten Vorstoß in Europa und Asien begleiteten teils furchtbare Exzesse gegen die Zivilbevölkerung und Kriegsverbrechen. Dies gilt besonders für den sowjetischen Vormarsch nach Deutschland 1944/45 und den Umgang mit den rund drei Millionen Deutschen in sowjetischer Kriegsgefangenschaft, von denen etwa 700.000 starben. Stalins Terror traf auch die eigene Bevölkerung wie die Deportationen hunderttausender von Menschen während des Krieges und die Repatriierungen von etwa vier Millionen sowjetischen Flüchtlingen, Kriegsgefangenen und Kollaborateuren nach Kriegsende zeigen. Von den wie Verräter behandelten ehemaligen sowjetischen Kriegsgefangenen sind nach ihrer Rückkehr in die UdSSR wohl bis zu einer Million in sowjetischen GULag umgekommen.

Politisch endete der Krieg für die Achsenmächte ebenfalls in einer Katastrophe. Eine Rückkehr zum *Status quo ante bellum* – in welcher Weise auch immer – war völlig ausgeschlossen. Alle drei verloren ihren Großmachtstatus. Italien wurde 1948 Republik. Japan wurde unter US-Besatzungsherrschaft gestellt, die erst 1952 mit dem Inkrafttreten des Vertrags von San Francisco endete. Deutschland und Österreich wurden in vier alliierte Besatzungszonen aufgeteilt und sollten ihre staatliche Souveränität erst 1955 zurückerlangen. Unter Aufsicht des Alliierten Kontrollrats erfolgte der Wiederaufbau von Staat und Gesellschaft nach den Maßstäben der Sieger, wie sie in den Erklärungen von Jalta und Potsdam angekündigt worden waren – sie wurden in den Besatzungszonen allerdings sehr unterschiedlich umgesetzt. Um freie demokratische Staatsgefüge schaffen zu können, bedurfte es neben politischen, administrativen und gesellschaftlichen auch wirtschaftlicher Maßnahmen: In Japan waren es die Ideen des *New Deal* und die Landreform, in Westdeutschland die Währungsreform und der Marshallplan, die den wirtschaftlichen Aufschwung (auch Italiens und Frankreichs) einleiteten.

Ein Bestandteil der Reformen, die zugleich den notwendigen Schlussstrich zogen, waren die Kriegsverbrecherprozesse vor den Internationalen Militärgerichtshöfen in Nürnberg und Tōkyō. Erstmals in der Geschichte wurden Völkerrechtsverletzungen geahndet. Auch wenn es sich bei diesen Prozessen letztlich um Siegerjustiz handelte – schließlich gab es keine Anklage alliierter Kriegsverbrechen und eine teils rückwirkende Rechtsetzung –, markieren sie einen wichtigen Schritt in der Entwicklung hin zu einer internationalen Rechtsprechung und dem Konzept der »Verbrechen gegen die Menschlichkeit«. Der Nürnberger Prozess gegen die deutschen Hauptkriegsverbrecher begann am 20. November 1945. Er endete am 1. Oktober 1946 damit, dass zwölf Angeklagte zum Tod verurteilt und hingerichtet wurden, darunter Keitel, Jodl, Rosenberg und Sauckel. Göring hatte sich der Vollstreckung durch Gift entzogen. Himmler wäre sicherlich ebenfalls gehängt worden, hatte aber bereits kurz nach seiner Gefangennahme am 23. Mai 1945 Suizid begangen. Andere wie Raeder, Dönitz oder Speer erhielten lebenslange oder langjährige Strafen. In zwölf Nachfolgeprozessen wurden bis 1949 weitere 177 Militärs, SS- und Polizeiführer, Diplomaten, Beamte, Industrielle, Ärzte und Juristen vor US-Militärgerichten angeklagt. Der Tōkyōter Prozess gegen die Hauptverdächtigen begann am 3. Mai 1946 und zog sich bis November 1948 hin. Sieben hohe Militärs und Politiker wurden zum Tod verurteilt, unter ihnen Tōjō und Itagaki. Neben diesem Hauptprozess fanden zwischen 1946 und 1949 auf Guam, in Manila, Yokohama, Chabarovsk und 1956 in Shenyang weitere Verfahren gegen Japaner statt, die gegen die Gebräuche des Landkrieges verstoßen hatten. Die Kriegsverbrecherprozesse waren bereits durch den inneralliierten Gegensatz gezeichnet. Westalliierte Richter verurteilten nur wenige deutsche Generale, Wehrmacht und Generalstab wurden im Gegensatz zur SS und Gestapo nicht als verbrecherische Organisationen eingestuft. Viele der verurteilten deutschen und alle japanischen Verbrecher wurden in den 1950er Jahren begnadigt und vorzeitig aus der Haft entlassen. Jugoslawien, die UdSSR und weitere osteuropäische Länder führten hingegen (häufig ohne ordentliche Verfahren) gesonderte Prozesse gegen Kriegsverbrecher und Kollaborateure. Vor dem Hintergrund der Blockbildung stieß der Denazifizierungsprozess rasch an die Grenzen des Möglichen. Beide Seiten waren wenigstens zu Beginn auf die alten Funktionseliten in Verwaltung, Diplomatie, Militär, Medizin oder Recht angewiesen. Anders als lange kolportiert, war der Neuanfang in Staat und Gesellschaft Nachkriegsdeutschlands kein absoluter (»Stunde null«), sondern wies in verschiedenen Bereichen auch Kontinuitäten zur NS-Vergangenheit auf. Dies galt auch für die Alliierten, wie das nach Kriegsende eröffnete Rennen um die besten deutschen Wissenschaftler zeigt, von denen 1946 über 100 – unter ihnen Wernher von Braun – für das US-Militär arbeiteten.

Die politischen Folgen des Zweiten Weltkriegs zeitigten erhebliche territoriale Auswirkungen. Italien verzichtete am 10. Februar 1947 im Pariser Friedensvertrag (den auch Rumänien, Ungarn, Bulgarien und Finnland unterzeichneten) auf seine afrikanischen Kolonien und musste zudem Gebiete an Frankreich, Jugoslawien und Griechenland abtreten. Japan büßte Korea, Taiwan, Südsachalin, die Kurilen sowie die nach dem Ersten Weltkrieg erhaltenen Pazifikinseln ein. Deutschland musste nicht nur Gebiete an Polen und die UdSSR abtreten, sondern verlor seine nationale Einheit. Osteuropa erhielt eine neue politische Struktur. Stalin setzte bei den Westalliierten die Grenzziehungen von 1939/40 durch und annektierte Teile Polens, Finnlands, Rumäniens, der Tschechoslowakei und des Baltikums. Die sowjetische Expansionspolitik hatte sich bereits seit Ende 1944 abgezeichnet. Nach dem Kriegsende in Europa kollidierte sie immer offener mit den angloamerikanischen Absichten eines freien, demokratischen und wirtschaftsliberalen Europas. Hintergründig ging es natürlich um die Machtverteilung in Europa. An der Frage nach der Zukunft Deutschlands wurde die Spaltung der *Grand Alliance* endgültig offenbar: 1948 brach der Alliierte Kontrollrat auseinander, in der Sowjetischen Besatzungszone setzte die ideologische Indoktrinierung der Gesellschaft und die Wiederaufrüstung ein (Kasernierte Volkspolizei). Mit dem kommunistischen Umsturz in der Tschechoslowakei und der Berlin-Blockade 1948/49 begann sich die westalliierte Wahrnehmung Westdeutschlands zu ändern, das vom Besiegten zum Verbündeten gegen die UdSSR wurde. Am Ende dieser Entwicklung standen sich mit der BRD und der DDR zwei deutsche Staaten gegenüber, deren Einbindung in den Ost-West-Konflikt in den 1950er Jahren durch Wiederbewaffnung auch militärisch stattgefunden hatte. Auch Japan sollte zum Bollwerk gegen die UdSSR aufgebaut werden, hatte sich die angloamerikanische Position in Asien mit der Niederlage Jiangs und angesichts des Koreakonflikts doch deutlich verschlechtert. Mit der Bildung von reinen »Selbstverteidigungsstreitkräften« und dem verfassungsrechtlich verankerten Kriegsverbot wurde jedoch ein anderer Weg der Wiederbewaffnung eingeschlagen.

Dieser Übergang zur bipolaren Ordnung des Kalten Krieges mit seinem Gleichgewicht des atomaren Schreckens war zweifellos das global schwerwiegendste Erbe des Zweiten Weltkriegs. Das Kriegsende 1945 markierte anders als 1918 das Ende der europäischen Dominanz. Neben dem besiegten Deutschland hatten auch Großbritannien und Frankreich ihre Stellungen in der Welt eingebüßt. Mit der Truman-Doktrin machten die USA ihren Anspruch als Weltpolizist geltend, die UdSSR zog wenig später nach. Damit gab es kein machtpolitisches Vakuum wie in der Zwischenkriegszeit. Die beiden neuen Supermächte setzten ihre Macht- und Gesellschaftsvorstellungen durch: mit Sowjetisierung, Kommunismus, Truppenpräsenz und Warschauer Pakt bzw. Demokratisierung, marktwirtschaftlicher Öffnung, NATO und einer Amerikanisierung von Gesellschaft und Kultur.

Ein zweites, wichtiges Erbe stellen die universalhistorischen Folgen des Zweiten Weltkriegs dar. Zum einen sind dies die Gründung der Vereinten Nationen am 25. Juni 1945, mit dem Bekenntnis zum System der kollektiven Sicherheit, der Ächtung des Krieges und der Menschenrechtsdeklaration von 1948; die Bemühungen für einen freien Welthandel und eine liberale Wirtschaftsordnung (GATT); die Bestrebungen zur europäischen Integration (unter amerikanischem Schutz), die über Montanunion und Wirtschaftsgemeinschaft zur Europäischen Union geführt und Europa die längste Friedensperiode in der

Geschichte beschert hat. Zum anderen gehört der durch den Weltkrieg angeschobene Dekolonisationsprozess dazu, der die globale Landkarte anhaltend veränderte. Wie bei der einleitend aufgeworfenen Frage nach dem Kriegsbeginn zwingt sich dabei konsequenterweise auch auf, den Zeitpunkt des Kriegsendes kritisch zu hinterfragen. Politisch war der Weltkrieg nicht beendet, viele Fragen über die Zukunft blieben offen. Anders als 1919 fand nach 1945 keine Friedenskonferenz statt, die den globalen Krieg formell abgeschlossen hätte: Der Friedensvertrag von San Francisco beendete den Krieg in Asien, wobei die UdSSR, China und Indien ihm nicht beitraten. Der Friedensvertrag von Paris klärte die Friedensbedingungen mit Italien, Rumänien, Ungarn, Bulgarien und Finnland, nicht aber mit Deutschland bzw. den beiden deutschen Staaten. Neben diesen formellen Divergenzen lässt sich zudem feststellen, dass der Weltkrieg 1945 insbesondere in Asien nur partiell ein Ende fand. Vielerorts dauerten die Unabhängigkeitskämpfe fort und richteten sich nun gegen die geschwächten europäischen Kolonialmächte, etwa in Niederländisch-Indien, Französisch-Indochina, Madagaskar, Syrien und Palästina. Im Rahmen der Unabhängigkeitsbestrebungen gab es auch in Indien, Pakistan, Burma, Ceylon, Malaya, den Philippinen, Ägypten, Libyen, Ghana und im Libanon Konflikte. In Griechenland kam es zum Bürgerkrieg, in der Ukraine und zahlreichen Staaten zu bürgerkriegsähnlichen Vergeltungs- und Säuberungsaktionen. In Thailand führte die Phase politischer Instabilität 1947 zu einem Militärputsch. Der ebenfalls wieder aufgenommene Chinesische Bürgerkrieg endete 1949 und bildete die umfassende Klammer des Zweiten Weltkriegs. Die Phase bis 1949 muss zumindest als Epilog des Zweiten Weltkriegs betrachtet werden. Erst ab 1948/49 drängten andere, durch die Blockbildung bedingte Konfliktlinien in den Vordergrund. Mit dem Koreakrieg wurde die neue Epoche eingeläutet.

Auswahlbibliographie

A World at Total War: Global Conflict and the Politics of Destruction, 1937–1945, ed. by Roger Chickering/Stig Förster/Bernd Greiner, Cambridge 2005

Aldrich, Richard J., Intelligence and the War against Japan. Britain, America and the Politics of Secret Service, Cambridge 2000

Alperovitz, Gar, Hiroshima. Die Entscheidung für den Abwurf der Bombe, Hamburg 1995

Aly, Götz, Hitlers Volksstaat. Raub, Rassenkrieg und nationaler Sozialismus, Frankfurt a. M. 2005

American Military History, ed. by Center of Military History United States Army, 3 vols., Washington 2005

An der Schwelle zum Totalen Krieg. Die militärische Debatte über den Krieg der Zukunft 1919–1939, hrsg. v. Stig Förster, Paderborn u. a. 2002

Angrick, Andrej, Besatzungspolitik und Massenmord. Die Einsatzgruppe D in der südlichen Sowjetunion 1941–1943, Hamburg 2003

Angrick, Andrej, Deutsche Besatzungsherrschaft in der UdSSR 1941–1945, Darmstadt 2013

Arendt, Hannah, Elemente und Ursprünge totaler Herrschaft. Antisemitismus, Imperialismus, Totalitarismus, München ¹⁴2011

Bartov, Omer, Hitlers Wehrmacht. Soldaten, Fanatismus und die Brutalisierung des Krieges, Reinbek bei Hamburg 1995

Bayly, Christopher/Harper, Tim, Forgotten Wars. The End of Britain's Asian Empire, London 2007

Beck, Birgit, Wehrmacht und sexuelle Gewalt. Sexualverbrechen vor deutschen Militärgerichten 1939–1945, Paderborn 2004

Beevor, Antony, D-Day. Die Schlacht um die Normandie, München 2010

Beevor, Antony, The Second World War, London 2012

Black, Jeremy, World War Two. A Military History, London 2003

Bohm-Duchen, Monica, Art and the Second World War, Farnham 2013

Boister, Neil/Cryer, Robert, The Tokyo International Military Tribunal. A Reappraisal, Oxford 2008

Boog, Horst, Die deutsche Luftwaffenführung 1935–1945. Führungsprobleme, Spitzengliederung, Generalstabsausbildung, Stuttgart 1982

Böhler, Jochen, Auftakt zum Vernichtungskrieg. Die Wehrmacht in Polen 1939, Frankfurt a. M. 2006

Brakel, Alexander, Der Holocaust. Judenverfolgung und Völkermord, Augsburg 2012

British and Japanese Military Leadership in the Far Eastern War, 1941–45, ed. by Brian Bond et al., London 2012

Browning, Christopher R., Ganz normale Männer. Das Reserve-Polizeibataillon 101 und die Endlösung in Polen, Reinbek bei Hamburg ⁵2002

Buckley, John, Air Power in the Age of Total War, London 1999

China's Bitter Victory: The War with Japan 1937–1945, ed. by James C. Hsiung/Steven I. Levine, Armonk 1992

Citino, Robert M., The German Way of War. From the Thirty Years' War to the Third Reich, Lawrence 2005

Cointet, Michèle, Nouvelle histoire de Vichy (1940–1945), Paris 2011

Corum, James S., The Roots of Blitzkrieg. Hans von Seeckt and German Military Reform, Lawrence 1992

Connaughton, Richard, MacArthur and Defeat in the Philippines, Woodstock 2001

Coulmas, Florian, Hiroshima. Geschichte und Nachgeschichte, München 2010

Creveld, Martin van, Kampfkraft. Militärische Organisation und Leistung der deutschen und amerikanischen Armee 1939–1945, Neuausgabe Graz 2005

Creveld, Martin van, Supplying War. Logistics from Wallenstein to Patton, Cambridge ²2004

Das Deutsche Reich und der Zweite Weltkrieg, hrsg. v. Militärgeschichtlichen Forschungsamt, 10 Bde., Stuttgart und München 1979–2008

Das große Lexikon des Zweiten Weltkrieges, hrsg. v. Christian Zentner/Friedemann Bedürftig, München 1988

Der Nationalsozialismus vor Gericht. Die alliierten Prozesse gegen Kriegsverbrecher und Soldaten 1943–1952, hrsg. v. Gerd R. Ueberschär, Frankfurt a. M. ²2000

Der Zweite Weltkrieg. Analysen, Grundzüge, Forschungsbilanz. Im Auftrag des MGFA hrsg. v. Wolfgang Michalka, München/Zürich ²1997

Der Zweite Weltkrieg in Europa. Erfahrungen und Erinnerung, hrsg. v. Jörg Echternkamp/Stefan Martens, Paderborn 2007

Die »Achse« im Krieg. Politik, Ideologie und Kriegsführung 1939–1945, hrsg. v. Lutz Klinkhammer/Amedeo Osti Guerrazzi/Thomas Schlemmer, Paderborn u. a. 2010

Die Italiener an der Ostfront 1942/43. Dokumente zu Mussolinis Krieg gegen die Sowjetunion, hrsg. v. Thomas Schlemmer, München 2005

Die nationalsozialistischen Konzentrationslager. Entwicklung und Struktur, hrsg. v. Ulrich Herbert/Karin Orth/Christoph Dieckmann, Göttingen 1998

Die Wehrmacht. Mythos und Realität, hrsg. v. Rolf-Dieter Müller/Hans-Erich Volkmann, München 1999

Doubler, Michael D., Closing with the Enemy. How GIs Fought the War in Europe, 1944–1945, Lawrence 1995

Doughty, Robert Allan, The Breaking Point. Sedan and the Fall of France, 1940, Hamden 1990

Drea, Edward J., Japan's Imperial Army. Its Rise and Fall, 1853–1945, Lawrence 2009

Drea, Edward J., MacArthur's Ultra Codebreaking and the War against Japan, 1942–1945, Kansas 1992

Einvernehmliche Zusammenarbeit? Wehrmacht, Gestapo, SS und sowjetische Kriegsgefangene, im Auftrag der KZ-Gedenkstätte Flossenbürg hrsg. v. Johannes Ibel, Berlin 2008

Enzyklopädie des Nationalsozialismus, hrsg. v. Wolfgang Benz/Hermann Graml/Hermann Weiß, 5., aktualisierte und erweiterte Auflage, Stuttgart 2007

Eichholtz, Dietrich (Hrsg.), Krieg und Wirtschaft. Studien zur deutschen Wirtschaftsgeschichte 1939–1945, Berlin 1999

Erinnerungskulturen. Deutschland, Italien und Japan seit 1945, hrsg. v. Christoph Cornelißen/Lutz Klinkhammer/Wolfgang Schwentker, Frankfurt a. M. 2003

Erster Weltkrieg – Zweiter Weltkrieg. Ein Vergleich. Krieg, Kriegserlebnis, Kriegserfahrung in Deutschland. Im Auftrag des MGFA hrsg. v. Bruno Thoß/Hans-Erich Volkmann, Paderborn u. a. 2002

Feeley, Francis McCollum, America's Concentration Camps during World War II. Social Science and the Japanese American Internment, New Orleans 1999

Förster, Jürgen, Die Wehrmacht im NS-Staat. Eine strukturgeschichtliche Analyse, München 2007

Frank, Richard B., Downfall. The End of the Imperial Japanese Empire, Middlesex 1999

Frei, Norbert (Hrsg.), Karrieren im Zwielicht. Hitlers Eliten nach 1945, Frankfurt a. M./New York 2001

French, David, Raising Churchill's Army. The British Army and the War against Germany 1939–1945, Oxford u. a. 2000

Friedrich, Jörg, Der Brand. Deutschland im Bombenkrieg 1940–1945, München 2002

Frieser, Karl-Heinz, Blitzkrieg-Legende. Der Westfeldzug 1940, München 1995

Fritz, Stephen G., Frontsoldaten. The German Soldier in World War II, Lexington 1995

Fröhlich, Elke, Der Zweite Weltkrieg. Eine kurze Geschichte, Stuttgart 2013

Führungsdenken in europäischen und nordamerikanischen Streitkräften im 19. und 20. Jahrhundert. Im Auftrag des MGFA hrsg. v. Gerhard P. Groß, Hamburg/Berlin/Bonn 2001

Gentile, Carlo, Wehrmacht und Waffen-SS im Partisanenkrieg: Italien 1943–1945, Paderborn 2012

Gerlach, Christian, Krieg, Ernährung, Völkermord. Deutsche Vernichtungspolitik im Zweiten Weltkrieg, überarbeitete Ausgabe, Zürich 2001

Gerlach, Christian, Kalkulierte Morde. Die deutsche Wirtschafts- und Vernichtungspolitik in Weißrussland 1941 bis 1944, Hamburg 1999

Gilbert, Martin, The Routledge Atlas of the Second World War, 2., überarbeitete Ausgabe, London 2009

Glantz, David M./House, Jonathan M., Endgame at Stalingrad, December 1942–February 1943, Lawrence 2014

Glantz, David M./House, Jonathan M., Armageddon in Stalingrad, September–November 1942, Lawrence 2009

Glantz, David M./House, Jonathan M., To the Gates of Stalingrad. Soviet-German Combat Operations, April–August 1942, Lawrence 2009

Glantz, David M., Colossus Reborn. The Red Army at War, 1941–1943, Kansas 2005

Glantz, David M., Soviet Operational and Tactical Combat in Manchuria, 1945. »August Storm«, London 2003

Glantz, David M., The Battle for Leningrad, 1941–1944, Lawrence 2002

Glantz, David M./House, Jonathan M., When Titans Clashed. How the Red Army Stopped Hitler, Lawrence 1995

Glantz, David M., From the Don to the Dnepr. Soviet Offensive Operations December 1942–August 1943, London 1991

Goldman, Stuart D., Nomonhan, 1939. The Red Army's Victory That Shaped World War II, Annapolis 2012

Gooderson, Ian, Air Power at the Battlefront. Allied Close Air Support in Europe 1943–1945, London 1998

Grayling, Anthony C., Die toten Städte. Waren die alliierten Bombenangriffe Kriegsverbrechen?, München 2007

Grey, Christopher, Decoding Organization. Bletchley Park, Codebreaking and Organization Studies, Cambridge 2012

Groehler, Olaf, Der lautlose Tod. Einsatz und Entwicklung deutscher Giftgase von 1914 bis 1945, Reinbek bei Hamburg 1989

Groß, Gerhard P., Mythos und Wirklichkeit. Geschichte des operativen Denkens im deutschen Heer von Moltke d.Ä. bis Heusinger, Paderborn u. a. 2012

Gruchmann, Lothar, Der Zweite Weltkrieg. Kriegsführung und Politik, München [11]2005

Haak, Sebastian, The Making of the Good War. Hollywood, das Pentagon und die amerikanische Deutung des Zweiten Weltkriegs 1945–1962, Paderborn 2013

Harris, Sheldon H., Factories of Death. Japanese Biological Warfare 1932–45 and the American Cover-Up, London 1994

Harrison, Mark (Ed.), The Economics of World War II. Six Powers in International Comparison, Cambridge 1998

Hartmann, Christian, Unternehmen Barbarossa. Der deutsche Krieg im Osten 1941–1945, München 2011

Hartmann, Christian, Wehrmacht im Ostkrieg. Front und militärisches Hinterland 1941/42, München 2009

Hartmann, Christian/Hürter, Johannes/Lieb, Peter/Pohl, Dieter, Der deutsche Krieg im Osten 1941–1944. Facetten einer Grenzüberschreitung, München 2009

Hasegawa, Tsuyoshi, Racing the Enemy. Stalin, Truman, and the Surrender of Japan, Cambridge 2005

Hasenclever, Jörn, Wehrmacht und Besatzungspolitik in der Sowjetunion. Die Befehlshaber der rückwärtigen Heeresgebiete 1941–1943, Paderborn 2010

Hayward, Joel S.A., Stopped at Stalingrad. The Luftwaffe and Hitler's Defeat in the East, 1942–1943, Lawrence 1998

Herbert, Ulrich, Fremdarbeiter. Politik und Praxis des »Ausländer-Einsatzes« in der Kriegswirtschaft des Dritten Reiches, Neuauflage Bonn 1999

Herde, Peter, Großostasiatische Wohlstandssphäre. Die japanische Besatzungspolitik auf den Philippinen und in Indonesien im Zweiten Weltkrieg und ihre Folgen, Stuttgart 2002

Hobbs, David, The British Pacific Fleet. The Royal Navy's Most Powerful Strike Force, Barnsley 2011

Hobsbawm, Eric, Das Zeitalter der Extreme. Weltgeschichte des 20. Jahrhunderts, München [11]2012

Hogan, Michael J., Hiroshima in History and Memory, Cambridge 1996

Hürter, Johannes, Hitlers Heerführer. Die deutschen Oberbefehlshaber im Krieg gegen die Sowjetunion 1941/42, München 2006

Imperial Japan and the World, 1931–1945. Critical Concepts in Asia Studies, ed. by Anthony Best, 4 vols., London 2011

Jackson, Ashley, The British Empire and the Second World War, London 2006

Jasper, Andreas, Zweierlei Weltkriege? Kriegserfahrungen deutscher Soldaten in Ost und West 1939–1945, Paderborn 2011

Kahn, David, The Codebreakers. The Story of Secret Writing, New York ²1996

Keegan, John, Der Zweite Weltkrieg, Berlin 2004

Kennedy, Paul, Die Casablanca-Strategie. Wie die Alliierten den Zweiten Weltkrieg gewannen. Januar 1943 bis Juni 1944, München 2012

Kershaw, Ian, Das Ende. Kampf bis in den Untergang. NS-Deutschland 1944/45, München 2011

Kershaw, Ian, Wendepunkte. Schlüsselentscheidungen im Zweiten Weltkrieg 1940/41, München 2010

Kindermann, Gottfried-Karl, Der Aufstieg Ostasiens in der Weltpolitik 1840 bis 2000, Stuttgart/München 2001

Kindsvatter, Peter S., American Soldiers. Ground Combat in the World Wars, Korea & Vietnam, Lawrence 2003

Kotani, Ken, Japanese Intelligence in World War II, Oxford 2009

Kratoska, Paul H., Southeast Asian Minorities in the Wartime Japanese Empire, Abingdon 2005

Krebs, Gerhard, Japan im Pazifischen Krieg. Herrschaftssystem, politische Willensbildung und Friedenssuche, München 2010

Kriegsende 1945 in Deutschland, im Auftrag des MGFA hrsg. v. Jörg Hillmann/John Zimmermann, München 2002

Kroener, Bernhard R., Militär, Staat und Gesellschaft im 20. Jahrhundert (1890–1990), München 2011

Kühne, Thomas, Kameradschaft. Die Soldaten des nationalsozialistischen Krieges und das 20. Jahrhundert, Göttingen 2006

Kuhn, Dieter, Der Zweite Weltkrieg in China, Berlin 1999

Kunz, Andreas, Wehrmacht und Niederlage. Die bewaffnete Macht in der Endphase der nationalsozialistischen Herrschaft 1944 bis 1945, München 2005

Lary, Diana, The Chinese People at War. Human Suffering and Social Transformation, 1937–1945, New York 2010

Leleu, Jean-Luc, La Waffen-SS. Soldats politiques en guerre, Paris 2007

Lieb, Peter, Konventioneller Krieg oder NS-Weltanschauungskrieg? Kriegsführung und Partisanenbekämpfung in Frankreich 1943/44, München 2007

Lieb, Peter, Unternehmen Overlord. Die Invasion in der Normandie und die Befreiung Westeuropas, München 2014

List, Corinna von, Frauen in der Résistance 1940–1944. »Der Kampf gegen die ›Boches‹ hat begonnen!«, Paderborn 2010

Macri, Franco David, Clash of Empires in South China. The Allied Nations' Proxy War with Japan, 1935–1941, Lawrence 2012

Mallmann, Klaus-Michael/Cüppers, Martin, Halbmond und Hakenkreuz. Das »Dritte Reich«, die Araber und Palästina, Darmstadt 2006

Mansoor, Peter R., The GI Offensive in Europe. The Triumph of American Infantry Divisions, 1941–1945, Lawrence 2002

Mawdsley, Evan, World War II. A New History, Cambridge 2009

Mawdsley, Evan, Thunder in the East. The Nazi-Soviet War, 1941–1945, London 2005

Mazower, Mark, Hitlers Imperium. Europa unter der Herrschaft des Nationalsozialismus, München 2009

Military Effectiveness, ed. by Allan R. Millett/Williamson Murray, Neuausgabe Cambridge 2010

Milner, Marc, Battle of the Atlantic, Stroud 2003

Megargee, Geoffrey P., Hitler und die Generäle. Das Ringen um die Führung der Wehrmacht 1933–1945, Paderborn 2006

Merridale, Catherine, Iwans Krieg. Die Rote Armee 1939 bis 1945, Frankfurt a. M. 2006

Miller, Nathan, War at Sea. A Naval History of World War II, New York 1995

Miscamble, Wilson D., From Roosevelt to Truman. Potsdam, Hiroshima, and the Cold War, Cambridge 2007

Moore, Bob (Ed.), Resistance in Western Europe, Oxford 2000

Morgan, Philip, The Fall of Mussolini. Italy, the Italians, and the Second World War, Oxford 2007

Moreman, T. R., The Jungle, the Japanese and the British Commonwealth Armies at War, 1941–45. Fighting Methods, Doctrine and Training for Jungle Warfare, London 2012

Müller, Rolf-Dieter, Hitlers Wehrmacht 1935–1945, München 2012

Müller, Rolf-Dieter, An der Seite der Wehrmacht. Hitlers ausländische Helfer beim »Kreuzzug gegen den Bolschewismus« 1941–1945, Berlin 2007

Müller, Rolf-Dieter, Der letzte deutsche Krieg 1939–1945, Stuttgart 2005

Müller, Rolf-Dieter, Der Bombenkrieg 1939–1945, Berlin 2004

Müller, Rolf-Dieter, Der Zweite Weltkrieg, 10., völlig neu bearb. Aufl., Stuttgart 2004

Murray, Williamson/Millett, Allan R., A War to Be Won: Fighting the Second World War, Cambridge 2000

Murray, Williamson, The Luftwaffe 1933–1945. Strategy for Defeat, Washington 1996

Musial, Bogdan, Sowjetische Partisanen 1941–1944. Mythos und Wirklichkeit, Paderborn u. a. 2009

Neillands, Robin, Der Krieg der Bomber. Arthur Harris und die Bomberoffensive der Alliierten 1939–1945, Berlin 2002

Neitzel, Sönke/Welzer, Harald, Soldaten. Protokolle vom Kämpfen, Töten und Sterben, Frankfurt a. M. 2011

Neitzel, Sönke, Abgehört. Deutsche Generale in britischer Kriegsgefangenschaft 1942–1945, Berlin/München 2005

Nolte, Ernst, Das 20. Jahrhundert. Die Ideologien der Gewalt, München 2008

Nolte, Ernst, Der europäische Bürgerkrieg 1917–1945. Nationalsozialismus und Bolschewismus, München ^{6}2000

Orth, Karin, Das System der nationalsozialistischen Konzentrationslager. Eine politische Ordnungsgeschichte, Hamburg 1999

Overmans, Rüdiger, Deutsche militärische Verluste im Zweiten Weltkrieg, München ^{3}2004

Overy, Richard, Die letzten zehn Tage. Europa am Vorabend des Zweiten Weltkriegs. 24. August bis 3. September 1939, München 2009

Overy, Richard, Russlands Krieg 1941–1945, Reinbek bei Hamburg 2003

Overy, Richard, Die Wurzeln des Sieges. Warum die Alliierten den Zweiten Weltkrieg gewannen, Reinbek bei Hamburg 2002

Perdue, A. W., The Second World War, Basingstoke ²2001

Pohl, Dieter, Die Herrschaft der Wehrmacht. Deutsche Militärbesatzung und einheimische Bevölkerung in der Sowjetunion 1941–1944, München ²2008

Pohl, Karl Heinrich (Hrsg.), Wehrmacht und Vernichtungspolitik. Militär im nationalsozialistischen System, Göttingen 1999

Rass, Christoph, »Menschenmaterial«. Deutsche Soldaten an der Ostfront. Innenansichten einer Infanteriedivision, 1939–1945, Paderborn 2003

Rodogno, Davide, Fascism's European Empire. Italian Occupation during the Second World War, Cambridge 2006

Römer, Felix, Der Kommissarbefehl. Wehrmacht und NS-Verbrechen an der Ostfront 1941/42, Paderborn/Zürich 2008

Römer, Felix, Kameraden. Die Wehrmacht von innen, München 2012

Rohrkamp, Rene, »Weltanschaulich gefestigte Kämpfer«: Die Soldaten der Waffen-SS 1933–1945. Organisation – Personal – Struktur, Paderborn 2010

Rohwer, Jürgen, Der Krieg zur See 1939–1945, München 1992

Rousso, Henry, Vichy. Frankreich unter deutscher Besatzung 1940–1944, München 2009

Rusinek, Bernd A. (Hrsg.), Kriegsende 1945. Verbrechen, Katastrophen, Befreiungen in nationaler und internationaler Perspektive, Göttingen 2004

Salewski, Michael, Deutschland und der Zweite Weltkrieg, Paderborn u. a. 2005

Schmider, Klaus, Partisanenkrieg in Jugoslawien 1941–1944, Berlin 2002

Schmidt, Rainer F., Der Zweite Weltkrieg. Die Zerstörung Europas, Berlin 2008

Schreiber, Gerhard, Der Zweite Weltkrieg, München ⁵2013

Schulte, Jan Erik/Lieb, Peter/Wegner, Bernd (Hrsg.), Die Waffen-SS. Neue Forschungen, Paderborn 2014

Simmler, Hans, Die grundlegenden politischen und militärischen Entscheidungen des Zweiten Weltkrieges (1939–1945), Zürich 2001

Snyder, Timothy, Bloodlands. Europa zwischen Hitler und Stalin, München 2011

Stahel, David, Operation Barbarossa and Germany's Defeat in the East, Cambridge 2009

Stahel, David, Kiev 1941. Hitler's Battle for Supremacy in the East, Cambridge 2012

Stahel, David, Operation Typhoon. Hitler's March on Moscow, October 1941, Cambridge 2013

Streit, Christian, Keine Kameraden. Die Wehrmacht und die sowjetischen Kriegsgefangenen 1941–1945, Neuausgabe Bonn 1997

Strohn, Matthias, The German Army and the Defence of the Reich: Military Doctrine and the Conduct of the Defensive Battle 1918–1939, Cambridge 2011

Süß, Dietmar, Tod aus der Luft. Kriegsgesellschaft und Luftkrieg in Deutschland und England, München 2011

Suppan, Arnold, Hitler – Beneš – Tito. Konflikt, Krieg und Völkermord in Ostmittel- und Südosteuropa, 3 Bde., Wien 2014

The Battle for China. Essays on the Military History of the Sino-Japanese War of 1937–1945, ed. by Mark Peattie/Edward J. Drea/Hans van de Ven, Stanford 2011

The Origins of the Second World War: An International Perspective, ed. by Frank McDonough, London 2011

The Oxford Companion to the Second World War, ed. by I. C. B. Dear/M. R. D. Foot, Oxford 1995

The Shadows of Total War: Europe, East Asia, and the United States, 1919–1939, ed. by Roger Chickering/Stig Förster, Cambridge 2003

The Times Atlas Zweiter Weltkrieg, hrsg. v. John Keegan, Augsburg 1999

The World in Flames. A World War II Sourcebook, ed. by Frans Coetzee/Marilyn Shevin-Coetzee, New York 2011

Thiemeyer, Thomas, Fortsetzung des Krieges mit anderen Mitteln. Die beiden Weltkriege im Museum, Paderborn 2010

Tooze, Adam, Ökonomie der Zerstörung. Die Geschichte der Wirtschaft im Nationalsozialismus, München 2008

Total War and Historical Change. Europe 1914–1955, ed. by Arthur Marwick/Wendy Simpson, Buckingham 2001

Totani, Yuma, The Tokyo War Crimes Trial. The Pursuit of Justice in the Wake of World War II, Cambridge 2008

»Unsere Opfer zählen nicht«. Die Dritte Welt im Zweiten Weltkrieg, hrsg. v. Recherche International e. V., Berlin ²2009

Verbrechen der Wehrmacht. Bilanz einer Debatte, hrsg. v. Christian Hartmann/Johannes Hürter/Ulrike Jureit, München 2005

Vernichtungskrieg. Verbrechen der Wehrmacht 1941–1944, hrsg. v. Hannes Heer/Klaus Naumann, Hamburg 1995

Wegner, Bernd, Hitlers politische Soldaten: Die Waffen-SS 1933–1945. Leitbild, Struktur und Funktion einer nationalsozialistischen Elite, Paderborn ⁹2010

Weigley, Russell F., Eisenhower's Lieutenants: The Campaigns of France and Germany, 1944–45, London 1981

Weinberg, Gerhard L., Eine Welt in Waffen. Die globale Geschichte des Zweiten Weltkriegs, Stuttgart 1995

Wette, Wolfram (Hrsg.), Der Krieg des kleinen Mannes. Eine Militärgeschichte von unten, München/Zürich 1992

Wette, Wolfram, Die Wehrmacht. Feindbilder, Vernichtungskrieg, Legenden, Frankfurt a. M. 2002

Willmott, H. P., The Great Crusade. A New Complete History of the Second World War, Revised Edition, Washington 2008

Winkler, Heinrich August, Geschichte des Westens, Bd. 2, Die Zeit der Weltkriege 1914–1945, München 2011

Ziegler, Dieter, Zwangsarbeit im Nationalsozialismus in den besetzten Gebieten, Berlin 2004

Zimmermann, John, Pflicht zum Untergang. Die deutsche Kriegsführung im Westen des Reiches 1944/45, Paderborn 2009

Isabella Ackerl

Mutige Frauen

46 Porträts

Gebunden mit Schutzumschlag, ISBN: 978-3-86539-995-3
224 S., Format: 12,5 x 20 cm

Ulrike Peters

Die Germanen

Geschichte in Lebensbildern

Gebunden mit Schutzumschlag, ISBN: 978-3-86539-989-2
224 S., Format: 12,5 x 20 cm

Lenelotte Möller

Die Salier

1024 – 1125

Gebunden mit Schutzumschlag, ISBN: 978-3-86539-991-5
256 S., Format: 12,5 x 20 cm

Reinhard Pohanka

Die Urgeschichte Europas

Gebunden mit Schutzumschlag, ISBN: 978-3-86539-996-0
256 S., Format: 12,5 x 20 cm

Andreas Hartmann u. Michael Neumann (Hrsg.)

Menschen, die Geschichte schrieben

Vom Barock zur Aufklärung

Gebunden mit Schutzumschlag, ISBN: 978-3-86539-987-8
256 S., Format: 12,5 x 20 cm

Betsy van Schlun u. Michael Neumann (Hrsg.)

Menschen, die Geschichte schrieben

Das 19. Jahrhundert

Gebunden mit Schutzumschlag, ISBN: 978-3-86539-988-5
256 S., Format: 12,5 x 20 cm